Hikeline
Wanderführer

Bruckner-Wischin

# Madeira

Die schönsten Wanderungen
auf der Blumeninsel



VERLAGESTERBAUER

*Hikeline®*-Wanderführer
Madeira

A-3751 Rodingersdorf, Hauptstr. 31
Tel.: +43/2983/28982-0, Fax: -500
E-Mail: hikeline@esterbauer.com
www.esterbauer.com
3. überarbeitete Auflage, Sommer 2019
**ISBN: 978-3-85000-778-8**

Bitte geben Sie bei jeder Korrespondenz die Auflage und die ISBN an!

Dank an alle, die uns bei der Erstellung dieses Buches tatkräftig unterstützt haben, im Besonderen M. Schreiber, U. Beidatsch, A. Spies, B. Fusshoeller, F. Thomas, S. Fabian, H. Raddatz.

**Das *Hikeline*-Team:** Birgit Albrecht-Walzer, Katharina Amon-Schneider, Sabine Bacher-Baumgartner, Beatrix Bauer, Michael Binder, Veronika Bock, Petra Bruckmüller, Roland Esterbauer, Radka Hellingerova, Dagmar Güldenpfennig, Martina Kreindl, Nora Ludolph, Gregor Münch, Karin Neichsner, Carmen Paradeiser, Sabrina Pusch, Manuel Randa, Claudia Retzer, Petra Schartner, Sonja Schleifer, Christian Thoren, Isabella Tillich, Martin Trippmacher, Carina Winkelhofer, Martin Wischin, Wolfgang Zangerl

**Bildnachweis:** Bruckner-Wischin



Kartografie erstellt mit axpand (www.axes-systems.com)

# Vorwort

Madeira wird landläufig mit den Begriffen Blumeninsel und Insel des ewigen Frühlings verbunden. Gemeint ist das ausgeglichene Klima der Insel, die damit das ganze Jahr über auch für Wanderer ein attraktives Reiseziel ist. Aufgrund mehrerer Mesoklimata gibt es trotz der kleinen Inselgröße eine große landschaftliche und damit einhergehende pflanzliche Vielfalt, die das Wandern abwechslungsreich macht.

Eine der dabei angenehmsten Möglichkeiten Madeira per pedes zu erkunden, sind die Levadas - künstlich geschaffene Kanäle, die das Wasser der Insel gleichmäßig verteilen. Die meisten dieser Kanäle verlaufen fast eben und sind begehbar, für diese sehr gebirgige Insel sind diese Wege die angenehmste Variante voranzukommen. Neben den alten Verbindungspfaden zwischen den Dörfern, den sogenannten Veredas, gibt es zusätzlich eine Unzahl von Gebirgswanderungen jeglichen Schwierigkeitsgrades, die selbst den Ansprüchen erfahrener Bergwanderer gerecht werden. Mit dieser Palette an unterschiedlichen Wandermöglichkeiten lässt sich ein abwechslungsreicher und spannender Wanderurlaub gestalten.

Präzise Karten, genaue Streckenbeschreibungen, ein Ortsplan und Hinweise auf das kulturelle und touristische Angebot der Region – in diesem Buch finden Sie alles, was Sie zu einer Wanderung auf Madeira brauchen – außer gutem Wetter, das können wir Ihnen nur wünschen.

# Kartenlegende

* in Auswahl

**Wanderweg auf Hartbelag**
z. B.: befestigter Fußweg • ruhige Anliegerstraße

**Wanderweg**
breiter oder gut begehbarer Weg
z. B.: Wald- und Forstweg

**Wandersteig, Pfad**
schmaler Weg/Pfad • Wiesenweg

**Klettersteig, Kletterstelle**
• schwierige Stelle
• Trittsicherheit erforderlich
• Leiter

**Verkehrsreicher Abschnitt**
Strecke auf oder direkt an Straße mit starker Verkehrsbelastung

**Variante, Alternativstrecke**
z. B.: Ausflüge • Abkürzungen • Ein- oder Ausstiege • alternative Hauptroute

**Anschlussetappen und weitere Touren**

Wanderweg geplant
Wanderweg gesperrt
Tunnelstrecke, Unterführung
Fährverbindung; Lift
Stadt-/Ortsplan
Routenverlauf; Wegpunkt
Gefahrenstelle; Text beachten
Treppe

Tourist-Information
Hotel, Pension; Jugendherberge
Campingplatz; Zeltplatz
Gasthaus
Einkaufsmöglichkeit; Kiosk
Erlach sehenswerter Ort
Einrichtung im Ort vorhanden
sonstige Sehenswürdigkeit
sehenswerte Kirche; Kapelle
sehenswertes Kloster
sehenswerte Synagoge; Moschee
sehenswerte/s Schloss, Burg
sehenswerte Ruine
sehenswertes Denkmal; Wegkreuz
sehenswerte/s Bergwerk; Höhle
sehenswerter Turm; Leuchtturm
sehenswerte Wassermühle; Windmühle
sehenswertes/r Kraftwerk; Flughafen
Museum
Ausgrabung; Römische Objekte
Tierpark; Naturpark-Information
Naturpark; sonstige Natursehenswürdigkeit
Aussichtspunkt
Rastplatz; Unterstand
Schutzhütte; Grillplatz
Wanderparkplatz
Brunnen*
Freibad, Badestelle; Hallenbad
Bushaltestelle*

## Maßstab 1 : 35.000

1 cm ≙ 350 m     1 km ≙ 2,9 cm

0     1     2     3 km

- Kirche; Kapelle
- Kloster
- Synagoge; Moschee
- Schloss, Burg
- Ruine
- Denkmal
- Wegkreuz
- Bergwerk
- Höhle
- historischer Grenzstein, Römerstein
- Grabanlage, Hügelgrab
- Turm; Leuchtturm
- Wassermühle; Windmühle
- Funk-, Sendeanlage
- Kraftwerk
- Umspannwerk, Trafostation
- Windkraftanlage
- Sportplatz, Stadion
- Golfplatz; Tennisplatz
- Flughafen; Landeplatz
- Quelle
- Kläranlage
- Schiffsanleger; Schleuse

**Nur in Ortsplänen**

- Parkplatz
- Parkhaus/Tiefgarage
- Post*
- Apotheke*
- Krankenhaus
- Feuerwehr
- Polizei
- Theater*

- Wald; Wiese, Weide
- Nassfläche, Sumpf, Moor; Heide
- Weinbau; Garten
- Friedhof; Sand, Düne
- Steinbruch, Tagebau; Gletscher
- Fels; Schutt
- Gebäude; Siedlungsfläche
- öffentl. Gebäude; Industriegebiet
- See/Staumauer/Fluss
- (A13) Autobahn
- (B12) Schnellverkehrsstraße
- (B236) Fernverkehrsstraße
- Hauptstraße
- (Pass (820 m)) untergeordnete Hauptstraße / Pass
- (550) Nebenstraße / Höhenpunkt
- Fahrweg; Weg
- Pfad; Fähre
- Eisenbahn / Bahnhof; S-Bahnhof
- Eisenbahn stillgelegt; Nebenbahn
- Straßenbahn / Haltepunkt; Bergbahn
- Materialseilbahn; Sessellift
- Staatsgrenze / Grenzübergang
- Landesgrenze
- Kreisgrenze, Bezirksgrenze
- Damm
- Stadtmauer, Mauer
- Kanal
- Naturpark, Nationalpark
- Truppenübungsplatz, Sperrgebiet
- Höhenlinie 100m
  Höhenlinie 25m
- Kilometerraster
  mit UTM-Koordinaten

# Inhalt

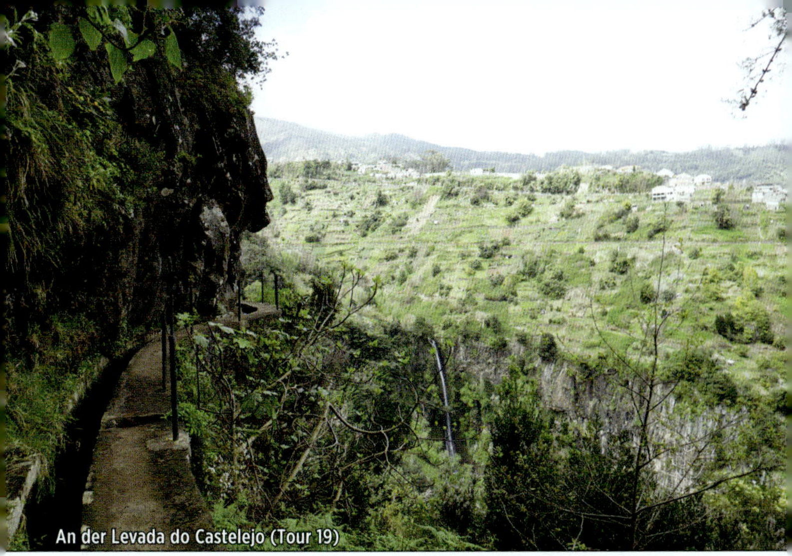

An der Levada do Castelejo (Tour 19)

## Der Westen Madeiras



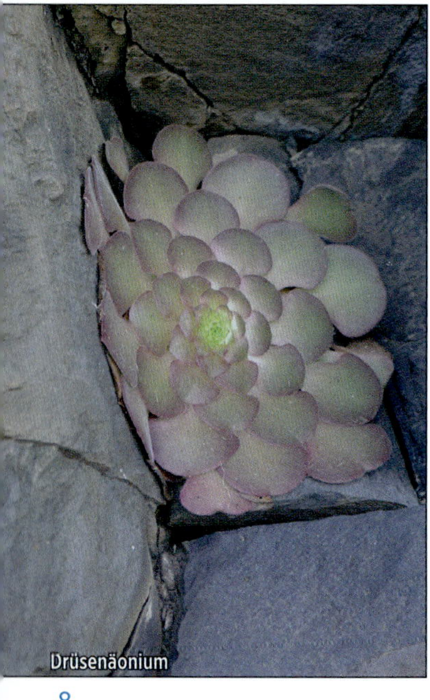

Drüsenäonium

# Madeira

Die Insel Madeira ist vulkanischen Ursprungs und entstand aus einem Hotspot-Vulkan. Mit der Nachbarinsel Porto Santo und den unbewohnten Ilhas Selvagens und Ilhas Desertas gehört sie zur Inselgruppe Madeira. Von Madeira sieht man eigentlich nur ein Drittel seiner eigentlichen Höhe aus dem Wasser ragen, unter Wasser sind es noch bis zu 4.000 Meter bis zum Meeresgrund. Die Insel hat in etwa eine Länge von 58 Kilometern und eine Breite von 23 Kilometern. Trotzdem benötigt man fast 2 Stunden, um mit dem Auto vom östlichsten Teil ganz nach Westen zu gelangen. Ursache dafür ist unter anderem das vergleichsweise junge Alter der Insel, die letzten Vulkanausbrüche endeten vor 6.000 Jahren. In dieser Zeit konnte sich das Wasser in den Flüssen nur dort tiefe Täler graben, wo die Felsen weicher sind, die Küste ist sehr steil und felsig. An der Südküste bei Câmara de Lobos befindet sich die zweithöchste Steilklippe Europas mit 580 Höhenmetern, die Wandertour 6 führt Sie entlang der Levada do Norte dorthin. Der höchste Gipfel der Insel ist der Pico Ruivo mit 1.862 Metern, die Touren 28, 29 und 30 führen Sie dort vorbei. Der Hauptkamm in westlicher Richtung ist als Wetterscheide auch meteorologisch von Bedeutung: die Passatwolken werden im Nordosten gehalten, dieser Teil ist daher niederschlagsreicher und wasserreicher als der eigentlich fruchtbarere Süden. Das war der Grund für den Bau der Wasserkanäle, den sogenannten Levadas, die das Wasser besser verteilen. Westlich, am Ende des Gebirgskammes, befindet sich die Hochebene Paúl da Serra, ein Hochmoor mit teilweise steil abfallenden Rändern. Häufig tritt hier Nebel auf, der die Landschaft in ein mystisches Licht taucht.

Der unterschiedliche Bewuchs und die große landschaftliche Vielfalt täuschen darüber hinweg, dass die gesamte Insel nur aus Vulkangestein besteht, also aus Basalt, Tuff und Trachyt. Tuff ist verfestigte vulkanische Asche, je nach Verwitterungszustand kann die Oberfläche rau und bei Nässe nicht rutschig oder gegenteilig – eisglatt sein, daher ist immer zur Vorsicht angeraten. Die rote Farbe des Tuffs auf Madeira stammt vom oxidierenden Eisen. Musterbeispiele sind an der Ponta de São Laurenço (Tour 7) zu finden.

Basalt und Trachyt hingegen entstehen bei langsam fließender Lava, unterscheiden sich hauptsächlich an ihrem Gehalt an Siliciumdioxid (Quarz). Beide sind sehr hart, werden aber bei Nässe sehr glatt. Viele der Natursteintreppen auf Madeira sind aus Trachyt, beachten Sie dies bei Nässe!

## Klima

Die Bezeichnung Insel des ewigen Frühlings ist sehr zutreffend, da das ganze Jahr über ausgeglichene Temperaturen herrschen. Es ist aber zu beachten, dass es auf der Insel mehrere Mesoklimata gibt, die hauptsächlich unter dem Einfluss des Nordostpassats stehen. Häufig entsteht dabei an der Nordküste Nebel ab ca. 800 Höhenmetern. Manchmal kommt der Nebel über den Bergkamm in die höheren Regionen des Südens.

Wenn der Wind hingegen aus Nordwest kommt, bringt dies kühlere Temperaturen und Nässe auf die Insel, der Südosten ist davon meistens nicht betroffen. Bei Wind aus Südwest hingegen ist der Osten vor dem Regen mehr geschützt. Die Badehose des Wanderers wartet hingegen auf den Leste, einen heißen Fallwind aus dem Osten (Südosten). Im Sommer kann es dann auch im Gebirge durchaus zu Temperaturen kommen, die ein Wandern nicht mehr empfehlenswert machen.

## Vegetation

Madeira wird oft als Blumeninsel bezeichnet. Botaniker sehen dies differenzierter: Von den insgesamt ca. 1300 höheren Pflanzenarten, die auf Madeira vorkommen, zählen sie nur knapp 800 als ursprünglich heimisch. 120 davon haben dann noch das „Gütesiegel" Endemit Madeiras erhalten (nur hier vorkommend), wie beispielsweise der Stolz Madeiras (Echium Candicum).

Die Vegetation auf Madeira wird in folgende verschiedene Zonen eingeteilt: Die Flora der Küstenzone wurde vom Menschen am meisten verändert, der Drachenbaum (Dracena draco) war häufig in freier Wildbahn zu finden, heute findet man ihn hauptsächlich in Parks und Gartenanlagen.

In Felswänden wie beispielsweise nahe der Ponta Sao Jorge (Tour 22) findet sich das Drüsenäonium, ein Dickblattgewächs, das Rosetten ausbildet. Es ist so flexibel, dass es sowohl in Küsten- wie in Bergregionen vorkommt.

Der Lorbeerwald Laurisilva, kommt ab ca. 500 Höhenmetern vor und ist der eigentlich ursprüngliche Bewuchs. Ihm wurde in diesem Buch ein eigener Artikel gewidmet (s. S. 79).

In der Flora des Hochgebirges können nur Arten leben, die den Bedingungen der kargen und dünnen Böden standhalten. Neben eigenen Arten von Heidelbeere, Baumheide und dem ursprünglich auf dem Hochplateau Paúl da Serra wachsenden Zedern-Wacholder hat sich der eingeführte Stechginster stark verbreitet.

Der größte Feind der Vegetation bleiben jedoch die Waldbrände, die alle paar Jahre in Madeira auftreten und von denen sich sowohl die Vegetation als auch die Umgebung immer nur sehr langsam erholen. Von den Waldbränden im August 2016, die in der Umgebung von Funchal, Estreito de Calheta und bei Prazeres schwere Schäden angerichtet haben, sind noch immer Spuren zu sehen, teilweise sind sogar Wanderwege noch immer beeinträchtigt.

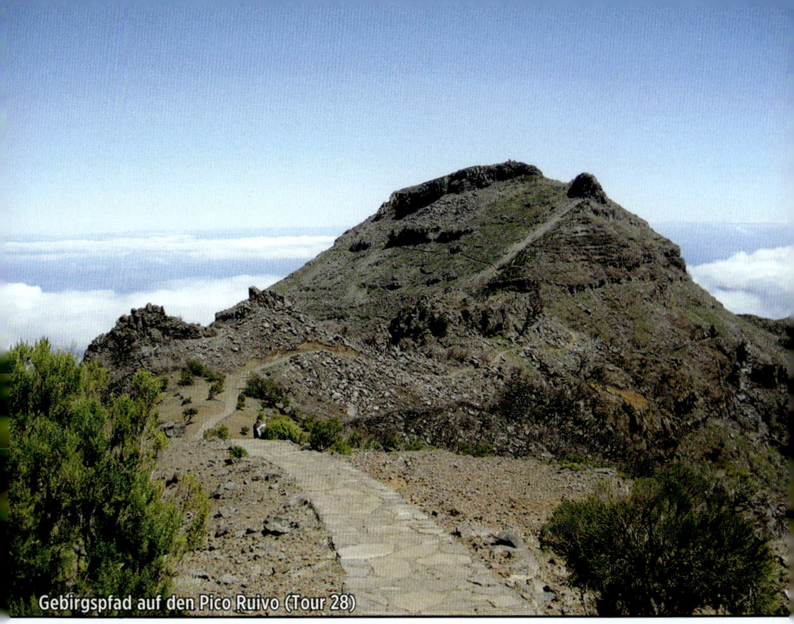

Gebirgspfad auf den Pico Ruivo (Tour 28)

## Tierwelt

Ursprünglich, vor dem Menschen, siedelten hier nur flug- und schwimmfähige Arten, die in irgendeiner Weise die Reise auf die Insel schafften. Schlangen gibt es auf Madeira nicht.

Das Tier, dem Sie mit Sicherheit begegnen werden, ist die Madeira-Mauereidechse (Teira dugesi), die eine extrem hohe Verbreitung hat. Wie es die Madeira-Mauereidechse geschafft hat, die Insel zu erobern, ist nicht restlos geklärt. Sie ist aber eine monotypische endemische Art, die Biologen wollen damit ausdrücken, dass diese Art die einzige ist. Sie kann maximal 23,5 cm Länge erreichen und hat verschiedenartigste Färbungen und Zeichnungen. Hauptsächlich kleine wirbellose Tierchen, wie Spinnen und Insekten stehen auf ihrem Speiseplan. Aber – und das ist ebenso einzigartig – sie lehnen auch pflanzliche Nahrung wie Bananen und Weintrauben nicht ab. Deswegen wird von den Einheimischen versucht, diese Tiere zu bekämpfen, offensichtlich wenig effizient.

## Geschichte der Insel

Es ist anzunehmen, dass die Insel Madeira schon im Altertum bekannt war. Offiziell haben erst die Schildknappen João Gonçalves Zarco und Tristão Vaz

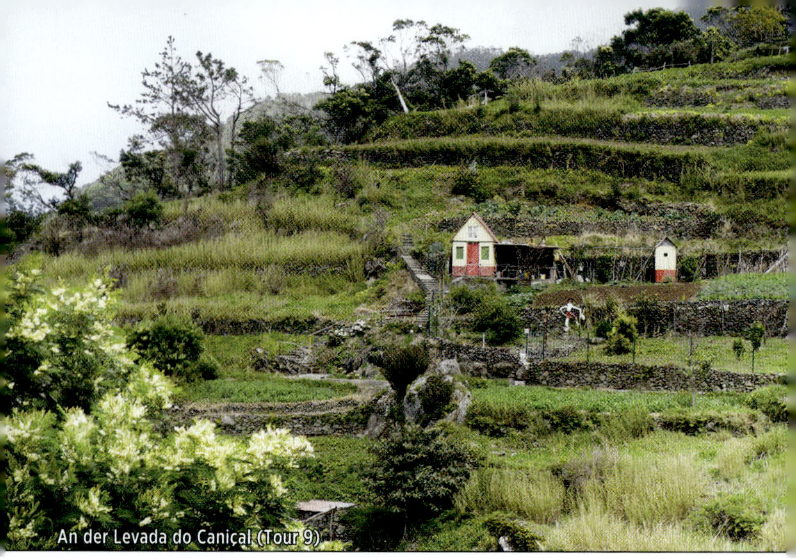
An der Levada do Caniçal (Tour 9)

Teixeira die Inselgruppe 1419 entdeckt. Prinz Heinrich der Seefahrer befahl ihnen, sie in seinem Namen in Besitz zu nehmen. Die Insel wurde zwischen Porto Moniz und Caniço in zwei Capitanias aufgeteilt, die erblich waren. Sie waren eingeschränkt zur Rechtsprechung befugt, und hatten gewisse Monopole inne (Mühlen, Backöfen und Keltern). Nach einer Brandrodung wurde begonnen, aus Sizilien eingeführtes Zuckerrohr anzubauen und zu verarbeiten. Dies laugte jedoch bald die Böden aus, sodass die Zuckerrohrproduktion bereits ein Jahrhundert später zusammenbrach, und auf Weinbau umgestellt wurde. Nach Konflikten mit Spanien im 17. Jahrhundert erlangte Portugal im Vertrag von Lissabon 1668 seine Unabhängigkeit wieder, musste dafür aber Zugeständnisse an England machen: Portugiesen war beispielsweise der Weinexport nicht erlaubt, so ließen sich einige englische Handelsfamilien auf Madeira nieder. Reblaus- und Mehltau führten 1852 zur Vernichtung großer Weinbaugebiete. Mit der Stickerei wurden neue Geschäftszweige entdeckt. Heute besitzt Madeira den Status einer Autonomieregion, den sie 1976 erhielt, zwei Jahre nach der Nelkenrevolution, dem Militärputsch in Portugal, der sich gegen die autoritäre Diktatur des Estado Novo richtete. Seit 1986 ist Portugal und damit auch Madeira Mitglied der Europäischen Union, der Euro als gemeinsame Währung ist auch in diesem Land eingeführt.

## Streckenstatistik

| | | |
|---|---|---|
| **Länge der Hauptstrecken: 379 km** | | |
| **Aufstieg: 14.245 m** | **Abstieg: 17.983 m** | **Gehzeit: 131,5-145 Std.** |
| **Hartbelag: 18 %** | **Wanderwege: 22 %** | **Wanderpfade: 60 %** |
| **Ausflüge und Varianten: 26 km** | | |

## Wanderwege auf Madeira

Aufgrund des sehr steilen und gebirgigen Geländes wurden Straßen sehr spät errichtet. Zur Verbindung der besiedelten Gebiete nutzte die Bevölkerung Pfade, die sogenannten Veredas, und auch die Wege entlang der Levadas. Da die Wohnhäuser weiterhin sehr zerstreut sind und oftmals eine Vereda oder Levada der einzige Zugang ist, haben diese Verbindungen auch heute noch eine Bedeutung, wenn auch lokal eingeschränkt.

Auf Madeira gibt es ein Netz an offiziellen, markierten Wegen, die mit dem Kürzel PR (für Pequena Rota) und einer Nummer versehen sind. Auch sind die Wege einheitlich markiert:

Die Markierung und Pflege dieser Wanderwege obliegt dem SRA, dem regionalen Sekretariat für Umwelt und natürliche Ressourcen. Bei Gefahr können die Wege auch gesperrt werden, ein Begehen ist dann nicht gestattet. Sowohl die offiziellen Wege als auch die aktuellen Sperren sind im Internet aufgeführt.

### Internetseite:

Tourismusseite: www.visitmadeira.pt

Aktuelle Informationen über gesperrte Wege finden Sie auf dieser Seite unter Nützliche Info - Warnhinweis für Wanderer.

## Streckencharakteristik

### Länge, Höhenmeter und Etappen

Die 48 Wandertouren, die in diesem Buch beschrieben werden, sind überwiegend zwischen 4 und 15 Kilometer lang. Sie decken eine große Bandbreite, von kurzen Spaziergängen über Halbtages- bis hin zu Tagestouren ab. Bei einigen Wanderungen besteht die Möglichkeit, sie in ihrer Länge den individuellen Vorlieben anzupassen. Alle Touren zusammen haben eine Gesamtlänge von mehr als 379 Kilometern.

Aufgrund der gewaltigen Höhenunterschiede auf Madeira sind bei manchen Touren mehr als 400 Höhenmeter im Aufstieg zu überwinden, häufig gibt es dabei Abschnitte mit Stufen aus Naturstein. Eine für den Wanderer angenehme Ausnahme machen die Wege entlang der Levadas, die meisten haben kaum Gefälle, verlaufen fast eben. Hier können allenfalls beim Zu- und Abgang zur Levada stärkere An- und Abstiege auftreten.

## Wegweisung, Anforderungen

Nur eine kleine Anzahl der in diesem Buch beschriebenen Touren sind offizielle „PR"-Wege. Alle anderen sind uneinheitlich gekennzeichnet, meistens ist der Zugang zu einem Weg mit einem Wegweiser auf braunem Grund ausgewiesen. Wege entlang einer Levada bedürfen keiner separaten Markierung, ist die Tour entlang des Wasserlaufes doch eindeutig festgelegt. Aufgrund der Topologie sind Rundtouren auf Madeira selten realisierbar, zumeist muss am Ende eines Weges, wie beispielsweise am Ursprung einer Levada, umgedreht und zurückgegangen werden. Oft ist es möglich, am Ende zu einer Busstation zu gelangen. Das Abholen lassen mit Taxis ist in Madeira sehr gängige Praxis, wie hier in den folgenden Kapiteln beschrieben wird.

Die Anforderungen unterscheiden sich auf Madeira grundlegend, abhängig vom Wegetyp:

Das Wandern entlang einer **Levada** ist für Madeira am typischsten. Der zumeist flache Weg kann entweder auf einem verbreiterten Fundament oder daneben verlaufen, die Breite variiert vom breiten Spazierweg bis hin zum 25 Zentimeter schmalen Mäuerchen. Oftmals sind diese Kanäle in den Steilhang oder Fels gehauen worden, dadurch kann es neben dem Weg sehr steil abwärts gehen, Trittsicherheit ist hier unabdingbar. Man sollte die Höhenangst nicht unterschätzen, die Wenigsten sind völlig schwindelfrei! Leider kann man nicht objektiv beschreiben, welche Touren Höhenangst auslösen können, und welche nicht. Zumeist sind es psychologische Elemente, wie ein Drahtseilgeländer oder eine seitliche Bepflanzung, die positiv wirken, negativ wirken Kurven im Fels, bei denen man nicht zum Ende sieht. Auch schmale Trittstufen, wie sie bei Bachüberquerungen vorkommen können, verändern den Rhythmus des Wanderns und können Ängste auslösen. Im Buch wurde versucht, bei der Streckencharakteristik die jeweiligen Anforderungen an die Schwindelfreiheit zu beschreiben, beispielsweise wird erwähnt, ob und wie durchgängig ein Drahtseilgeländer montiert ist. Hören Sie aber lieber auf Ihr Empfinden, bevor Unfälle geschehen! Oftmals gibt es auf Levadas auch Tunnel, die durchquert werden müssen, hier ist der Einsatz einer Taschenlampe unerlässlich, die preisgünstige Anschaffung einer LED-Stirnlampe macht sich zumeist bald bezahlt.

**Küstenpfade** als zweite Wegekategorie verbinden zumeist zwei Küstenorte miteinander. Oftmals müssen dabei jedoch An- und Abstiege von 400 Höhenmetern und mehr bewältigt werden. Häufig sind diese Wege alte, traditionelle Pfade, die entweder steingepflastert oder mit Natursteintreppen ausgelegt

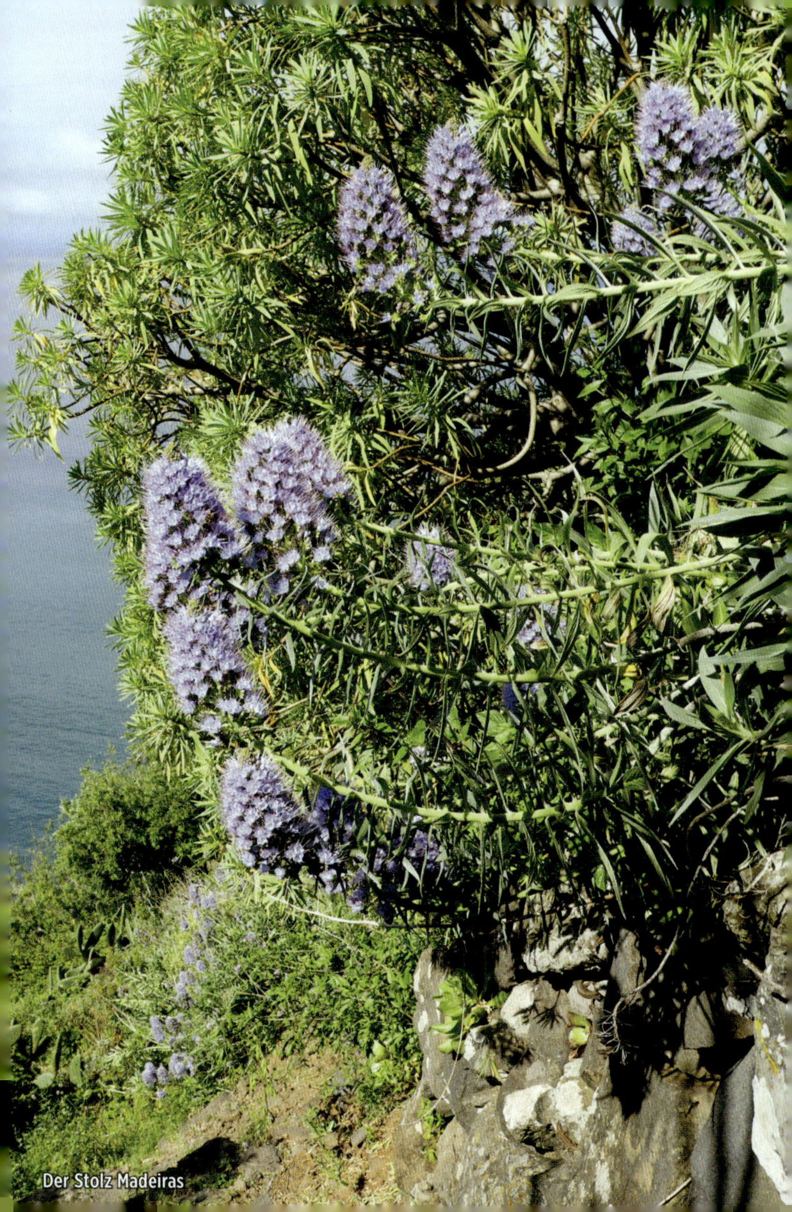

Der Stolz Madeiras

sind. Die für diese Wege nötige Kondition sollte nicht unterschätzt werden. In seltenen Fällen können auch hier ausgesetzte Stellen dabei sein.
Die dritte Kategorie sind **Gebirgstouren** im Zentralgebirge oder auf der Hochebene. Das Vulkangestein, aus dem Madeira besteht, ist brüchig und nicht so fest und stabil wie in der Alpenregion, bleiben Sie daher dem abschüssigen Wegesrand fern! Wetterwechsel und Nebel sollte bei diesen Touren miteingerechnet werden. Abgerutschte Hangstellen können im Gebirge manchmal auftreten. Hier gilt es, die Situation richtig einzuschätzen und gegebenenfalls umzudrehen. Viele hier beschriebene Bergtouren sind Kammwanderungen, um die An- und Abstiege in tolerierbaren Grenzen zu halten, dennoch sollte die Anstrengung nicht unterschätzt werden. Die wenigsten Touren bieten Einkehrmöglichkeiten, sorgen Sie daher mit Trinkwasser und Proviant vor.

## Tourenplanung

### Infostellen

**Touristeninformation von zu Hause aus**: www.visitportugal.com
**Tourismusamt in Berlin**, Zimmerstr. 56, 10117 Berlin: ✆ 030/2541060 für deutschsprachige Auskünfte.
**Touristeninformation in Funchal**, Avenida Arriaga, 16, 9004-519 Funchal, ✆ 291/211902.
**Touristeninformation am Flughafen**, Santa Catarina de Baixo, 9100 Santa Cruz, ✆ 291/524933
**Touristeninformation in Caniço**, Caniço de Baixo, ✆ 291/932919
**Touristeninformation in Machico**, Forte Nossa Senhora do Amparo, ✆ 291/962289
**Touristeninformation in Ribeira Brava**, Forte de São Bento, ✆ 291/951675
**Touristeninformation in Lugar de Baixo/Ponta do Sol**, Centro de Observação de Natureza, Lagoa - Lugar de Baixo, ✆ 291/291 972806
**Touristeninformation in Câmara de Lobos**, Rua Padre Eduardo Clemente Nunes Pereira, Casa da Cultura de Câmara de Lobos, 9300-116 Câmara de Lobos, ✆ 291/943470
**Touristeninformation in Porto Moniz**, Vila do Porto Moniz, 9270 Porto Moniz, ✆ 291/852555
**Touristeninformation in Santana**, Sítio do Serrado, 9230 Santana, ✆ 291/572992

### Wichtige Telefonnummern

Internationale Vorwahl für Portugal: 00351
Vorwahl für Madeira, muss auch bei Gesprächen im Ort gewählt werden: 291
Notrufnummer, ✆ 112
Alternativ: Zivilschutz (Serviço Proteçao Civil), ✆ 291-700110

Flughafen Aeroporto da Madeira, ANAM, ✆ (+351)291/520700
Öffentliches Krankenhaus in Funchal, ✆ (+351)291/705600

### Beste Reisezeit

Madeira ist das ganze Jahr über für einen Wanderurlaub geeignet, alle Jahreszeiten auf einmal sind in den ersten vier Monaten des Jahres zu erleben: Winter am Gipfel, Herbst in der Bergregion, Sommer an der Südwestküste und dazwischen Frühling. Die niederschlagsärmste Zeit ist von April bis September, selbst in der übrigen Zeit sind Schauer eher lokal begrenzt.
Die Weihnachtsferien und die Osterferien sind Hauptreisezeit. Im Sommer reisen viele Besucher und Zweitwohnsitzer vom portugiesischen Festland an.

### An- und Abreise

Die schnellste und einfachste Anreise nach Madeira erfolgt per Flugzeug. Die Insel wird mehrmals wöchentlich von verschiedenen Fluggesellschaften angeflogen. Von Mitteleuropa dauert ein Direktflug 4-5 Stunden. Der Flughafen auf Madeira liegt in Santa Cruz auf der Ostseite der Insel.

### Übernachtung

In den letzten Jahren hat sich der Tourismus auf Madeira gewandelt. Das Angebot, das ursprünglich eher die Oberschicht angesprochen hat, ist nun breiter und vielschichtig geworden. Heute bietet sich ein Spektrum von der Quinta über die Ferienwohnung bis zum Hotel. Ein Großteil der Besucher sind Pauschalurlauber, sie buchen bei einem Veranstalter Flug, Unterkunft und Transfer. Dennoch gibt es auch viele Individualtouristen, die Flug, Quartier und Mietwagen selber – beispielsweise über das Internet – organisieren. Wer sich für den Tourismus auf dem Lande interessiert, möge die Webseiten der Non-Profit Organisation Madeira Rural (www.madeirarural.com) ansehen.

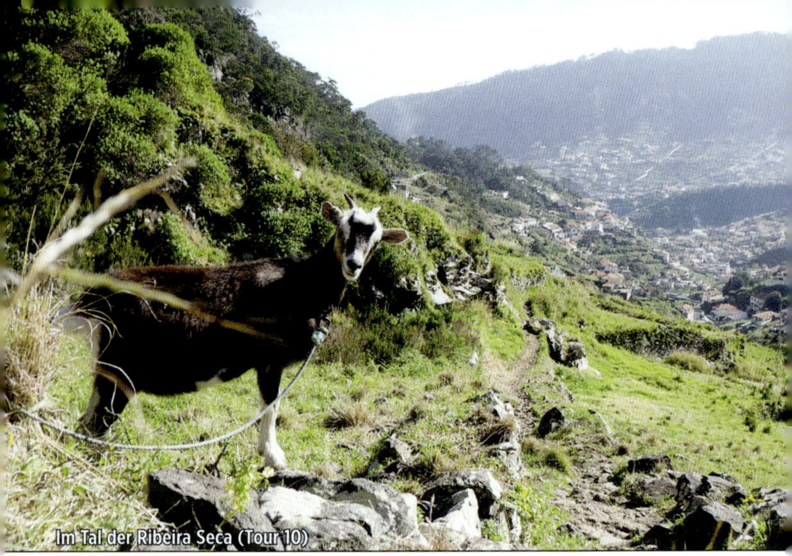

Im Tal der Ribeira Seca (Tour 10)

## Leihwagen

Am bequemsten können Sie die Startpunkte der Wanderungen erreichen, wenn Sie einen Leihwagen mieten. Das Straßennetz der Insel ist in gutem Zustand, die ungewohnt steilen und engen Straßen sind gewöhnungsbedürftig. Wer schon zu Hause Unsicherheiten beim Fahren hat, sollte daher diese Möglichkeit nicht in Betracht ziehen. Planen Sie für die Anreise zu den Startpunkten der Touren ausreichend Zeit ein, denn durch die großen Höhenunterschiede beim Überwinden der Schluchten oder Kämme kann selbst für scheinbar kurze Distanzen eine recht lange Fahrt erforderlich sein. Das Geflecht an Straßen ist sehr verwirrend, es ist daher dringend empfohlen, ein Auto-Navigationsgerät, das eine Straßenkarte von Madeira eingespeichert hat, mitzunehmen. Da es schwierig sein kann, den Tourbeginn per Straßen- und Ortsnamen einzugeben, sind bei jeder Tour die Start-Koordinaten angeführt, die Sie direkt in das Navigationsgerät eingeben können.

## Busverbindungen

Das Busnetz auf Madeira ist gut, aber etwas unübersichtlich und die Fahrzeiten sind recht lang. Es gibt verschiedene Busgesellschaften mit eigenen Plänen, in der Touristeninformation in Funchal kann ein Gesamtplan der meisten Busse („guia dc autocarros“) käuflich erworben werden. Bei allen Touren sind die Buslinien mit deren jeweiliger Gesellschaft aufgeführt, die den Start- und Zielort anfahren.

Wer am Land zusteigt, bezahlt die Fahrten beim Busfahrer, wer in Funchal einsteigt, kauft das Ticket im Voraus - es gibt Schalter bei den zentralen Bushaltestellen.

Die wichtigsten Busgesellschaften sind:

**SAM - Automóveis de Madeira**, bedient den Osten von Madeira. www.sam.pt

**Rodoeste** fährt den Westen von Madeira an, in Funchal fahren alle Busse von der Avenida do Mar ab. www.rodoeste.pt

**EACL - Empresa de Automóvels do Caniço** befährt die Umgebung von Caniço, in Funchal fahren die Busse vom Parque Almirante Reis (Nähe Talstation Seilbahn nach Monte) ab. www.eacl.pt

**Horários do Funchal** bedient einerseits den innerstädtischen Verkehr in Funchal (Carreiras urbanas) als auch das weitere Umfeld und ist stärker in den Westen ausgerichtet. www.horariosdofunchal.pt

## Taxi

In allen größeren Orten gibt es Taxi-Stände. Da auch Mini-Busse verkehren, in denen bis zu 7 Personen befördert werden können, kann die Nutzung von Taxis für Kleingruppen recht preiswert sein. Taxis lassen sich für einen Zeitraum mieten, die Route sollte jedoch abgesprochen werden. Nachfolgend sind nach zugehörigen Orten geordnet einige Taxi-Unternehmen und Standplätze mit der Telefonnummer aufgelistet, bei denen Sie ein Taxi für geplante An- oder Abreisen reservieren können. Außerdem bestellt Ihre Hotelrezeption sicher gerne ein Taxi für Sie.

**Camacha:** ✆ 291/922185
**Câmara de Lobos:** ✆ 291/942407
**Caniçal:** ✆ 291/961989
**Caniço:** ✆ 291/934640
**Estrela Calheta:** ✆ 291822129
**Faial:** ✆ 291/572416
**Funchal:** ✆ 291/233989
**Machico:** ✆ 291/962480 und ✆ 291/962216
**Monte:** ✆ 291/784085
**Ponta de Sol:** ✆ 2919/72110
**Porto da Cruz:** ✆ 291/562411
**Porto Moniz:** ✆ 291/852243
**Ribeira Brava:** ✆ 291/952349
**Santa Cruz Mercado:** ✆ 291/524888
**Santana:** ✆ 291/572540
**Santo da Serra:** ✆ 291/552100
**São Vicente:** ✆ 291/842238

## Bekleidung, Ausrüstung

Für eine gelungene Wanderung ist die Ausrüstung ein wichtiger Faktor. Der Markt für Outdoorbekleidung ist mittlerweile recht unübersichtlich, deswegen hier nur einige Grundregeln:

Der wichtigste Ausrüstungsgegenstand sind knöchelhohe Wanderschuhe mit Profilsohle. Sehr viele Wege verlaufen auf vulkanischem Gestein, sind damit scharfkantig und geröllig. Nur für sehr wenige der in diesem Buch beschriebenen Touren sind auch Trekkingschuhe oder Joggingschuhe geeignet. Die Passform der Schuhe sollte man vor einer längeren Unternehmung unbedingt auf Tagestouren überprüfen! Neben den Schuhen ist ein guter Sonnenschutz wichtig. Durch die Nähe zum Äquator ist die Sonneneinstrahlung sehr intensiv und erfordert eine Kopfbedeckung, sowie für die noch ungebräunte Haut ein Sonnenschutzmittel mit hohem Lichtschutzfaktor oder langärmlige Kleidung.

Im Winterhalbjahr sollten Sie wärmende Kleidung mitnehmen. Für die Kleidung gilt das „Zwiebelprinzip“: Mehrere Schichten erfüllen verschiedene Funktionen und lassen sich separat tragen und vielfältig kombinieren. Die unterste Schicht soll Schweiß vom Körper weg führen, darüber folgen bei Bedarf eine wärmende Schicht und zuletzt die äußerste Hülle, die Wind und Regen abhalten, trotzdem aber dampfdurchlässig sein soll. Beachten Sie bei den Wanderungen in höheren Lagen, dass die Lufttemperatur pro 100 Höhenmeter um rund 0,6 °C abnimmt. Zusätzlich lässt der Wind die gefühlte Temperatur nochmals kälter erscheinen (Windchill-Effekt).

Wanderstöcke sind mittlerweile sehr gebräuchlich und – richtig angewendet – in vielen Situationen hilfreich. Oberkörper und Arme können die Beine unterstützen, damit sinkt hier die Belastung für Muskeln und Gelenke. Vor allem bei steilen Abstiegen kann dadurch einer Überlastung der Knie vorgebeugt werden. Auch fällt es leichter, in schwierigen Situationen wie auf rutschigem Untergrund oder beim Überqueren von Bächen die Balance zu halten. Der Nachteil beim ständigen Verwenden von Wanderstöcken liegt aber in der Verminderung von Trittsicherheit und Gleichgewichtsgefühl. Im Aufstieg sollten die Stöcke situationsgerecht – einzeln oder doppelt benutzt – die Beine bei der Hubarbeit unterstützen, im Abstieg ist es besser, beide Stöcke gleichzeitig zu platzieren (Doppelstockeinsatz). Auf Querungen kann man den bergseitigen Stock etwas kürzer fassen. Passen Sie aber bei Levadas auf, dass Sie mit dem Stock nicht über den Wegesrand geraten und abrutschen!

Für Tagestouren benötigt man einen Regenschutz, bei Touren in höheren Lagen zusätzliche Kleidung als Kälteschutz, ausreichend Trinkwasser, Sonnenschutz, ein kleines Erste-Hilfe-Set und Verpflegung für unterwegs. Nehmen Sie auf alle Touren, die in schwierigem Gelände verlaufen und etwas länger sind, in jedem Fall auch ein Handy mit voll aufgeladenem Akku und ein kleines Erstes-Hilfe-Set mit.

### Geführte Wanderungen

**Eurohike**, A-5162 Obertrum, Mühlstr. 20, ✆ 0043/(0)6219/7444, office@eurohike.at, www.eurohike.at

**Wikinger Reisen**, Kölner Str. 20, D-58135 Hagen, ✆ 02331/9046, Fax 02331/904704, www.wikinger-reisen.de

**RMK Tours Madeira**, ✆ (+351)291/148990, www.madeira-rmktours.com

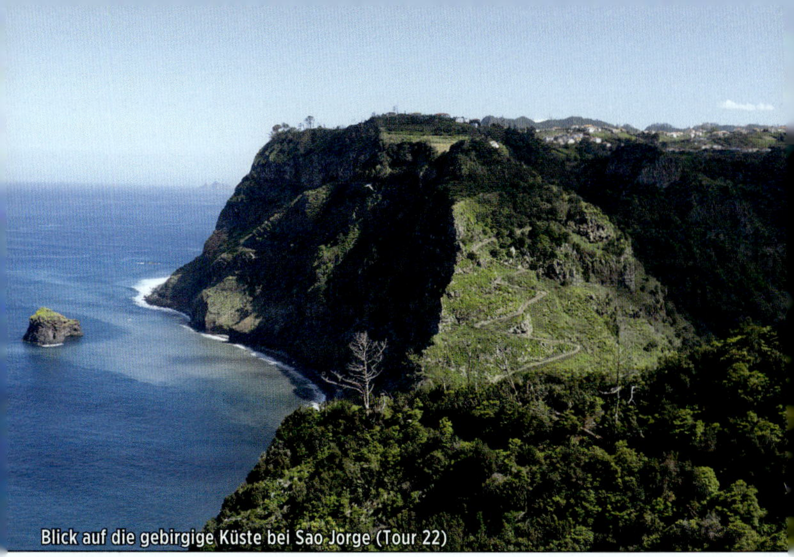
Blick auf die gebirgige Küste bei Sao Jorge (Tour 22)

**Christa Dornfeld,** ✆ (+351)915/693205, www.madeirawandern.com
**Madeira Explorers,** ✆ (+351)291/763701, www.madeira-levada-walks.com

## Sonstige Reiseinformationen

Madeira gehört zu Portugal, das Mitglied in der Europäischen Union ist. Die offizielle Währung ist der Euro. In größeren Städten gibt es Bankautomaten, an denen Geld mit Bank- oder Kreditkarten bezogen werden kann. In vielen Geschäften kann man mit den meisten Bank- oder Kreditkarten bezahlen.
Im Vergleich zur Mitteleuropäischen Zeit ist es auf der Insel eine Stunde früher, die Uhren werden also eine Stunde zurückgestellt.
Die üblichen Geschäftszeiten sind Montags bis Freitags von 9-13 Uhr und von 15-19 Uhr, Samstags 9-13 Uhr. Einkaufszentren und Supermärkte sind täglich (auch Sonntags) von 10-22 Uhr geöffnet. Elektrogeräte funktionieren mit 220 Volt und können mit den in Europa standardisierten Steckern benutzt werden.
Wildes Zelten ist auf der gesamten Insel verboten. Offenes Feuer darf nur an den dafür eingerichteten Stellen auf Zeltplätzen oder Rastplätzen gemacht werden.

## Sicherheitsvorkehrungen

Madeira ist kein leichtes Wandergebiet. Unvernünftiges Verhalten kann immer Gefahren in sich bergen. Daher sollten Sie einige Sicherheitsvorkehrungen beachten.

Ein Großteil der Wanderungen verläuft im steilen, steinigen Gelände. Wandern sie nie allein! Nehmen Sie immer ein Mobiltelefon mit. Da in steilen Schluchten oft kein Handyempfang besteht, informieren Sie jemanden in Ihrem Urlaubsquartier über die geplante Route, speziell wenn Sie sich in schwieriges Gelände begeben. Nehmen Sie immer ausreichend Trinkwasser mit und planen Sie ein, dass durch Sonneneinstrahlung und körperliche Anstrengung der Wasserbedarf weit höher sein kann als vermutet. Testen Sie Ihre Kondition, bevor Sie sich an lange Wanderungen mit großen Steigungen wagen. Bleiben Sie auf den ausgeschilderten Wegen und kehren Sie um, wenn Sie keinen Weg mehr erkennen können oder wenn der Weg von abgerutschten Steinen und Geröll überschüttet ist. Wandern Sie niemals auf gesperrten Wegen! Beginnen Sie auch kürzere Wanderungen ausreichend früh, um Zeitreserven zu haben und notfalls umkehren zu können, ohne in die Dunkelheit zu kommen. Die Sonnenuntergänge auf Madeira sind extrem kurz.

Von November bis März kann in der Gipfelzone Schnee und Eis liegen. Dann sollten Sie eine Wanderung in diesen Höhen keinesfalls starten!

Vorsicht ist nicht nur auf den Wanderungen, sondern ebenso an den Stränden geboten. An unbekannten und menschenleeren Buchten sollten Sie nicht baden bzw. nicht hinausschwimmen. Bei Wellengang müssen Sie bedenken, dass – auch wenn die Flagge an offiziellen Stränden ein Baden erlaubt – unbekanntes Felsgestein im Wasser eine Gefahrenstelle darstellt. Bei längeren Aufenthalten am Strand sollten Sie auch bei bewölktem Himmel einen Sonnenschutz benutzen.

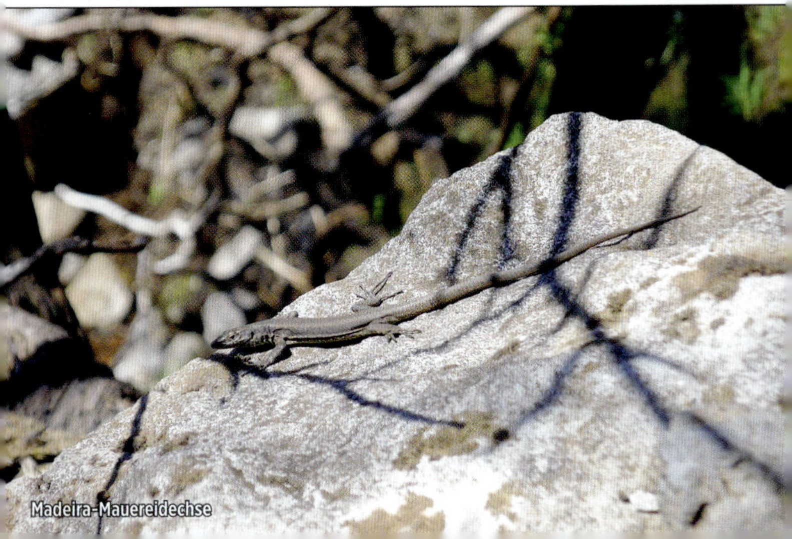

Madeira-Mauereidechse

### Im Notfall

Trotz der gründlichsten Tourenplanung können unvorhergesehene Notfälle eintreten. Die Grundregel dabei ist, kühlen Kopf zu bewahren, um nicht durch unüberlegte Handlungen die Gesamtsituation zu verschlimmern. Nachdem Sie sich ein Bild von der Lage gemacht haben und keine weitere Gefahr wie zum Beispiel anhaltender Steinschlag zu befürchten ist, wählen Sie – bei vorhandenem Handynetz – die **Notrufnummer 112**. Falls Ihr Telefon keinen Empfang anzeigt, schalten Sie es aus und wieder ein. Dabei tippen Sie statt Ihres PIN-Codes 112 ein. Sollte auch diese Methode versagen, hilft nur mehr die Veränderung des Standortes, manchmal reichen wenige Meter.

Bei der Notrufstelle geben Sie mit möglichst ruhiger Stimme folgende Fakten bekannt: Was ist passiert? Wo und wann ist der Unfall passiert? Wie viele Verletzte gibt es? Wer ruft an?

Danach versuchen Sie nach Maßgabe Ihrer Möglichkeiten, selbst dem Verletzten zu helfen. Ein kürzlich absolvierter Erste-Hilfe-Kurs und Hausverstand sind dabei sehr hilfreich. Zu guter Letzt: Lassen Sie unter keinen Umständen eine verletzte Person alleine! Versuchen Sie, diese warm und möglichst bequem zu lagern und psychisch zu unterstützen. Warten Sie gemeinsam auf Hilfe.

## Kleiner Sprachführer

### Geografische Begriffe (portugiesisch – deutsch)

| | |
|---|---|
| alto, alta | hoch |
| o desfiladeiro | Schlucht |
| a brenha | Gebüsch |
| a rua | Straße in Ortschaften |
| a estrada | Straße im Freiland |
| o caminho | Weg |
| a casa | Haus |
| a queda de água | Wasserfall |
| a costa | Küste |
| a cruz | Kreuz |
| a caverna, a gruta | Höhle |
| a cumeeira, a cumeada | Bergkamm |
| o colo, o porto, a portela de montanha | Bergsattel |
| o passo de montanha | Pass |
| a ermida | Kapelle, Einsiedelei |

| | |
|---|---|
| o faro | Leuchtturm |
| a fonte | Quelle |
| o corredor subterrâneo, a galeria | Gang, Stollen |
| a baixa de terreno, o buraco | Niederung, Grube |
| a igreja | Kirche |
| a planície | Ebene |
| o miradouro | Aussichtspunkt |
| a montanha | Berg, Gebirge |
| o monte | Berg |
| o cimo/o cume | Berggipfel |
| a pedra | Stein |
| a praia/a baía | Strand, Bucht |
| o porto | Hafen |
| a ponta (de terra) | Landspitze |
| o rio | Fluss |
| a rocha/o penedo | Felsen |
| a torre | Turm |

## Umgangsformen (portugiesisch – deutsch)

| | |
|---|---|
| Bom dia. | Guten Morgen. |
| Boa tarde. | Guten Tag. |
| Boa noite. | Gute Nacht. |
| Olá. | Hallo. |
| Adeus. | Auf Wiedersehen. |
| Até logo. | Bis bald. |
| Sim. | Ja. |
| Não. | Nein. |
| Obrigado. Obrigada. | Danke. |
| Se faz favor. | Bitte. |
| Desculpa (du). Desculpe (Sie). | Entschuldigung |

# Zu diesem Buch

Dieser **Hikeline-Wanderführer** enthält alle Informationen, die Sie für Ihre Wanderung benötigen: exakte Karten, eine detaillierte Wegbeschreibung und die wichtigsten Informationen zu touristischen Attraktionen und Sehenswürdigkeiten.
Und das alles mit der **Hikeline-Garantie**: Die Routen in unseren Büchern sind von unserem professionellen Redaktionsteam vor Ort geprüft worden. Um höchste Aktualität zu gewährleisten, nehmen wir nach der Erhebung Korrekturen von Lesern bzw. offiziellen Stellen bis Redaktionsschluss entgegen, die dann jedoch teilweise nicht mehr an Ort und Stelle verifiziert werden können.

## Konzept

Am Beginn jeder Tour finden Sie grundlegende Informationen wie Start- und Zielort, die Länge, die zu bewältigenden Höhenmeter im Auf- und Abstieg, die Gesamtschwierigkeit, die durchschnittliche Wegzeit in normalem Gehtempo, ein Höhenprofil und die Anteile an Asphaltwegen, Wanderwegen und -pfaden sowie eine kurze Charakteristik der Tour. Die Gehzeiten und die Gesamtschwierigkeit werden bei allen Touren nach einem einheitlichen Prinzip ermittelt, somit sind Abweichungen von der Beschilderung vor Ort – bei der z. B. die Gehzeit oft von Gemeinde zu Gemeinde unterschiedlich berechnet wird – möglich.
Gesamtschwierigkeit der Tour

**LEICHT**

Angenehme Familienwanderung, insgesamt nur geringe Höhenunterschiede und keine starken Steigungen und Gefälle, wenige kurze steilere Abschnitte sind aber möglich. Die Tour verläuft meist auf breiten und gefahrlos zu begehenden Wegen, sie kann (fast) bei jeder Witterung begangen werden. Die Wanderung stellt keine großen Anforderungen an Ausrüstung, Erfahrung und Kondition.

**MITTEL**

Die Wanderung erfordert normale Kondition und etwas Ausdauer. Längere Steilabschnitte und schmale, steinige Pfade oder schwierig zu begehende Bereiche sind möglich, Trittsicherheit ist teilweise erforderlich. Im Gebirge können gesicherte Kletter- und Gehpassagen sowie Leitern vorkommen, die Hände werden – wenn überhaupt – nur auf wenigen Metern zur Fortbewegung benötigt. Die Wege können witterungsbedingt schwieriger begehbar und rutschig sein.

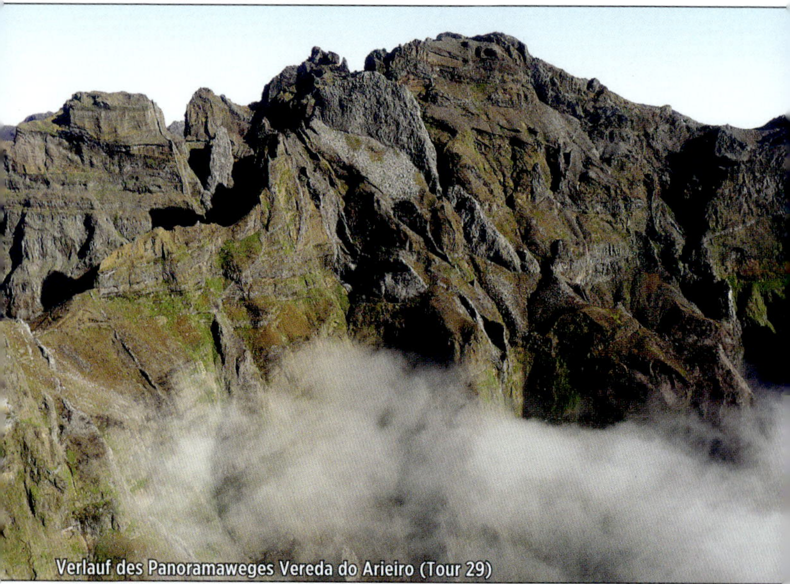
Verlauf des Panoramaweges Vereda do Arieiro (Tour 29)

**SCHWER**

Die Tour erfordert abschnittsweise große Anforderungen an Kondition, Erfahrung und Orientierung. Große Höhenunterschiede mit z. T. auch längeren steilen Abschnitten sind zu überwinden und/oder die Tour ist sehr lang sowie über weite Strecken schwierig zu begehen. Wege können ausgesetzt sein, im Gebirge kommen drahtseilgesicherte Passagen bzw. leichte Kletterstellen vor, Trittsicherheit ist unbedingt erforderlich. Die Begehbarkeit ist stark witterungsabhängig.

## Karten

Eine Übersicht über die geografische Lage der Routen auf Madeira gibt Ihnen die Übersichtskarte auf der vorderen inneren Umschlagseite.
Die Detailkarten sind im Maßstab 1:35.000 erstellt. Dies bedeutet, dass 1 Zentimeter auf der Karte einer Strecke von 350 Metern in der Natur entspricht. Zusätzlich zum genauen Routenverlauf informieren die Karten auch über die Beschaffenheit des Bodenbelags bzw. über die Art des Weges sowie über kulturelle und gastronomische Einrichtungen entlang der Strecke. Die Höhenlinien haben einen Abstand von 25 Metern. Aufgrund der geologischen

und topologischen Struktur auf Madeira, sind die per Satellit ermittelten Höhendaten teilweise fehlerhaft. Die Daten wurden partiell manuell korrigiert, dennoch sind verzerrte Höhenangaben nicht auszuschließen. Verlassen Sie sich bei Ihrer Wanderung auf das vor Ort erhobene Höhenprofil.
Allerdings können selbst die genauesten Karten den Blick auf die Wegbeschreibung nicht ersetzen. Stellen mit schwieriger Wegfindung werden in der Karte mit dem Symbol ⚠ gekennzeichnet, im Text finden Sie das gleiche Zeichen zur Markierung der betreffenden Stelle wieder, manchmal ergänzt durch ein Foto.
Die beschriebene Haupttour wird immer in Blau, Varianten oder Abstecher in Grün dargestellt. Die genaue Bedeutung der einzelnen Symbole wird in der Zeichenerklärung auf den Seiten 4 und 5 erläutert.

## Textteil

Der Textteil besteht im Wesentlichen aus der genauen Routenbeschreibung. Stichwortartige Streckeninformationen werden von dem Zeichen ⁓ begleitet. Manche besonders markante oder wichtige Punkte auf der Strecke sind als Wegpunkte **1**, **2**, **3**, ... durchnummeriert und – zur besseren Orientierung – mit demselben Symbol in den Karten und im Höhenprofil wieder zu finden. Bei Varianten wird dasselbe System angewendet, allerdings mit Großbuchstaben **A**, **B**, **C**,...
Die Kilometerangaben, im Text hochgestellt, zeigen Ihnen die schon zurückgelegte Strecke seit dem Tourenstart an, sie sind auf hundert Meter gerundet. In Klammern finden Sie die Höhe des betreffenden Punktes. Der Wegpunkt **7** 5,1 (1.340) ist also 5,1 Kilometer vom Ausgangspunkt der Tour entfernt und liegt auf einer Höhe von 1.340 Metern.
Ferner sind alle wichtigen **Orte** zur besseren Orientierung aus dem Text hervorgehoben. Die Symbole Ortsanfang und Ortsende kennzeichnen ein größeres, geschlossenes Siedlungsgebiet. Gibt es interessante Sehenswürdigkeiten in einem Ort, so finden Sie unter dem Ortsbalken die jeweiligen Adressen, Telefonnummern und Öffnungszeiten.
*Die Beschreibung der einzelnen Orte sowie historisch, kulturell oder naturkundlich interessanter Gegebenheiten entlang der Route tragen zu einem abgerundeten Reiseerlebnis bei. Diese Textblöcke sind kursiv gesetzt und unterscheiden sich dadurch auch optisch von der Streckenbeschreibung.*
Absätze in grüner Farbe behandeln Varianten und Ausflüge.

TIPP Textabschnitte in Blau heben Stellen hervor, an denen Sie auf den weiteren Wegeverlauf und auf mögliche Varianten hingewiesen werden. Sie geben auch Empfehlungen und Erläuterungen zu Sehenswürdigkeiten oder Freizeitaktivitäten etwas abseits der Route.

### Öffnungszeiten – Kategorien

Öffnungszeiten
frei zugänglich
täglich
häufig (5-6 Tage/Wo.)
durchschnittlich (3-4 Tage/Wo.)
selten (bis 2 Tage/Wo.)
nach tel. Anfrage

Diese Angaben gelten während der Wandersaison und dienen als Orientierungshilfe. Die tagesaktuellen Öffnungszeiten finden Sie über den Weblink.

### Weblink

Im Ortsdatenblock bei dem jeweiligen touristischen Eintrag befindet sich nach dem @ Symbol eine sechsstellige Zahlen- und Buchstabenkombination *(z. B. @ abc123)*. Die Eingabe dieser Weblink-ID auf unserer Internetseite www.esterbauer.com leitet Sie direkt auf die entsprechende Webseite weiter und ersetzt somit die mühsame Eingabe ellenlanger Webadressen.

## GPS-Navigation

GPS (Global Positioning System) erlaubt eine präzise Positionsbestimmung mittels Navigationssatelliten und einem Empfangsgerät, dem GPS-Empfänger. Die Navigation basiert auf dem UTM-System (Universal Transversal Mercatorprojection). Das UTM-Gitternetz unterteilt die Erde in 60 Zonen von je 6 Grad Breite. Die Positionsangabe setzt sich aus dem „East"- oder Rechtswert und dem „North"- oder Hochwert zusammen. Der „East"- Wert (E) gibt den Abstand zum jeweiligen Bezugsmeridian in Kilometern plus 500 Kilometer zur Vermeidung negativer Zahlen an. Der „North"- Wert (N) gibt den Abstand zum Äquator in Kilometern an.

### GPS-Navigation in der Karte

Das Gebiet dieser Karten liegt in der Zone 28 und hat den Bezugsmeridian 15 Grad West. Um zu navigieren ist der GPS-Empfänger auf WGS 84 (World Geodetic System 1984) und UTM-Projektion einzustellen. Die Koordinaten (East und North) sind in der Karte in Kilometern, auf dem GPS-Empfänger in Metern angegeben. Für die GPS-Navigation ist auf den Karten ein grau gepunktetes Gitter mit einer Maschenweite von 1 Kilometer vorhanden. Da einige Karteninhalte hervorgehoben oder generalisiert dargestellt werden, ist eine absolute Lagegenauigkeit nicht immer garantiert.

# Funchal & Umgebung

**Selbst nahe der Hauptstadt lässt sich bereits vortrefflich wandern, auch spektakuläre Levadas findet man ohne weite Ausflüge machen zu müssen.**



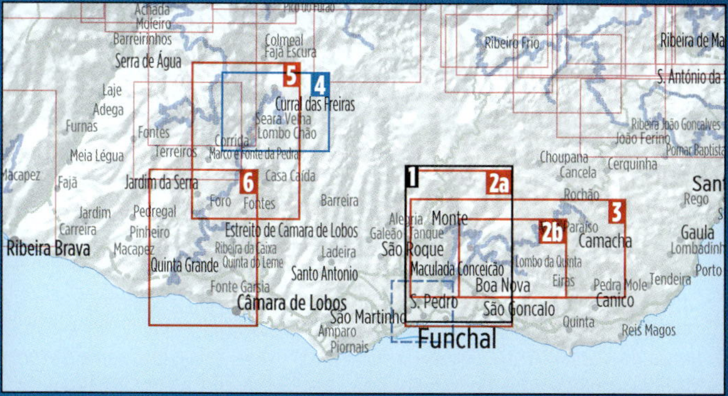

Ortsinformationen

# Funchal

**Tourist-Information**, Avenida Arriaga 16, ✆ 291211902, @ dkv426

**Adegas de São Francisco (S. Francisco Weinkeller)**, Avenida Arriaga 28, ✆ 291228978 Kellerei der Firma Blandy, erklärt die Entstehung des Madeiraweins, Weinproben. @ rwq861

**Madeira Story Center (Geschichte Zentrum)**, Rua D. Carlos I. 27-29, ✆ 291639081. Illustriert die Geschichte von Madeira. @ qet467

**Museu da Electricidade (Museum der Elektrizität)**, Rua da Casa da Luz 2, ✆ 291211480 Wie Elektrizität auf Madeira gewonnen wird (auch für Kinder geeignet). @ smp566

**Museu de Arte Sacra (Museum sakraler Kunst)**, Rua d. Bispo 21, ✆ 291228900 Flämische sakrale Kunstwerke.

**Museu de História Natural do Funchal**, R. da Mouraria 31, ✆ 291229761. Das älteste Museum Madeiras im Palast von São Pedro. Einblicke in Fauna und Flora der Blumeninsel.

**Quinta das Cruzes**, Calcada do Pico 1, ✆ 291740670 Ursprünglicher Ruhesitz von Kapitän Zarco, im 18. Jh. umgebaut, Muster an Kunst und Architektur der Insel. Verfügt über einen sehenswerten Garten mit exotischen Gewächsen.

**Universo de Memórias**, Calcada Pico 2-4, São Pedro. Objekte vieler Kulturen, zusammengetragen durch den reisenden Journalisten, Autor und Politiker João Carlos Abreu. Im anschließenden Teehaus kann man die Eindrücke verinnerlichen.

**Igreja do Carmo**, R. do Seminário Azulejos (ein Bild aus bunt bemalten und glasierten Keramikfliesen gestaltet) sowie Barockschnitzarbeiten aus dem 17. Jh.

**Igreja do Colégio**, Rua Ferreiros 105. Prunkreiche Jesuitenkirche und Jesuitenschule. 1624 errichtet. Besonders bemerkenswert sind der Hochalter mit seinen Holzschnitzarbeiten und der Altar der Kapelle der Elftausend Jungfrauen .

**Sé do Funchal (Kathedrale)**, R. do Aljube 39, ✆ 291228155 Die Kathedrale schmücken flämische Gemälde und eine verzierte Decke mit Einlegearbeiten aus Elfenbein und Gold.

**Fortaleza do Pico**, Rua do Forte. Die Festung wurde 1622 bis 1640 erbaut und diente zur Überwachung des Hafens. Den Besucher erwartet eine herrliche Aussicht.

**Casino**, Av. do Infante, ✆ 291140424. von Architekt Oscar Niemeyer gestaltet, besonders bei Nacht sehenswert

**Fortaleza de São Tiago (Festung)**, R. Portão de São Tiago 21, ✆ 291213340 Militärische Architektur mit atemberaubender Aussicht. Das Fort wurde 1614 erbaut, um Funchal vor Piraten zu schützen.

**Mercado dos Lavradores**, R. Latino Coelho 38, ✆ 291214080. Obst- und Fischmarkt

**Zona Velha**. Malerische Altstadt mit farbenprächtigen Tür- und Wandmalereien.

*Funchal wurde 1421 durch João Gonçalves Zarco, der Madeira erst 2 Jahre zuvor erstmals entdeckt hatte, gegründet. Der Name bedeutet übersetzt „viel Fenchel“ oder „fenchelig“, da in der wetter- und windgeschützten Bucht damals viele Fenchelpflanzen wucherten. Zarco und seine Gefährten erkannten die günstige Lage für ei-*

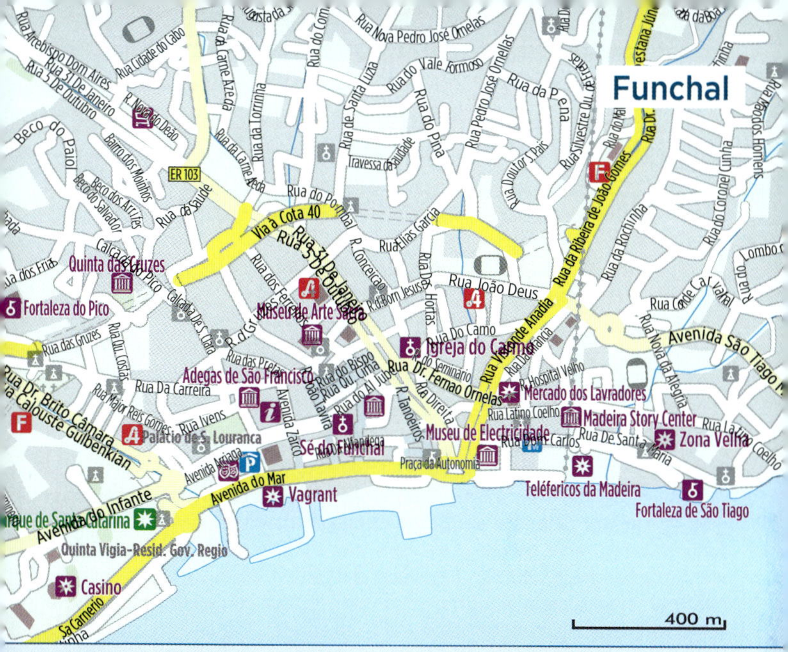


nen Hafen, und begannen umgehend mit der Urbarmachung des Gebiets. Bereits Anfang des 16. Jahrhunderts erhielt Funchal Stadtrechte und wurde Bischofssitz.

Der Hafen war ein wichtiger Stützpunkt und Warenumschlagplatz für den Überseehandel zwischen Europa und den Kolonien. Zucker, Wein und Sklaven waren die Güter, die den Kaufleuten in Funchal bald zu beachtlichem Wohlstand verhalfen. Aus dieser Zeit datieren auch die ersten der großen Landgüter, der „Quintas", die sich portugiesische wie fremde Geschäftsleute in und um Funchal errichten ließen, und von denen viele später zu Hotels umgestaltet wurden.

Im 19. Jahrhundert entdeckte die europäische Oberschicht, allen voran die Briten, Madeira und sein Klima des „Ewigen Frühlings" als Reisedomizil für sich. Ende des 19., Anfang des 20. Jahrhunderts eröffneten die ersten Luxushotels. Nach dem 2. Weltkrieg erhielt Madeira einen eigenen Flughafen. Nahezu gleichzeitig begann der Ausbau des Hotelviertels oberhalb des Hafens, wodurch Madeira auch für die Mittelschicht als Reiseziel erschwinglich und attraktiv wurde.

Heute leben etwa 45.000 Einwohner im Stadtzentrum und ca. 104.000 in der näheren Umgebung von Funchal, das sind ca. 40 % der Gesamteinwohnerzahl von Madeira.

Tour 1 5 km

# An der Levada Bom Sucesso zum Botanischen Garten in Funchal

*Start:* Bergstation Teleférico do Jardim Botanico (N 32,6774° W 16,8980°)
*Ziel:* Talstation Teleférico
*Aufstieg:* 289 m *Hartbelag:* 33 %
*Abstieg:* 477 m *Wanderwege:* 14 %
*Gehzeit:* 3 - 3,5 Std. *Wanderpfade:* 53 %

**Charakteristik:** Seit dem Jahr 2005 gibt es mit der Seilbahn am Botanischen Garten eine zweite Seilbahn von Funchal nach Monte. Dies ermöglicht eine schöne Rundtour und zeigt, wie nahe auf Madeira Stadt und Wildnis beieinander liegen. Nach der Seilbahnfahrt geht es von der Bergstation auf 600 m zunächst auf guten Wegen über den Ribeiro Joáo Gomes. Kurz danach wandern Sie auf einem Steig, um in die Tiefe der Schlucht zu gelangen. Erst viele abgestiegene Höhenmeter später kommen Sie zur Levada, die Sie fast eben nach Funchal bringt. Am Orchideengarten, der beim Brand 2016 zerstört worden ist, vorbei geht es dann schließlich wieder zum Botanischen Garten, wo diese Tour endet.

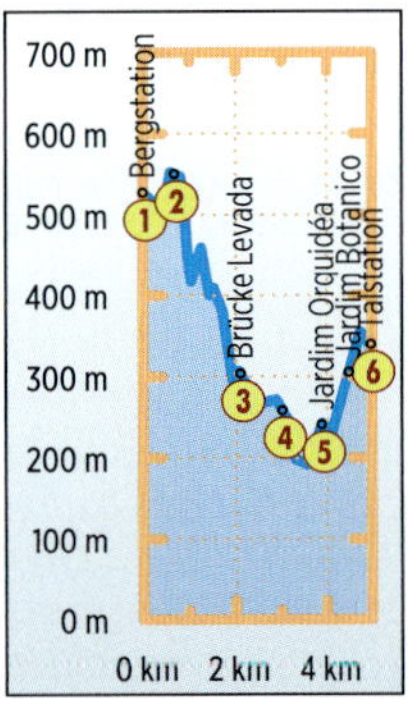


Auf diesem Weg gibt es sehr steile und abrutschgefährdete Stellen. Daher ist Trittsicherheit und Schwindelfreiheit Voraussetzung, es kam in den letzten Jahren vermehrt zu sehr schweren Unfällen!

**Hinweis:** Die Folgen des Brandes vom August 2016 sind hier noch immer bemerkbar, der Weg war lange gesperrt.

**Tipp:** Am schnellsten gelangt man zur Talstation der Seilbahn, indem man durch den botanischen Garten läuft, dies darf man aber leider nur mit Eintrittskarte.

**Markierung:** Keine, aber Wegweiser zur Levada

**An- und Abreise:** Der Botanische Garten (Jardim Botanico) ist gut ausgeschildert. Wer öffentlich anreist, gelangt mit den Buslinien 29 und 31 zur Seilbahn-

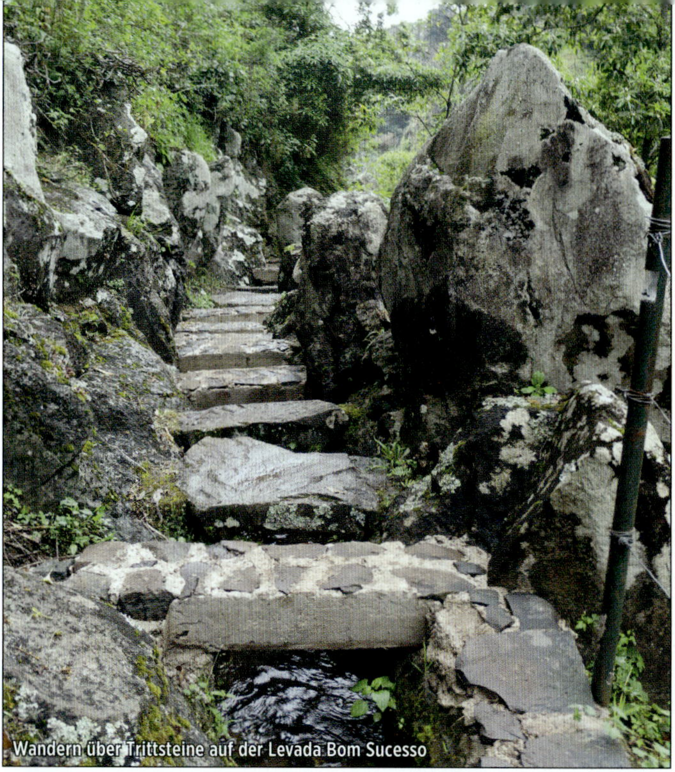

Wandern über Trittsteine auf der Levada Bom Sucesso

station, oder mit den Buslinien 20 und 21 direkt nach Monte (alle von Horários do Funchal).

Parkplätze: Gibt es sowohl beim Botanischen Garten als auch – während der Öffnungszeiten – direkt beim Eingang der Seilbahnstation.

## Monte (Funchal)

**Quinta Jardins do Imperador**, Caminho do Pico, ✆ 291780460 (7d) Hier verbrachte der verbannte österreichische Kaiser Karl I. seine letzten Monate.

**Wallfahrtskirche Nossa Senhora do Monte**, Caminho do Monte. Barocker Bau ab 1741, aufgrund des Erdbebens von 1748, das große Teile des Neubaus zerstörte, konnte die Kirche erst 1818 eingeweiht werden.

**Korbschlittenfahrten**. Seit 1850 existiert dieses öffentliche Verkehrsmittel. Zweisitzige Korbschlitten, die mit Metallkufen ausgestattet sind, werden von zwei traditionell gekleideten Herren gelenkt. Die Strecke führt auf ca. zwei Kilometern nach Funchal in den Ortsteil Livramento.

**Teleféricos do Jardim Botânico**, Caminho das Voltas 15, ✆ 291210290 ⑦ Seilbahnverbindung vom Botanischen Garten nach Monte.

**Teleféricos do Madeira**, Caminho das Babosas 8, ✆ 291780280 ⑦ Seilbahnverbindung von der Hafenpromenade nach Monte zum tropischen Garten.

**Jardim dos Loiros**, Caminho do Meio. Der Vogelpark ist an den botanischen Garten angeschlossen und bei Kindern sehr beliebt.

**Jardim Botânico**, Caminho do Meio, ✆ 291211200. Staatliches Naturkundemuseum und Botanischer Garten.

**Jardim Orquídea**, Rua Pita da Silva 37, ✆ 291211900, Aufgrund der Brände 2016 zerstört, Wiederaufbau geplant. Orchideengarten (1991) von der öster. Floristenfamilie Pregetter. Seit 2010 betrieben als Stiftung mit Schaugarten.

**Monte Palace Tropical Garden**, Caminho do Monte 174, Funchal, ✆ 291780800 ⑦ Als Quinta do Prazer vom englischen Konsul Charles Murray im 18. Jh. errichtet. Seit 1987 hat die Stiftung José Bernardo hier einen umfangreichen Garten angelegt, der sich sowohl der madeirensischen Flora & Fauna als auch tropischer Exoten widmet. Zusätzlich ist ein Museum integriert, das neben zeitgenössischer Kunst aus Simbabwe auch eine Mineraliensammlung zeigt. Im Garten sind neben vielen anderen Kunstelementen auch Kachelbilder (Azulejos) der letzten 5 Jahrhunderte zu sehen. @ scx244

*Der Ort Monte, der im 19. Jahrhundert ein beliebter Urlaubsort der Reichen war, ist unzertrennbar mit der österreichischen Geschichte verknüpft. Nach seinem gescheiterten Restaurationsversuch wurde der österreichische Kaiser Karl I. nach Madeira ins Exil geschickt, wo ihm der Bankier Luis da Rocha Machado seine Quinta kostenlos zur Verfügung stellte. Den kalten Winter 1921/22 überlebte der Kaiser in dem ungeheizten Haus nicht, er starb an Lungenentzündung und wurde in der Wallfahrtskirche Nossa Senhora do Monte bestattet. 2004 wurde Karl von Habsburg vom Papst selig gesprochen.*

**1** 0,0 (527) Von der Bergstation der Seilbahn am Botanischen Garten (Te-

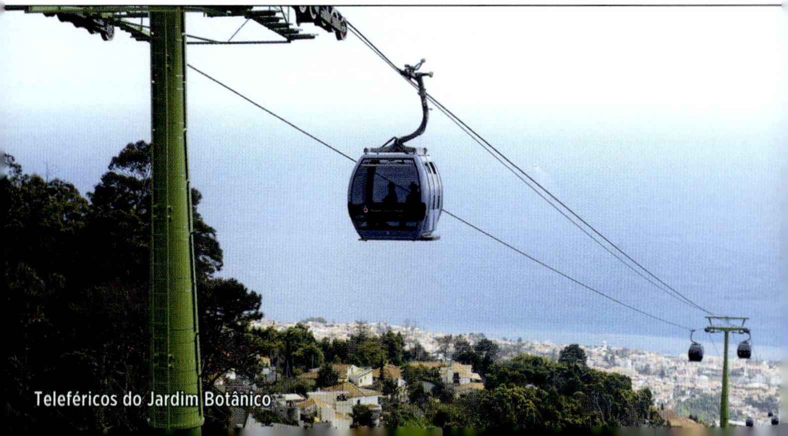

Teleféricos do Jardim Botânico

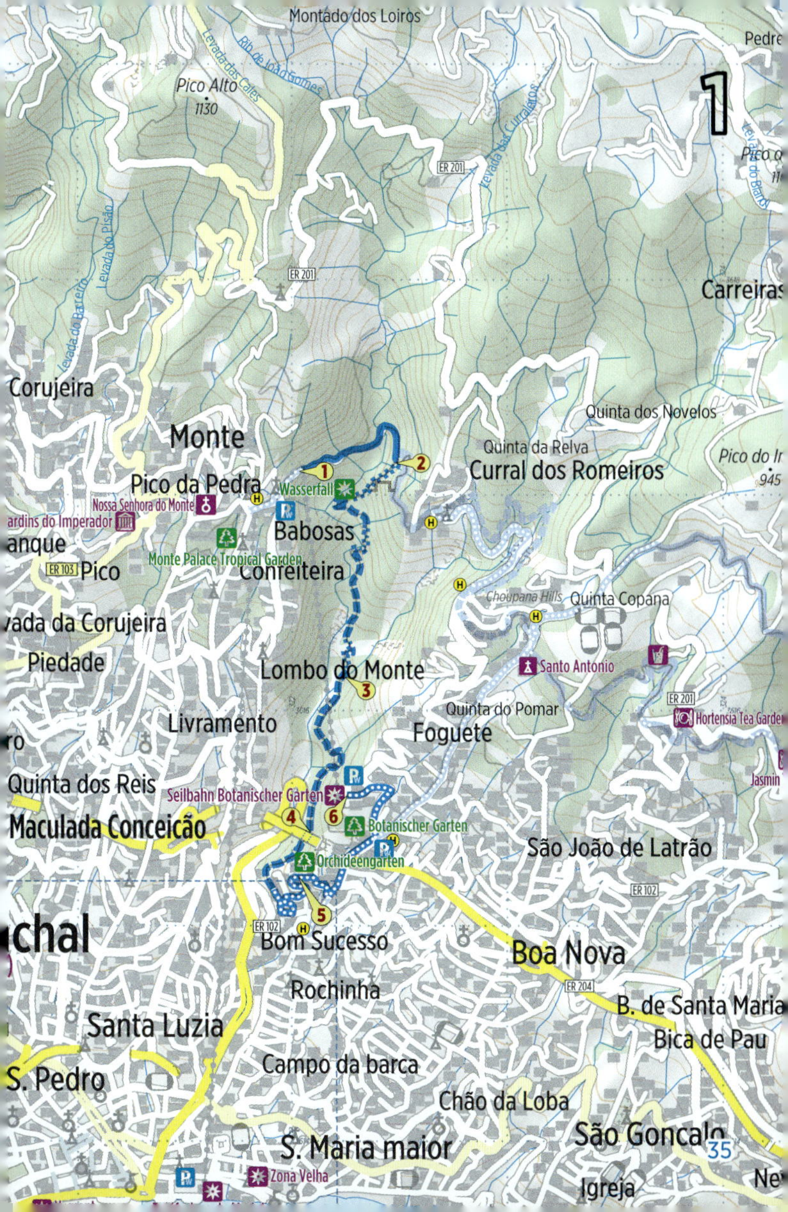
1
Montado dos Loiros
Pedre
Rib. de João Gomes
Levada das Cales
Pico Alto
1130
Levada dos Curralinhos
ER 201
Levada do Pisão
Levada do Barreiro
Carreiras
Corujeira
Monte
Quinta dos Novelos
Quinta da Relva
Curral dos Romeiros
Pico do Ir
945
Pico da Pedra
Wasserfall
Nossa Senhora do Monte
ardins do Imperador
Babosas
anque
ER 103
Pico
Monte Palace Tropical Garden
Confeiteira
Choupana Hills
Quinta Copana
vada da Corujeira
Piedade
Lombo do Monte
Santo Antonio
Quinta do Pomar
Hortensia Tea Garde
Livramento
Foguete
Quinta dos Reis
Jasmin
Seilbahn Botanischer Garten
Botanischer Garten
Maculada Conceicão
São João de Latrão
Orchideengarten
ER 102
chal
Bom Sucesso
Boa Nova
Rochinha
ER 204
B. de Santa Maria
Bica de Pau
Santa Luzia
S. Pedro
Campo da barca
Chão da Loba
São Goncalo
S. Maria maior
Zona Velha
Igreja

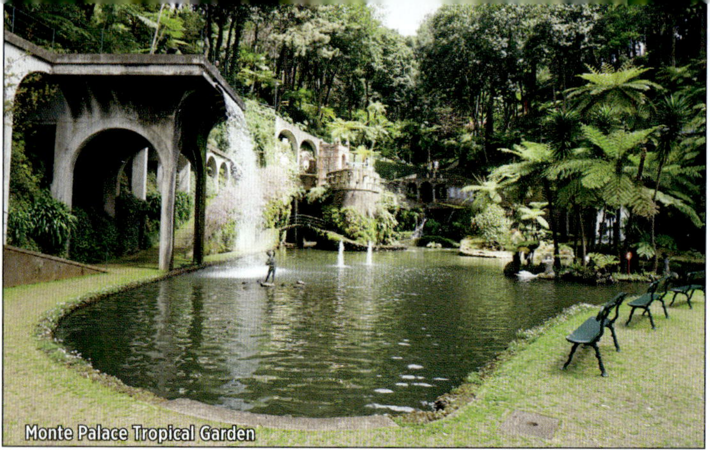

Monte Palace Tropical Garden

leférico do Jardim Botânico) gehen Sie zunächst steil bergab ~ beim Wegweiser abwärts Richtung der **Levada Bom Sucesso** ~ auf einer breiten Brücke queren Sie die **Ribeira Joáo Gomes** und wandern auf der anderen Seite bis zur ersten Serpentine bergauf.

**2** 0,7 (550) Am Wegweiser der ersten Serpentine biegen Sie nach rechts in den schmalen Pfad bergab ein ~ über Stufen verlieren Sie rasch an Höhe ~ an einer kleinen Höhle vorbei ~ über Stufenabschnitte und im Zick-Zack wandern Sie weiter steil abwärts entlang des Tals.

**3** 2,1 (304) An der Brücke stoßen Sie nun auf die **Levada Bom Successo** ~ Sie folgen nun dem Levadaweg ~ zwei ausgesetzte Engstellen sind mit Drahtseil gesichert ~ der Weg wird stellenweise sehr eng.

**4** 3,03 (258) Sie unterqueren die Autobahn ~ der Levadaweg führt Sie an einigen kleinen Feldern vorbei ~ kurze ausgesetzte Stellen sind zu überwinden, bevor der Weg an einer Mauer entlangführt.

An der Asphaltstraße angelangt bei der ersten Abzweigung nach links Richtung **Jardim Orquídea** ~ diesen Wegweisern nun folgend nach rechts abbiegen.

**5** 3,5 (240) Sie kommen nun am (dzt. geschlossenen) Orchideengarten vorbei, ein kleines Stück geht der Weg danach bergab ~ bei der nächsten Kreuzung links steil bergauf und an der Mauer des Botanischen Gartens entlang ~ nach dem oberen Eingang halten Sie sich links, bis Sie wieder am Parkplatz angelangt sind.

**6** 4,9 (340) Am Parkplatz der Talstation der Seilbahn endet die Tour.

**Funchal**

Tour 2 **7,8 km**

# Auf der Levada dos Tornos zu den Palheiro Gärten

*Start:* Monte, Teleférico (N 32,6756° W 16,9005°)
*Ziel:* Quinta do Palheiro
*Aufstieg:* 102 m
*Abstieg:* 101 m
*Gehzeit:* 2 - 2,5 Std.
*Hartbelag:* 21 %
*Wanderwege:* 23 %
*Wanderpfade:* 56 %

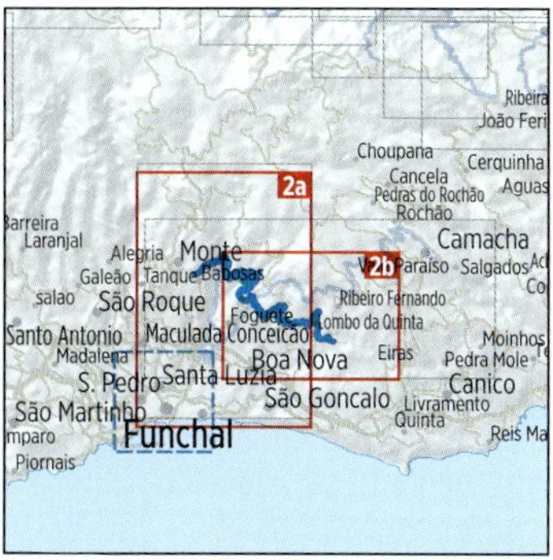


**Charakteristik:** Von Monte wandern Sie in einen Taleinschnitt des Ribeira Joáo Gomes und gelangen dann nach Curral dos Romeiros, wo das Wandern entlang der Levada ein wahrer Genuss ist. Eine Mischung zwischen kleinen Ackerflächen und Waldgebiet macht die Wanderung abwechslungsreich. Zwei Teehäuser auf der Strecke sorgen auch für den kulinarischen Genuss. Am Ende der Tour warten dann die Palheiro Gärten, englische Gartenarchitektur vom Feinsten. Diese Levadatour sollten eigentlich auch ängstliche Gemüter mit Freude begehen können, die Umgehung einer unangenehm engeren Stelle ist hier zusätzlich beschrieben.

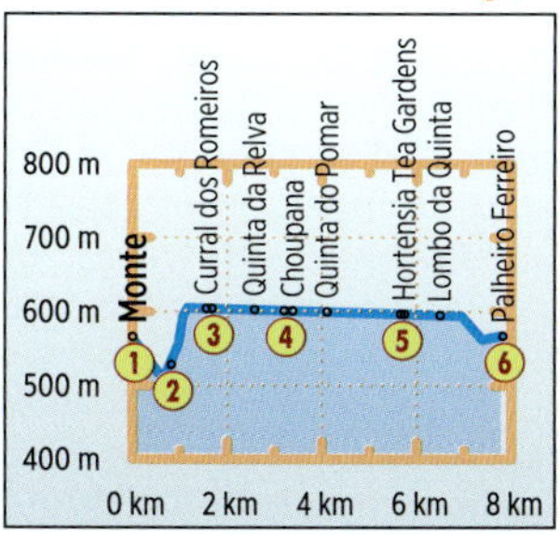


**Hinweis:** Teile dieser Tour waren von den Waldbränden 2016 betroffen, einige Spuren sind noch sichtbar.

**Markierung:** Keine, aber Wegweiser zur Levada.

**An- und Abreise:** Da es sich hier um eine Streckentour handelt, empfiehlt es sich, das Auto zentral zu parken, und nach Monte entweder mit der Seilbahn (Teleféricos da Ma-

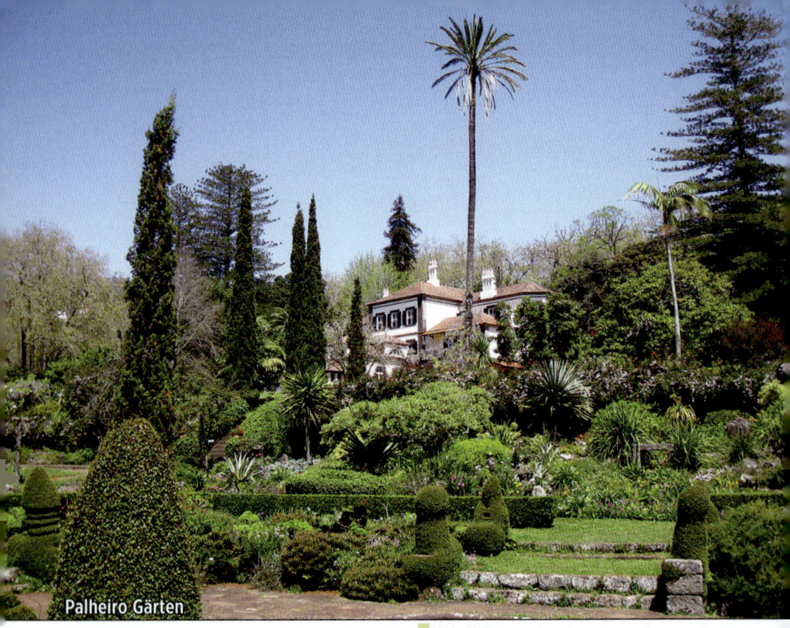
Palheiro Gärten

**deira) oder mit den Buslinien 20 und 21 (Horários) zu gelangen. Alternativ können Sie auch die zahlreichen kostenlosen Parkplätze in Monte nutzen, dann ist aber die Rückfahrt von den Palheiro Gärten mühsamer, oder Sie nehmen ein Taxi. Von den Palheiro Gärten fahren die Buslinien 36 und 37 (Horários).**

### Monte s. S. 34

**1** 0,0 (564) Von der Seilbahn-Bergstation wandern Sie zunächst Richtung Seilbahnstation Botanischer Garten (Teleférico Jardim Botanico) ⤳ unter der Seilbahn hindurch und auf breitem Weg abwärts, den Wegweiser „Dos Tornos“ ignorieren und stattdessen der **„Bom Sucesso“** folgen und zum **Ribeiro Joáo Gomes** hinunter!

**2** 0,9 (527) Nach der Brücke aufwärts ⤳ am Wegweiser der ersten Serpentine biegen Sie nicht ab, sondern gehen weiter bergauf ⤳ die nächste Abzweigung zur Levada nochmals ignorieren.

### Curral dos Romeiros

**3** 1,8 (603) Im kleinen Ort kommen Sie zu einer Straßengabelung mit drei Ästen, Sie nehmen den Mittleren ⤳ kurz danach über ein paar Stufen und Sie sind auf der mit Betonplatten überdeckten Levada.

VARIANTE

Wenige Meter später kommt man zu einer Stelle ⚠, die manche Nicht-Schwindelfreie als sehr unangenehm empfinden, und die sich umgehen lässt.

Zur Umgehung wandern Sie zurück zur Straßengabelung und nehmen

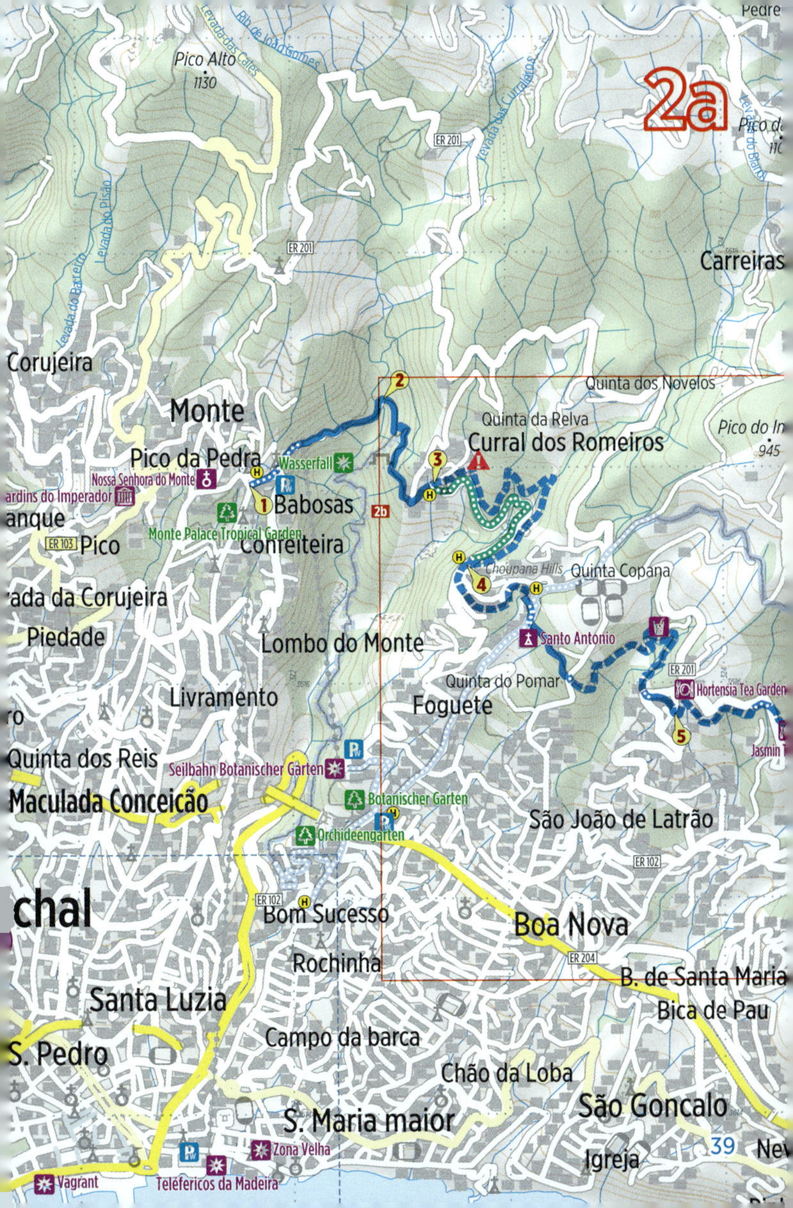

2a
Pico Alto
1130
Levada das Cales
Rib. de João Gomes
Levada dos Curralinhos
ER 201
Levada do Pisão
Levada do Barreiro
Carreiras
Corujeira
Monte
Pico da Pedra
Nossa Senhora do Monte
Jardins do Imperador
Babosas
Wasserfall
Monte Palace Tropical Garden
Confeiteira
Pico
ER 103
2b
Quinta dos Novelos
Quinta da Relva
Curral dos Romeiros
Pico do In
945
Choupana Hills
Quinta Copana
Santo Antonio
Hortensia Tea Garden
Quinta do Pomar
Foguete
Lombo do Monte
Piedade
Livramento
Quinta dos Reis
Seilbahn Botanischer Garten
Maculada Conceicão
Botanischer Garten
Orchideengarten
São João de Latrão
ER 102
Bom Sucesso
Boa Nova
Rochinha
ER 204
B. de Santa Maria
Bica de Pau
Santa Luzia
S. Pedro
Campo da barca
Chão da Loba
São Goncalo
S. Maria maior
Zona Velha
Igreja
Vagrant
Teleféricos da Madeira

den unteren Ast ⤳ bei der Bushaltestelle 1,5 km weiter gehen Sie dann wieder die Stiegen hinauf.

**4** 3,3 (600) Sie folgen der Levada, kommen an einer Stiege zur Straße (Bushaltestelle) vorbei ⤳ durch ein Tor in die ehemalige exklusive Hotelanlage Choupana Hills, die 2016 bei den Waldbränden zerstört wurde ⤳ Sie queren die Asphaltstraße Caminho do Meio, die direkt zum Botanischen Garten führt, gehen auf der Levada direkt oberhalb der Quinta do Pomar mit seiner Kapelle vorbei.

### Quinta do Pomar

**Santo António Kapelle.** Einzig erhaltenes Gebäude der Quinta do Pomar, die durch einen Brand 1996 vernichtet wurde.

Auf breitem Weg entlang der Levada, an einem Wasserreservoir vorbei ⤳ Sie queren nun mehrmals die Asphaltstraße, bleiben immer entlang der Levada.

**5** 5,7 (595) Mit den Hortensia Tea Gardens ist das Ende der Durststrecke eingeläutet, kurze Zeit später kommen Sie oberhalb des Jasmin Tea House vorbei.

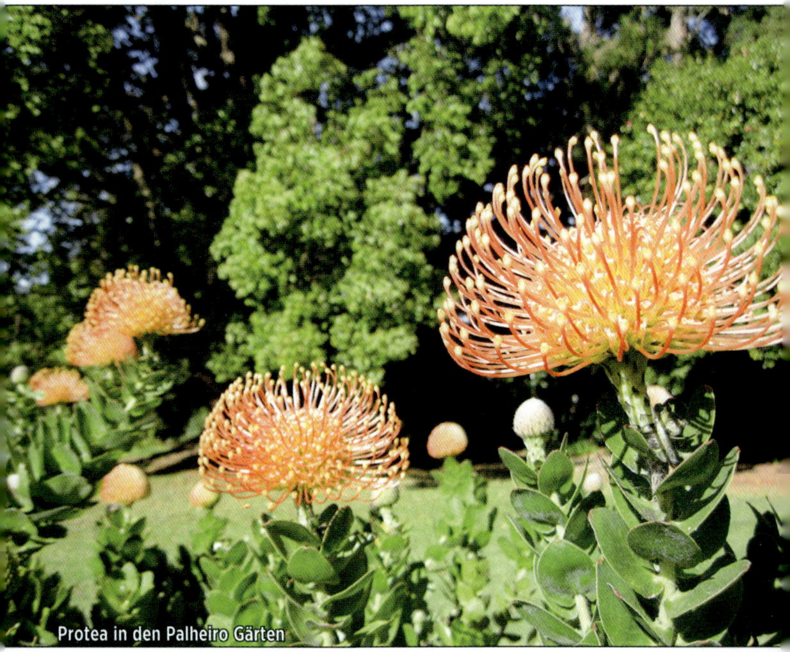

Protea in den Palheiro Gärten

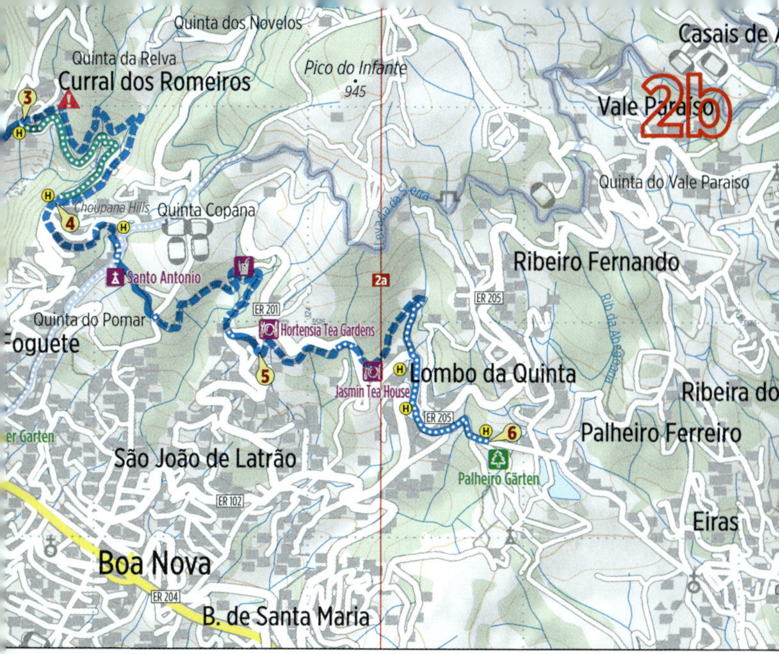


## Lombo da Quinta

**Hortensia Gardens Tea House**, Caminho dos Pretos 89

**Jasmin Tea Hause**, Caminho dos Pretos 40

Wenige Gehminuten nach dem Jasmin Tea House kommen Sie an einem einsamen Farmhaus vorbei, die Levada macht eine Kurve ~ rechts auf der Asphaltstraße bergab ~ bei der Straßengabelung links, die ER 201 bergab ~ Sie gelangen nun zur Kreuzung mit der ER 205.

TIPP Diese Haltestelle an der ER 205 wird von mehreren Bussen angefahren, hat daher kurze Intervalle.

Die Palheiro Gärten sind nun bereits angeschrieben ~ folgen Sie einfach der Asphaltstraße geradeaus bergab bis zum Eingang.

**6** 8,0 (566) Vor dem Eingang der Quinta Palheiro mit seinen Gärten endet die Tour.

## Quinta do Palheiro

**Palheiro Gardens**, Rua do Balancal 29, ✆ 790120 Englische Gartenarchitektur mit tropischen Pflanzen gemischt. Speziell die Kameliensammlung in der Hauptblütezeit November-April lässt Blumenliebhaber verzücken. @ ndt616

# Tour 3 10,2 km

# An der Levada Serra nach Funchal

*Start:* Camacha (N 32,6790° W 16,8446°)
*Ziel:* Funchal, Jardim Botanico
*Aufstieg:* 99 m *Hartbelag:* 39 %
*Abstieg:* 490 m *Wanderwege:* 61 %
*Gehzeit:* 2,5 - 3 Std. *Wanderpfade:* 1 %

**Charakteristik:** In Camacha wird das alte madeirensische Handwerk des Korbflechtens noch ausgeübt. Diese Tour startet im Korbflechterzentrum. Sobald die Höhe der Levada Serra erreicht ist, beginnt einer der gemütlichsten Levadawege der Insel. Auf einem breiten Pfad durch schattige Wälder führt die Tour bis Funchal, wo Sie dann steil zum Botanischen Garten absteigen. Einziger kleiner Wermutstropfen dieser Tour ist, dass die Levada kaum mehr Nutzen hat und daher stellenweise wasserlos ist.

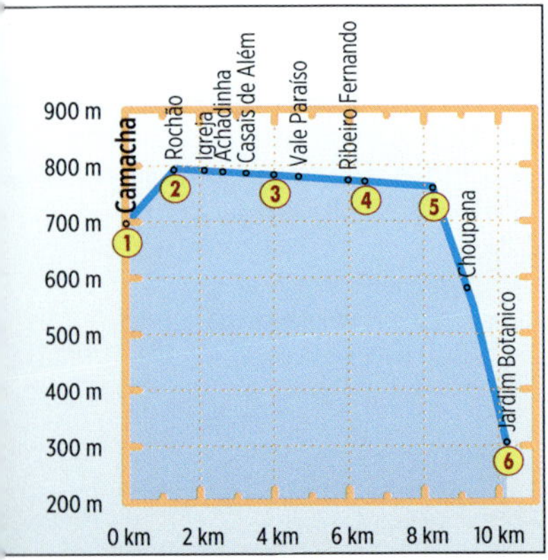


**Markierung:** Keine, aber Wegweiser zur Levada

**An- und Abreise:** Die Buslinie 129 (Horários) die stündlich Funchal mit Camacha verbindet, hat die Haltestelle Bom Sucesso am unteren Ende des Caminho da Meio: die Straße, die am botanischen Garten vorbeiführt bis zum Ende gehen, danach für wenige Meter links halten.

**Parkplätze:** Für Autofahrer ist es gleich, ob sie die Parkplätze nahe des Botanischen Garten nutzen wollen und zur Anreise mit dem Bus fahren, oder sich in Camacha auf den Hauptplatz stellen und den Bus zurück nehmen.

## Camacha

**Café Relógio**, Largo Conselheiro Aires Ornelas 12, ✆ 922777. Der Gebäudekomplex rund um den 1896 errichteten Uhrturm dient als Zentrum der Korbflechtermanufaktur. Man kann den Korbflechtern bei der Arbeit zusehen und jegliche er-

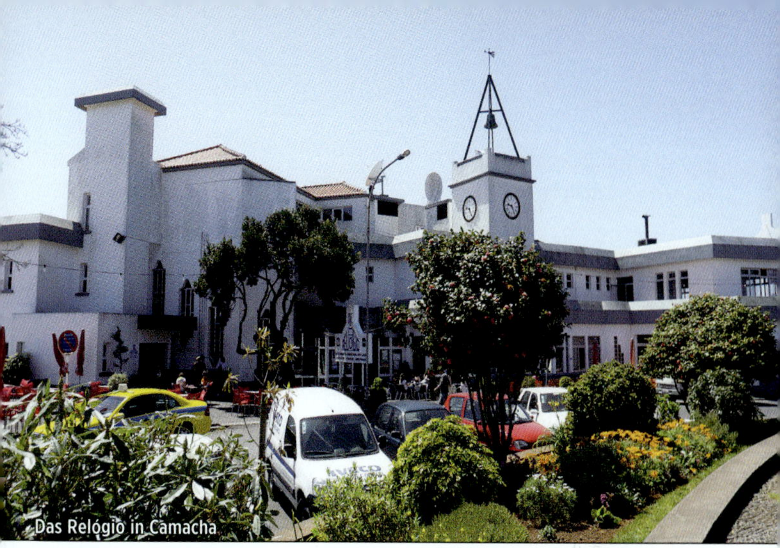

Das Relógio in Camacha

denkliche Korbprodukte und andere handwerkliche Produkte käuflich erwerben. Zusätzlich ist im Gebäude ein Hotel mit 24 Zimmern, ein Café und ein Restaurant integriert.

**1** 0,0 (695) Die Tour beginnt am Marktplatz vor dem Café Relógio ⇝ Sie überqueren den Marktplatz leicht nach links, gehen an der Kapelle und am Taxistandplatz vorbei ⇝ auf der Straße **Rua Maria Acensâo** an der Kirche vorbei ⇝ dem Wegweiser gegenüber dem Super-Mercado folgen und den **Caminho Municipal da Portela** lange bergauf und an mehreren Bushaltestellen vorbei.

**2** 1,3 (793) Nach guten 15 Minuten Wegzeit kommt ein Wegweiser **„Levada da Serra“** gleich nach einer Bushaltestelle, hier biegen Sie zwischen zwei Häusern nach links ein ⇝ auf einem bequemen Fußweg wandern Sie zunächst in den Wald und dann an Terrassenfeldern vorbei.

## Achadinha

**Snack Bar Moisés**, Caminho da Levada da Serra, n°1, ✆ 961475461 (7d) von 7-23 Uhr geöffnet

Auf der Straße Caminho do Cabeço do Faias geradeaus an der Snack Bar vorbei ⇝ nach 150 m rechts die Stufen hinauf und weiter entlang der Levada.

**3** 4,0 (782) Sie kommen am Stadion vorbei ⇝ die Vegetation verändert sich, der dichte Pinienhain wird immer dünner, und es mischen sich immer mehr andere Pflanzengesellschaften dazu.

**4** 7,2 (770) Ein kleiner Wasserfall durchbricht die bequeme Wanderung ⇝ einen kleinen Levadatunnel können Sie leicht umgehen ⇝ kurz danach eine Hausruine, vermutlich ein altes

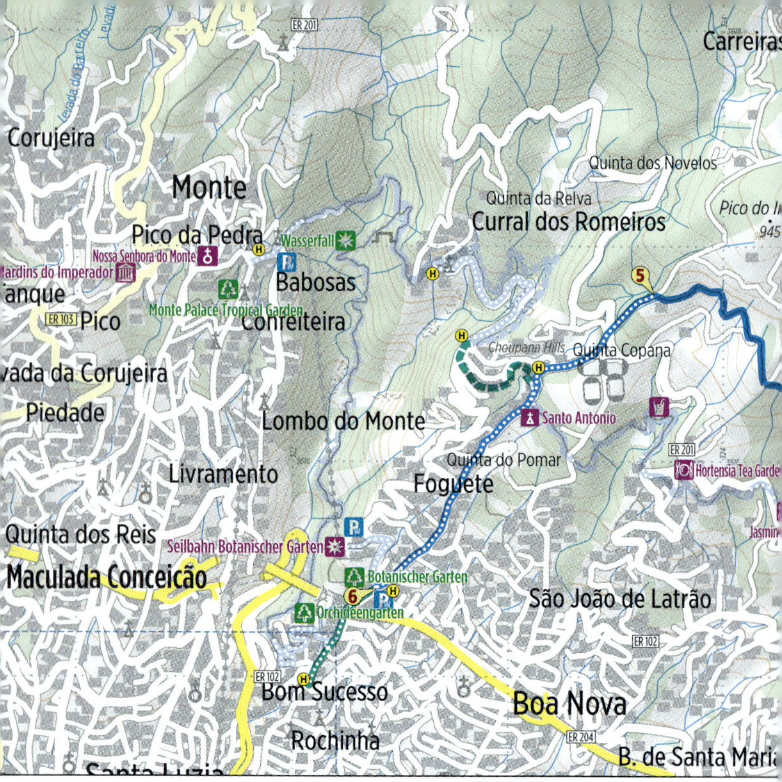


Levadawärterhäuschen aus besseren Tagen ⁓ gleich danach endet die Levada, Sie gehen aber weiterhin geradeaus.

**5** 8,7 (759) Recht unerwartet taucht vor Ihnen eine Pflasterstraße auf, ab jetzt beginnt der Abstieg ⁓ Sie queren die ER 201 in der Nähe des Stadions, gehen weiter geradeaus bergab ⁓ an der **Quinta Copana** vorbei ⁓ bei der Bushaltestelle links.

VARIANTE Nach der Bushaltestelle können Sie ca. 50 m bergab rechts in die Levada dos Tornos einbiegen, durch das ehemalige Choupana Hills Resort wandern und gelangen zur Haltestelle 29 mit stündlicher Verbindung.

Kurz danach kommen Sie an der Kapelle der Quinta do Pomar vorbei.

### Quinta do Pomar

**Santo António Kapelle.** Einzig erhaltenes Gebäude der Quinta do Pomar, die durch einen Brand 1996 vernichtet wurde.

Sie gehen die Straße steil bergab.

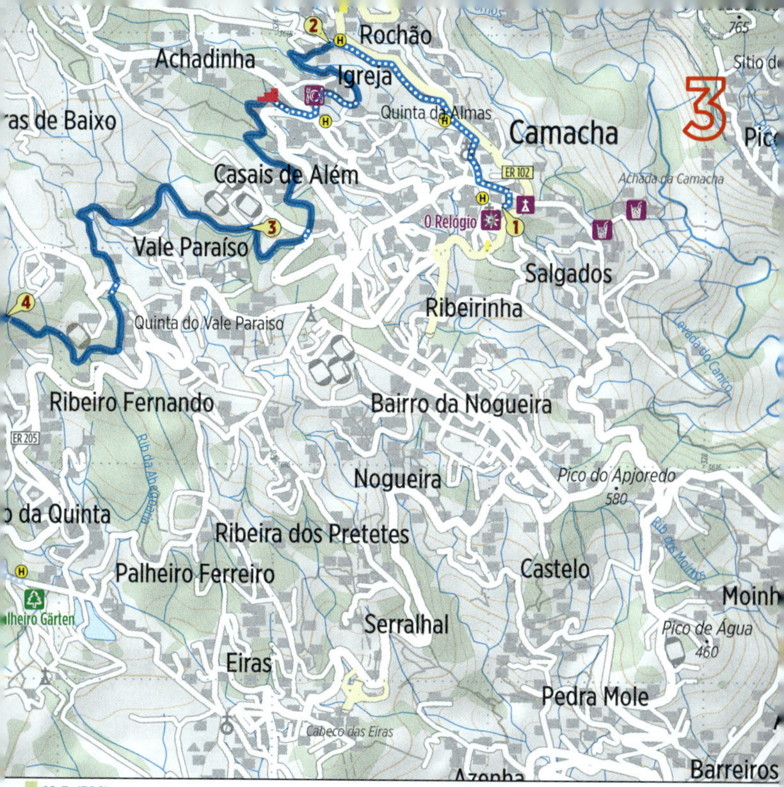


**6** 10,7 (306) Am oberen Tor des Botanischen Gartens endet die Tour.

**ANSCHLUSS** Wenn Sie zur Busstation möchten, gehen Sie auf dieser Straße (Caminho do Meio) bis zur nächsten breiten Querstraße, die Station befindet sich wenige Meter links.

**Botanischer Garten**

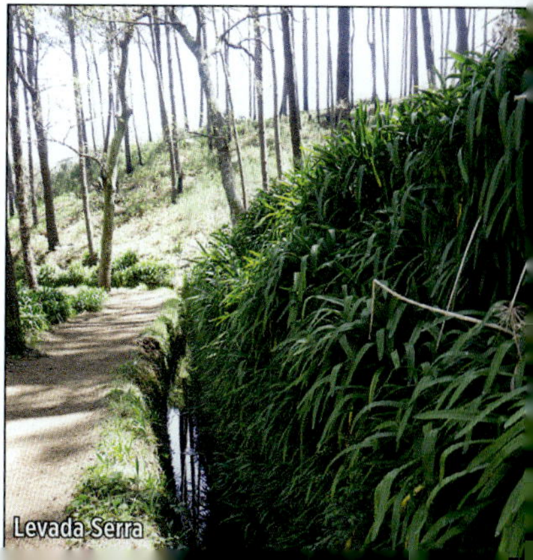

Levada Serra

# Tour 4 2,8 km

# Aussichtsreicher Abstieg ins Nonnental

*Start:* Eira do Serrado (N 32,7104° W 16,9622°)
*Ziel:* Curral das Freiras
*Aufstieg:* 10 m
*Abstieg:* 375 m
*Gehzeit:* 1 Std.
*Hartbelag:* 29 %
*Wanderwege:* 0 %
*Wanderpfade:* 71 %

**Charakteristik:** Bis 1959 gab es keine Straße nach Curral das Freiras, das in einem engen Talkessel liegt. Eine der Verbindungen war dieser steingepflasterte Weg, der vom Aussichtspunkt Eiro do Serrado in vielen Serpentinen bergab führt. Der Wanderer kann auf dieser Tour nachvollziehen, welche Mühen die Bewohner einerseits hier auf sich nehmen mussten. Andererseits zeigt der Weg auch, wie relativ bequem große Steigungen auf diesen Pflasterwegen zu bewältigen sind. Eigentlich besteht diese Tour nur aus einem einzigen 400 Höhenmeter langen Abstieg.

**Tipp:** Personen mit Knieproblemen ist empfohlen, die Strecke umgekehrt zu gehen. Zwischen Start- und Zielpunkt existiert eine regelmäßige Busverbindung.

**Markierung:** Keine, Wegweiser am Anfang

**An- und Abreise:** Die Buslinie 81 (Horários) verkehrt stündlich zwischen Funchal, Êiro do Serrado, Curral das Freiras und Lombo Chão. Vorsicht in Curral das Freiras: manche Busse fahren auch weiter nach Fajã Escura!

**Parkplätze:** In Curral das Freiras gibt es ausgewiesene Parkplätze!

**Aussicht:** Bevor Sie nach Curral das Freiras absteigen, sollten Sie unbedingt die Aussichtsplattform Êira do Serrado besuchen. Vom Parkplatz gehen Sie links am Hotel vorbei und umgehen dann auf der rechten Seite den kleinen Hügel. Kurze Zeit später sehen Sie den Talkessel von Curral das Freiras wie aus der Vogelperspektive.

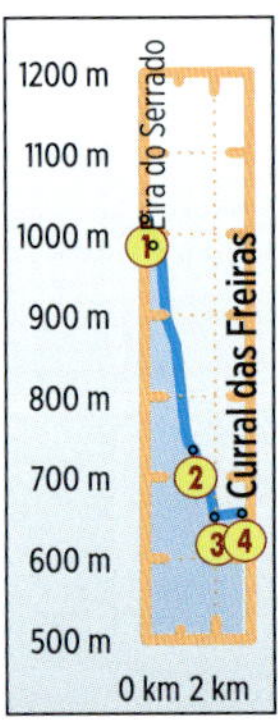


## Êira do Serrado

**Estalagem Êira do Serrado**, Curral des Freiras, ✆ 291710060, @ vlf567

**1** 0,0 (1.020) Der Abstieg nach Curral beginnt am Parkplatz ⤳ der alte, steingepflasterte Weg geht hinter dem Hotel vorbei bergab durch den Kastanienwald ⤳ bald kommen

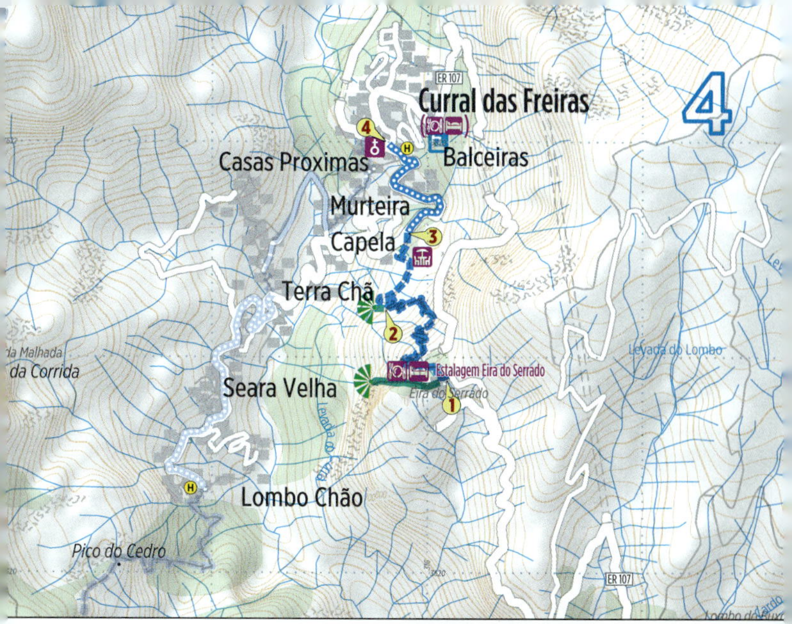


Sie aus diesem heraus und sehen auf die alte, seit 2004 gesperrte Autostraße ⤳ über viele Kehren verlieren Sie rasch an Höhe.

**2** 1,4 (733) Eine optional besteigbare Felsnase bietet einen weiteren schönen Ausblick ins Tal ⤳ der Weg führt Sie nun unterhalb einer kleinen Felswand weiter hinab ⤳ die Wanderung wird flacher, führt kurz bergauf ⤳ die letzten Höhenmeter sind im Zickzack zu bewältigen ⤳ zur Dorfstraße hinunter.

**3** 2,0 (650) An der Asphaltstraße angelangt, gehen Sie nun leicht bergauf Richtung **Curral das Freiras** ⤳ kurz vor dem Ort gehen Sie an einem Brunnen vorbei ⤳ bei der Weggabelung links in den Ort

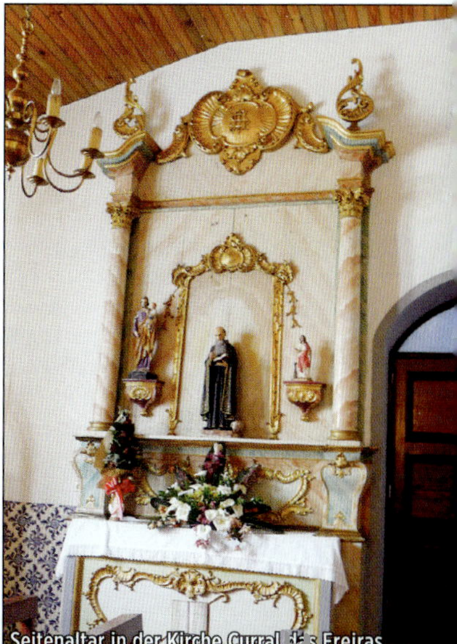

Seitenaltar in der Kirche Curral das Freiras

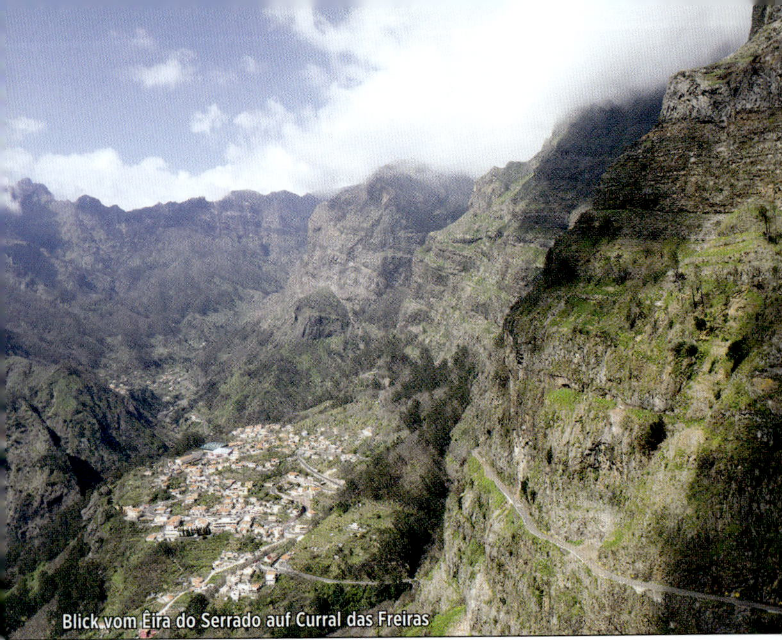

Blick vom Êira do Serrado auf Curral das Freiras

hinein und an den ersten Lokalen vorbei.

**4** 2,8 (654) Am Platz vor den Lokalen und oberhalb der Kirche endet die Tour.

### Curral das Freiras

*Übersetzt lautet der Name Stall der Nonnen und bezieht sich darauf, dass es der Zufluchtsort der Nonnen des Klosters Santa Klara aus Funchal war, die sich vor Piraten und anderen Überfällen hier versteckten. Aufgrund des schwierig zu erreichenden Tals wurde der übliche Anbau von Zuckerrohr und Bananen hier nie betrieben. Stattdessen förderten die Nonnen den Anbau von Kastanien- und Nussbäumen, sowie den Obstanbau. Die abgeschiedene Lage hat sich erst seit 1959 geändert, als erstmals eine Straßenanbindung errichtet wurde. Seitdem wurde der Ort auch für Touristen erschlossen. Die hier traditionell gewordenen Kastanienliköre und -gerichte werden nun als lokale Spezialität angeboten.*

.

Tour 5 7,4 km



# Von Corticeiras ins Nonnental

*Start:* Costiceiras (N 32,6851° W 16,9904°)
*Ziel:* Curral das Freiras
*Aufstieg:* 610 m
*Abstieg:* 744 m
*Gehzeit:* 2 - 2,5 Std.
*Hartbelag:* 40 %
*Wanderwege:* 9 %
*Wanderpfade:* 51 %

Charakteristik: Die alte Stein-Pflasterung des Weges zeigt, dass auch dieser Weg eine alte Verbindungsstrecke nach Curral das Freiras war. Der Weg führt zunächst über den Pass der Verliebten (Boca dos Namorados). Beim Abwärts steigen kann man beobachten, welche Vegetation in welchen Höhenlagen vorherrscht. Auch wenn der Weg früher gepflastert war, ist davon heute sehr wenig erhalten geblieben. Bei schlechtem Wetter und Nässe ist diese Strecke nicht zu empfehlen. Ab dem Talort Lombo Chão ist der Großteil der Strecke Asphalt. Abwechselnd an- und absteigend gelangen Sie immer näher Richtung Curral bis Sie schließlich die schweißtreibende „Kirchenstiege" aufwärts steigen.

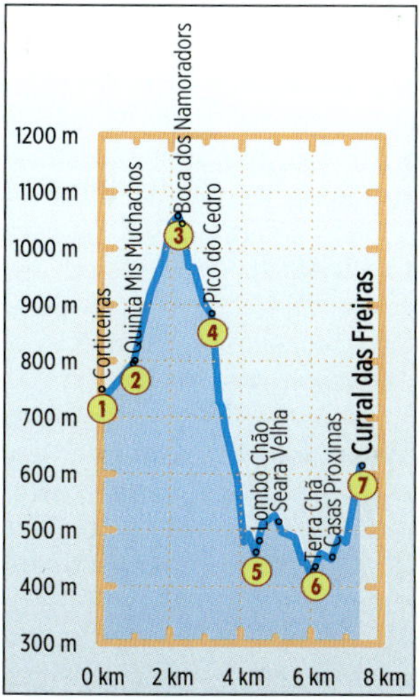


Markierung: Keine, Wegweiser am Anfang

An- und Abreise: Zwischen Corticeiras und Curral keine direkte Verbindung, da unterschiedliche Busunternehmen. Daher ist es besser, sein Auto in Funchal stehen zu lassen. Nach Costiceiras verkehrt von Funchal die Linie 96 (Rodoeste) und bleibt an der Estrada Municipal do Marco e Fonte da Pedra stehen. Die Buslinie 81 (Horários) verkehrt zwischen Lombo Chão, Curral das Freiras, Êira do Serrado und Funchal und ermöglicht ein Abkürzen der Strecke.

## Corticeiras

**1** 0,0 (748) Der Beginn dieser Tour ist bei der Bushaltestelle in **Costiceiras** an der

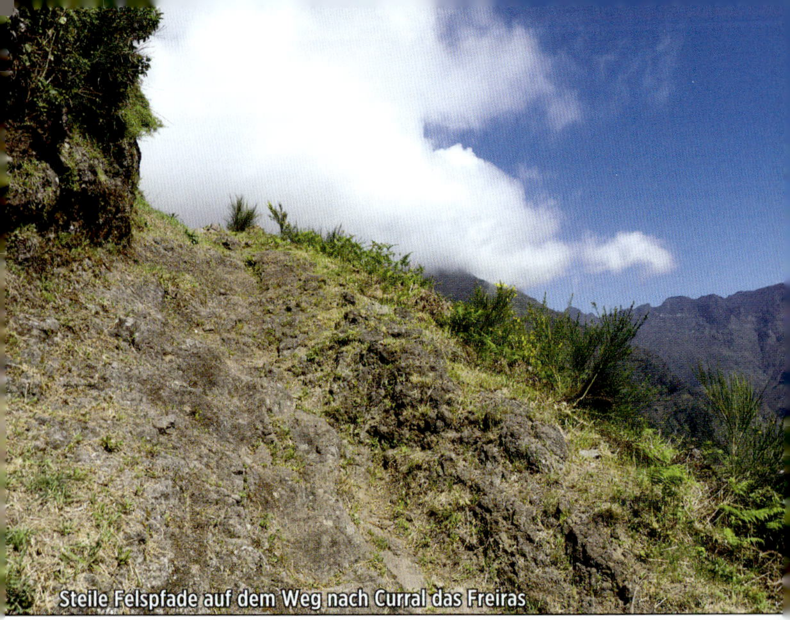

Steile Felspfade auf dem Weg nach Curral das Freiras

**Estrada Municipal do Marco e Fonte da Pedra** ⇝ an der Farmácia vorbei ⇝ bei der Gabelung links aufwärts, dem Schild **Miradouro Boca dos Namorados** folgend ⇝ bei der nächsten Gabelung rechts in die Boca dos Namorados ⇝ Sie gelangen nun am Eingangstor der **Quinta Mis Muchachos** vorbei ⇝ wenige Meter danach links steil aufwärts entlang des Zauns und am Eingang des Reitzentrums (Centro Hipico) vorbei.

**2** 1,0 (799) Nach dem Eingang des Reitzentrums endet die asphaltierte Strecke ⇝ nun stoßen Sie auf Reste des historischen, gepflasterten Pfades ⇝ nach dem Ende des Zaunes wird der Weg etwas flacher, geht in den Wald hinein ⇝ folgen Sie der historischen Wegstrecke, die sich dank übrig gebliebener, gepflasterter Wegstücke recht gut erahnen lässt ⇝ Sie queren eine Forststraße ⇝ an einem gerodeten Waldstück vorbei.

## Boca dos Namorados (1.043m)

**3** 2,1 (1.043) Sie erreichen den Park-Rast- und Aussichtsplatz **Boca dos Namorados** ⇝ der Weg folgt zunächst dem Geländer und der Beleuchtung ⇝ 50 m später endet der gepflasterte Weg ⇝ auf dem schmalen Pfad gehen Sie nun langsam bergab ⇝ eine Felswand und einen Steilhang querend.

## Pico do Cedro

**4** 3,1 (884) Den kleinen Pass mit Strommast, der sich übersetzt Zederngipfel nennt, überqueren Sie gerade ⇝ in ei-

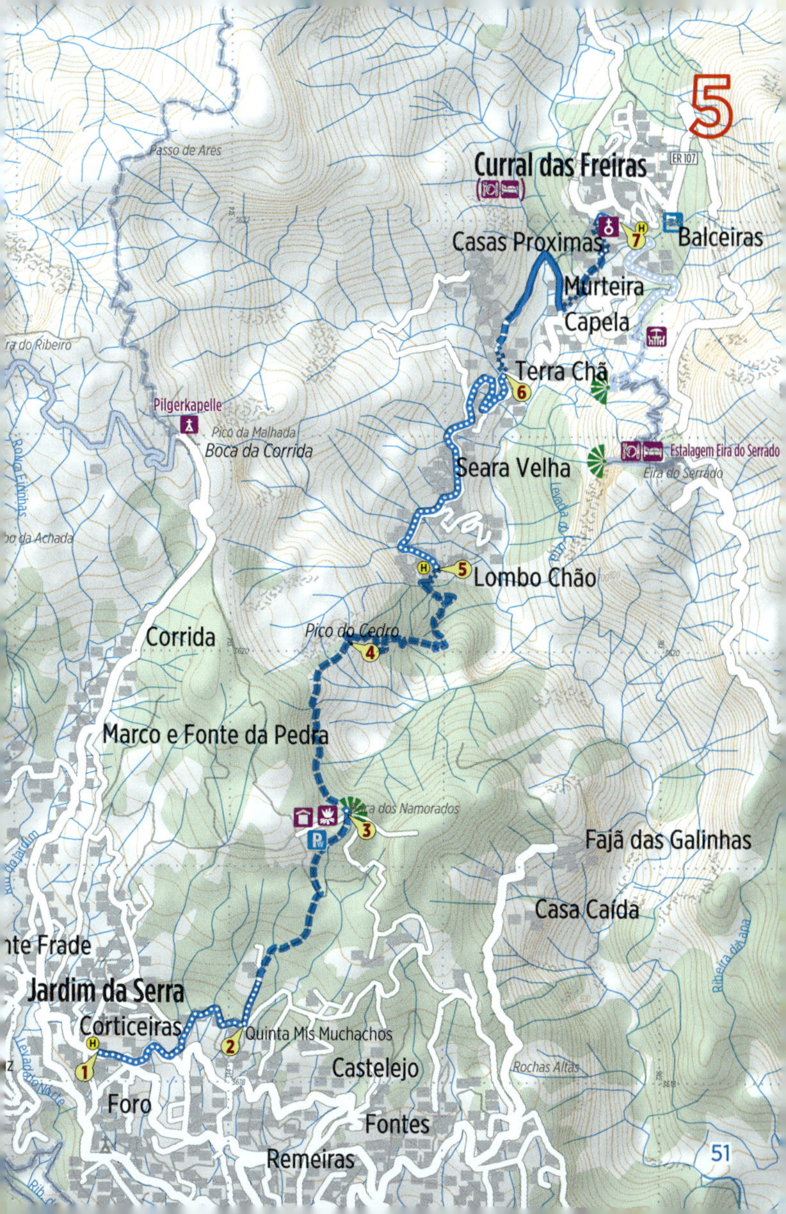
5
Curral das Freiras
ER 107
Balceiras
Casas Proximas
Murteira
Capela
Passo de Ares
Terra Chã
Pilgerkapelle
Pico da Malhada
Boca da Corrida
Estalagem Eira do Serrado
Eira do Serrado
Seara Velha
Lombo Chão
Pico do Cedro
Corrida
Marco e Fonte da Pedra
Fajã das Galinhas
Casa Caída
Ribeira da Lapa
Jardim da Serra
Corticeiras
Quinta Mis Muchachos
Castelejo
Rochas Altas
Foro
Fontes
Remeiras
1
2
3
4
5
6
7

ner Linkskurve (nicht den Weg rechts nehmen!) in Serpentinen den Berg hinunter ~ abwärts, am Berghang entlang ~ schließlich tauchen Sie in einen Mischwald aus Eukalyptus, Lorbeer und den für Curral bekannten Kastanien ein ~ Sie überqueren einen Bach, bevor Sie zu den ersten Häusern aufsteigen ~ beim ersten Haus links bergauf zur Straße und Bushaltestelle.

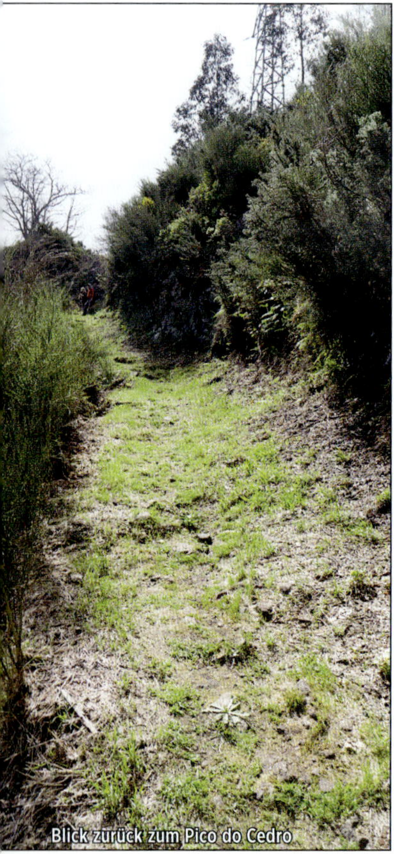

Blick zurück zum Pico do Cedro

## Lombo Chão

TIPP: Hier befindet sich die Endstation des Busses 81. Der eigentlich interessante Teil der Wanderung endet auch hier.

**5** 4,4 (460) Folgen Sie nun für ca. 2 km der Straße ~ bei einer Bushaltestelle biegen Sie nach links in die Stiege **Vereda da Terra Cha** ein ~ der Weg geht in den **Caminho das Voltas** über ~ geradeaus und abwärts zur Brücke ~ auf der neuen Straßenverbindung in den Ort.

## Curral das Freiras s. S. 48

**6** 6,1 (435) Bei der (zweiten) Brücke über ein Seitental (d.h. kurz vor der Einmündung in die Ortsstraße) gehen Sie links die Stiegen bergauf ~ an einer Fatima Marienstatue vorbei ~ eine Mini-Levada querend ~ am Fluss entlang bergauf ~ bei der zweiten Brücke links ~ **Caminho do Urbeira** ~ links in den **Caminho das Voltas** ~ gleich danach rechts und die Stiege bergauf, die direkt zum Friedhof führt.

**7** 7,4 (615) Zur Kirche gelangen Sie, wenn Sie den Friedhof zweimal rechts umgehen. Hier endet diese schweißtreibende Tour.

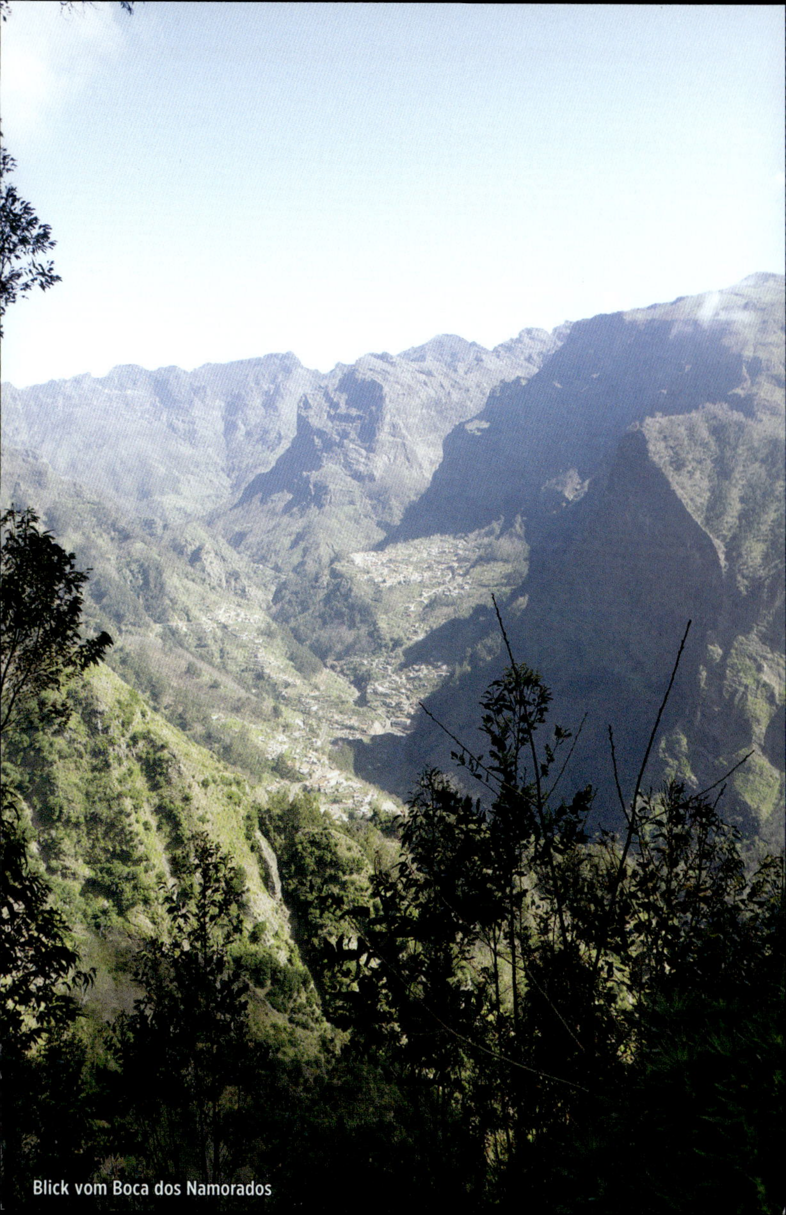

Blick vom Boca dos Namorados

Tour 6 — 8 km

# Entlang der Levada do Norte zum Cabo Girão

*Start:* Estreito de Camara de Lobos (N 32,6761° W 16,9807°)
*Ziel:* Cabo Girão
*Aufstieg:* 60 m — *Hartbelag:* 19 %
*Abstieg:* 20 m — *Wanderwege:* 0 %
*Gehzeit:* 2,5 - 3 Std. — *Wanderpfade:* 81 %

Charakteristik: Die Umgebung um Camera de Lobos ist stark besiedelt und auch eine der größten Anbauflächen für Madeirawein. Die Wanderung entlang der Levada do Norte führt durch dieses Gebiet. Sie wandern durch einen Teil des Weinbaugebiets und anderer landwirtschaftlicher Anbauflächen, und durch Orte, die mit der Levada verwoben sind. Der Weg entlang der Levada ist fast eben, nur der letzte Teil zum Cabo Girão ist steil. Ein gewisses Maß an Schwindelfreiheit und Trittsicherheit ist empfohlen!

An- und Abreise: Start und Ziel liegen an einer Bus-Hauptverbindungsstrecke, die von den Buslinien (Rodoeste) 4, 7, 8 und 154 befahren wird.

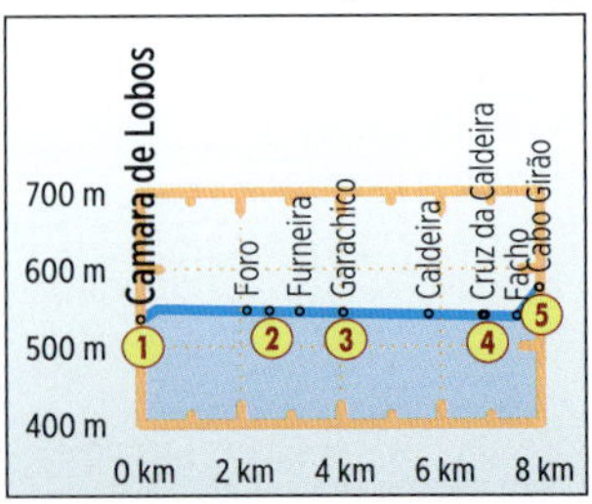


## Estreito de Camara de Lobos

**1** 0,0 (535) Auf der **Vereda Levada do Norte** von der Bushaltestelle aufwärts ⤳ beim Wegweiser, der kurz danach kommt, biegen Sie nach links ab, es befindet sich auch eine Palme

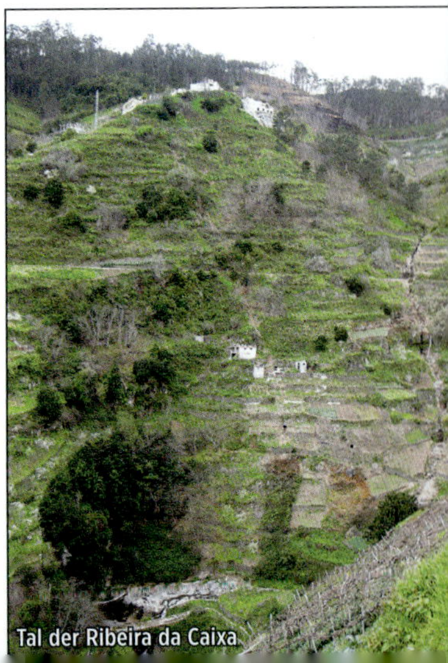
Tal der Ribeira da Caixa

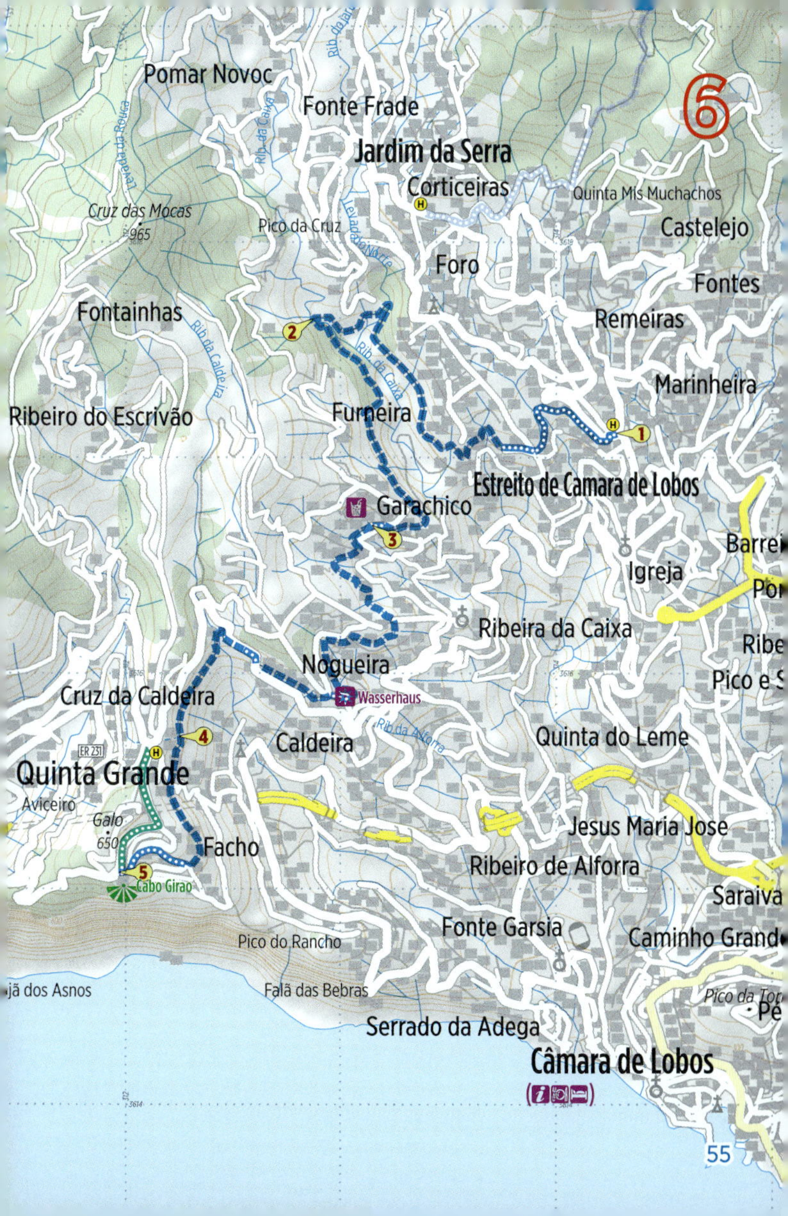

6
Pomar Novoc
Fonte Frade
Jardim da Serra
Corticeiras
Quinta Mis Muchachos
Castelejo
Cruz das Mocas
965
Pico da Cruz
Levada do Norte
Foro
Fontes
Remeiras
Fontainhas
Rib. da Caldeira
Rib. da Caixa
Marinheira
Ribeiro do Escrivão
Furneira
Estreito de Camara de Lobos
Garachico
Igreja
Ribeira da Caixa
Nogueira
Wasserhaus
Cruz da Caldeira
Caldeira
Rib. da Alforra
Quinta do Leme
ER 231
Quinta Grande
Aviceiro
Galo
650
Facho
Jesus Maria Jose
Ribeiro de Alforra
Cabo Girão
Saraiva
Fonte Garsia
Pico do Rancho
Falã das Bebras
Serrado da Adega
Câmara de Lobos

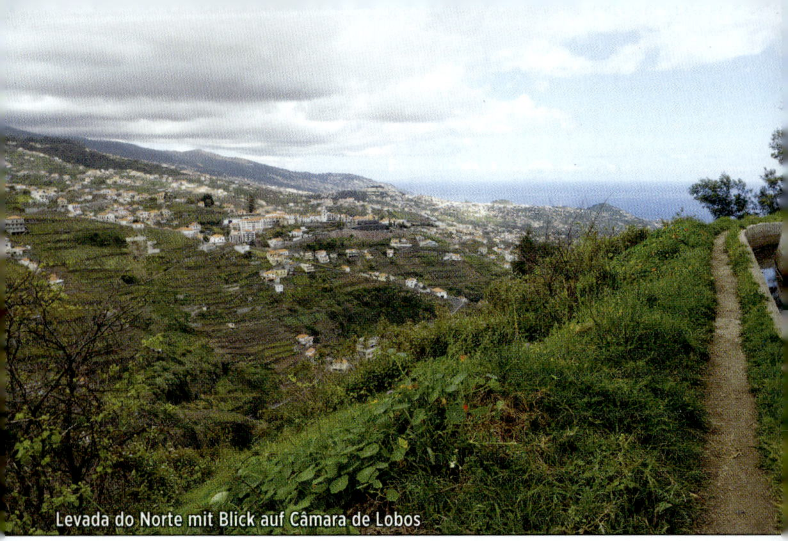

Levada do Norte mit Blick auf Câmara de Lobos

an der Ecke ⇝ anfänglich ist die Levada mit Betonplatten abgedeckt ⇝ Sie queren kurz eine Straße ⇝ die Wanderung in das Tal der **Ribeira da Caixa** führt Sie entlang vieler Terrassenfelder und Weingärten ⇝ zwei Engstellen können auf einem Pfad unterhalb umgangen werden.

**2** 2,6 (545) Auf einer Brücke überqueren Sie den Ribeira da Caixa ⇝ an einem mit Geländer gesicherten Abschnitt vorbei.

## Garachico

**3** 4,1 (543) In Garachico ist die Levada wieder abgedeckt ⇝ Sie folgen rechts der Levada ⇝ in der nächsten Ortschaft verschwindet die Levada in einer Häuserwand in einem Wasserhaus ⇝ Sie gehen die Stiegen bergab und dann kurz auf der Asphaltstraße rechts hoch ⇝ gleich danach wieder links auf einen Pfad ⇝ der Weg führt Sie ein kurzes Stück entlang der Asphaltstraße ⇝ dem klaren Wegverlauf zur Levada abwärts folgen.

**4** 6,9 (539) Die **Levada do Norte** biegt in einen Tunnel rechts ab, Sie verlassen diese Levada und gehen auf einem kleineren Bewässerungskanal weiter geradeaus ⇝ Sie queren eine Treppe, folgen weiterhin der Levada ⇝ der Pfad endet an einer breiten Treppe, die Sie bergauf gehen ⇝ auf einer Asphaltstraße angelangt, gehen Sie weiter bergan, an einer Timesharing-Ferienanlage vorbei.

**5** 8,0 (575) Am Parkplatz des **Cabo Girão** endet die Tour. Hier befindet sich auch der Skywalk, von der man 600 m hoch über das Meer schaut!

## Cabo Girão

Entlang der Estrada 1 Sulko gelangen Sie zum Ort Cruz da Caldera zur Bus Haltestelle.

# Der Osten Madeiras

**Viel Abwechslung gibt es auf der Ostseite der Insel, Küstenpfade und Gebirgswege im Bereich des Portela Passes lassen das Herz des Wanderers höher schlagen, und das alles in guter Erreichbarkeit.**



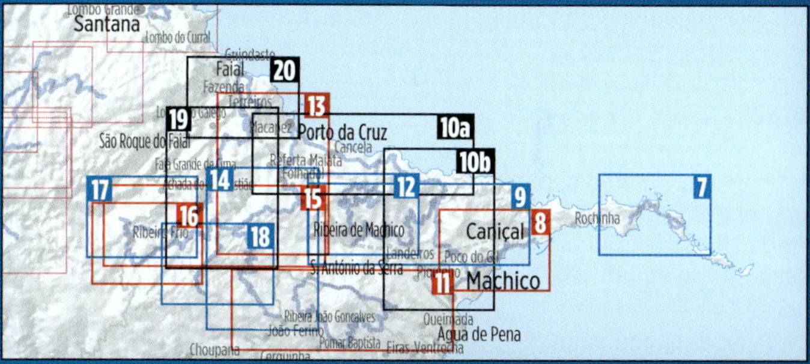

## Tour 7 — 6,3 km

# Ponta de São Lourenço

*Start:* Ponta de São Lourenço (N 32,7434° W 16,7010°)
*Ziel:* Ponta de São Lourenço
*Aufstieg:* 446 m — *Hartbelag:* 0 %
*Abstieg:* 446 m — *Wanderwege:* 0 %
*Gehzeit:* 2,5 - 3 Std. — *Wanderpfade:* 100 %

**Charakteristik:** Die Landschaft dieser Tour ist für Madeira einzigartig. Im Gegensatz zur sonst blühenden und üppigen, feuchten Vegetation wandern Sie hier an der Ostspitze, die Ponta de São Lourenço genannt wird, durch eine vom Fels und kargen Grasmatten dominierten Gegend, die mehr an schottische Hochflächen erinnert, denn an Madeira. Nicht umsonst unterliegt diese Gegend dem Naturschutz. Die sehr beliebte Wanderung führt entlang dieser Steilküste auf einem - zumeist mit Geländer gesichertem - Pfad. Trotzdem sollten sich Personen mit Höhenangst überlegen, ob Ihnen diese Sicherung ausreicht, um von den Felsabbrüchen daneben nicht verunsichert zu werden. Ständige Auf- und Abstiege machen die Wanderung sehr anstrengend. Da dieser Teil der Insel zumeist wetterbegünstigt ist, ist die Wahrscheinlichkeit für geeignetes Wetter recht hoch!

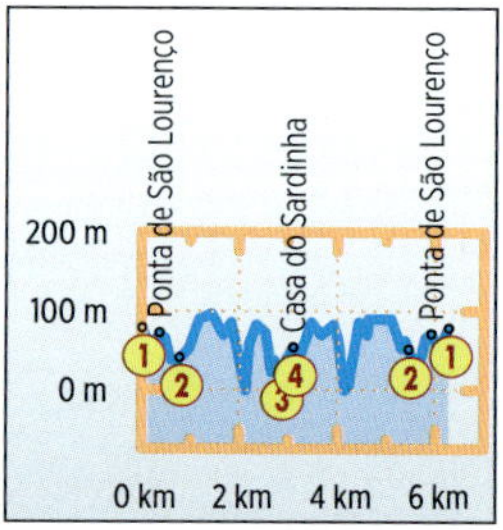


**Tipp:** Keine Einkehrmöglichkeiten während der Tour, im Sommer gibt es am Parkplatz einen fahrenden Händler mit Eis und kalten Getränken.

**Markierung:** Offiziell als PR8 markiert, teilweise sind Steinpyramiden am Weg zu finden

**An- und Abreise:** Mit dem Auto fahren Sie über Caniçal. Die Buslinie 113 (SAM) verbindet Funchal, Machico mit Canical, in den Sommermonaten fährt der Bus bis zur Baia da Abra.

**Parkplätze:** Großer Parkplatz vorhanden, zur Saison kann die Nachfrage das Angebot übersteigen.

### Parkplatz Baía da Abra

**1** 0,0 (70) Die Tour beginnt am Parkplatz, der markierte Weg führt in Richtung Cais do Sardinho ⤳ verläuft an der Gabelung rechts ⤳ auf Felsenstufen aus Vulkangestein zunächst bergab Richtung

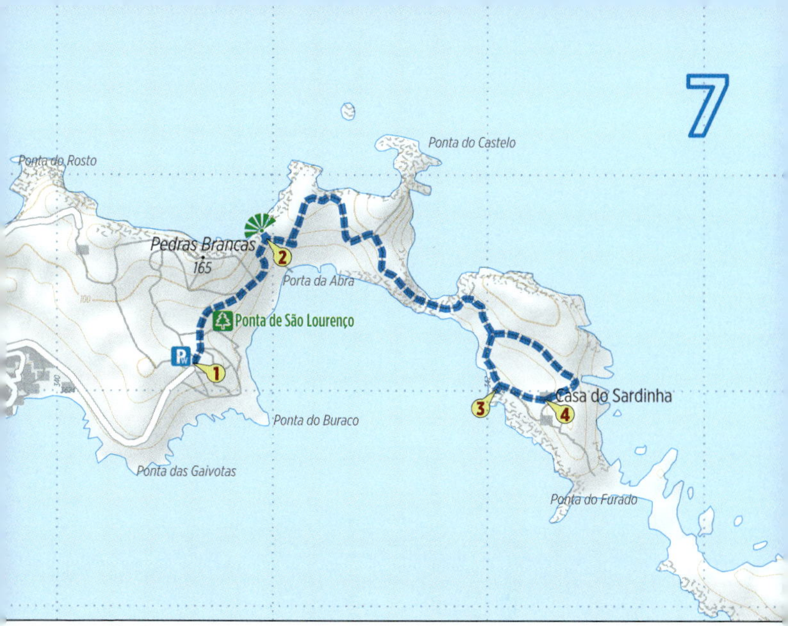


Steg (nach Osten) ⤳ bei einer alten Steinmauer beginnt das Naturschutzgebiet ⤳ auf steilem, felsigem Pfad an den Klippen entlang bergauf und bergab.

**2** 0,8 (40) Kreuzung mit zwei kleinen Pfaden: links ein paar Schritte zu einem tollen Aussichtspunkt nach Norden, rechts ein steiler Pfad zum Strand an der Südseite, Sie gehen jedoch geradeaus weiter ⤳ vorbei an einem passartigen Einschnitt mit herrlicher Aussicht nach beiden Seiten: nördlich die gischtumtoste Steilküste, südlich eine sanft zum Meer abfallende Blumenwiese ⤳ bei einer Weggabelung nehmen Sie den rechten, ein wenig breiteren Weg.

**3** 2,8 (23) Auf beidseitig versichertem Steig über den Grat

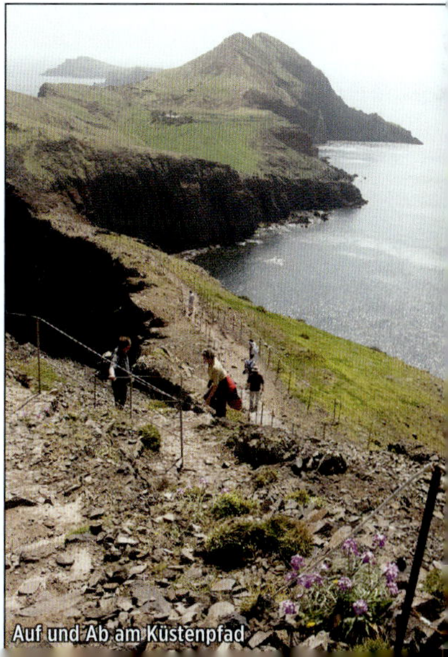
Auf und Ab am Küstenpfad

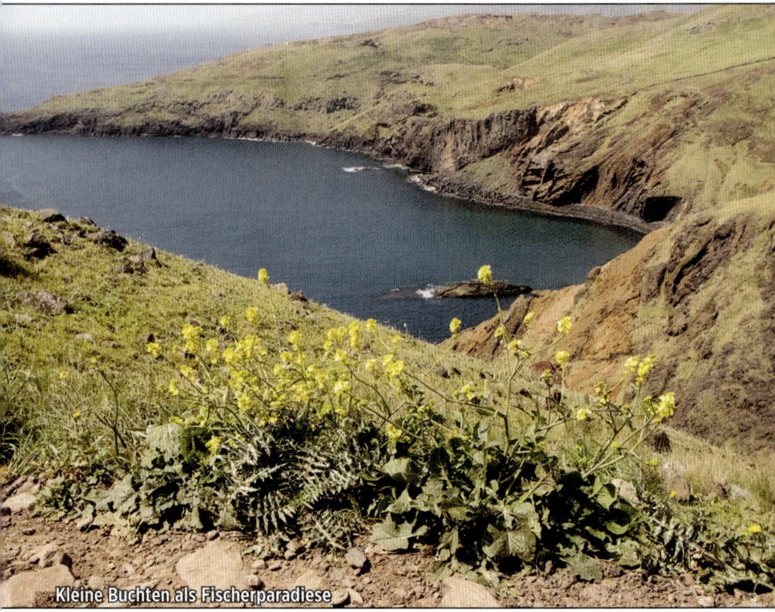

Kleine Buchten als Fischerparadiese

ACHTUNG Bei dieser Engstelle des Weges gibt es tolle Tiefblicke nach beiden Seiten, es ist aber auch Trittsicherheit und Schwindelfreiheit erforderlich!

Kurz danach erreichen Sie eine almartige Senke, wo sich – einer Oase unter Palmen gleich – auch die **Casa do Sardinha** befindet, die schon den ganzen Weg lang sichtbar war ~ an der Gabelung gehen Sie rechts bergab zu einem Picknickplatz und einer Möglichkeit zum Meer abzusteigen. Man umrundet die Senke also quasi gegen den Uhrzeigersinn.

### Casa do Sardinhas

**4** 3,1 (54) Sie gelangen zur saisonal geöffneten Casa do Sardinhas, schöner Picknickplatz im Palmengarten.

AUSFLUG Von hier besteht auch noch die Möglichkeit, auf einem gesicherten Treppenweg den Pico do Morro zu besteigen.

Sie setzen die Runde auf dem kleinen Wiesenpfad, der an der Seite des Hauses beginnt, weiter fort ~ schließlich trifft die Runde über das Plateau wieder auf den Hauptweg, ab hier wieder auf bekanntem Weg zurück.

**1** 6,3 (78) Am Parkplatz Baia de Abra endet die Tour.

### Parkplatz Baía da Abra

MITTEL

## Tour 8 — 4,4 km

# Am alten Weg von Machico nach Caniçal



*Start:* Machico, Tunnel-Portal (N 32,7328° W 16,7643°)
*Ziel:* Caniçal
*Aufstieg:* 323 m — *Hartbelag:* 50 %
*Abstieg:* 532 m — *Wanderwege:* 5 %
*Gehzeit:* 2 - 2,5 Std. — *Wanderpfade:* 46 %

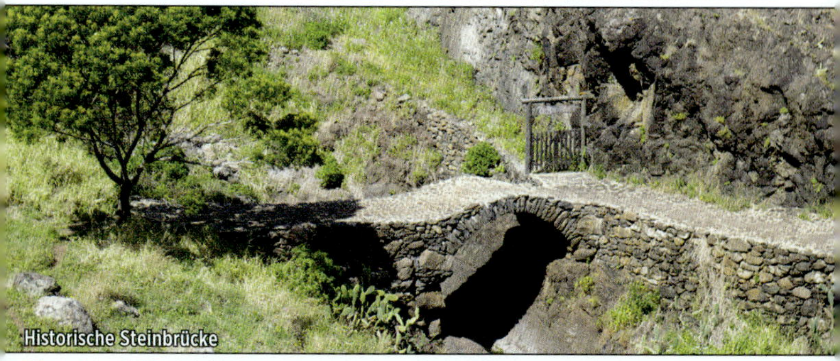
Historische Steinbrücke

**Charakteristik:** Viele Orte in Madeira konnten erst in der zweiten Hälfte des 20. Jahrhunderts an einen regulären Straßenverkehr angebunden werden. So auch Caniçal, das erst Ende der 1950'er Jahre mit einem Tunnel angeschlossen wurde. Zuvor gab es nur Fußverbindungen, wie die folgende zwischen Machico und Caniçal. Bereits der Start dieser Tour liegt ziemlich hoch über der Stadt Machico. Daher erreichen Sie ohne viel Anstrengung auf einer wenig befahrenen Asphaltstraße den Aussichtspunkt Pico da Facho, der einen tollen Rundumblick auf Machico und Caniçal bieten.

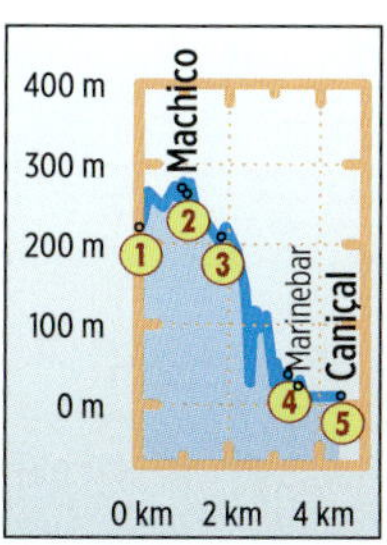


Vom davorliegenden Sattel geht die Wanderung entlang von alten Hirtenpfaden, über die einzelnen

**Sättel, dabei sind wenig Höhen zu überwinden.**

**Markierung: Ein inoffizieller roter Punkt ist häufig entlang der Strecke zu finden.**

**An- und Abreise: Machico ist mit der Express-Buslinie von Funchal zu erreichen (SAM). Zwischen Machico und Caniçal fährt die Linie 113 (SAM), sie hält auch beim Tunnelportal.**

**Parkplätze: Einige individuelle Parkmöglichkeiten vor dem Tunnel, in Caniçal gibt es sowohl im Ort als auch an der Praia da Ribeira do Natal zahlreiche Parkplätze.**

## Caniçal-Tunnelportal

**1** 0,0 (221) Der Beginn dieser Tour ist vor dem alten Caniçal-Tunnel, hier befindet sich auch ein schöner Aussichtspunkt – Sie gehen rechts vom Tunnel auf dem **Caminho Pico da Facho** bergauf ⤳ an einem Steinabbruch vorbei ⤳ Sie verlassen die Asphaltstraße geradeaus, gehen unter einem Hochspannungsmast hindurch.

VARIANTE: Von hier besteht die Möglichkeit, die Asphaltstraße weiter zu laufen, um zum beliebten Picknickplatz und Aussichtspunkt am Pico da Facho zu gelangen.

**2** 1,0 (263) Direkt unterhalb der Hochspannungsleitung gehen Sie zunächst rechts auf breitem Karrenweg, der parallel zur Hochspannungsleitung verläuft ⤳ bei der Gabelung links (nicht zum zweiten Mast!) ⤳ der Weg wird zum Pfad, der zwischen zwei Terrassenmauern entlang bis zum nächsten Rücken verläuft ⤳ Sie sehen dann bereits den Weiterweg bis zum nächsten Mast.

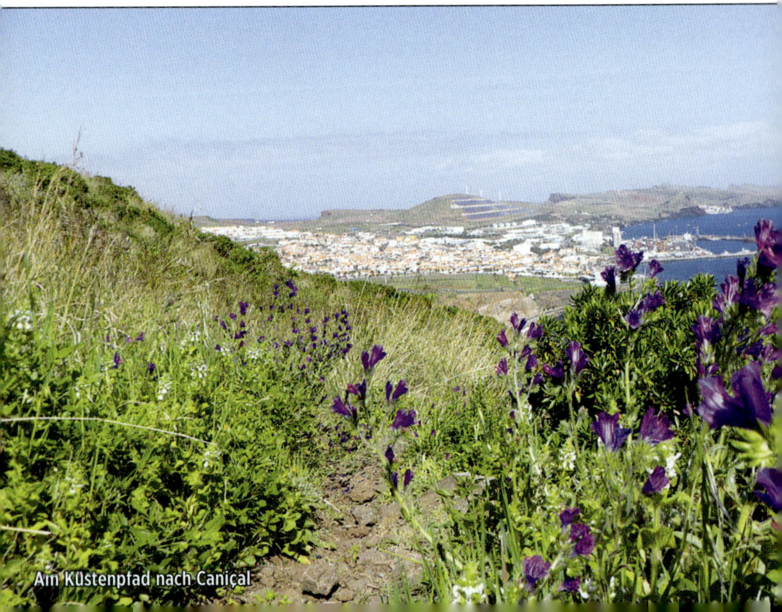

Am Küstenpfad nach Caniçal

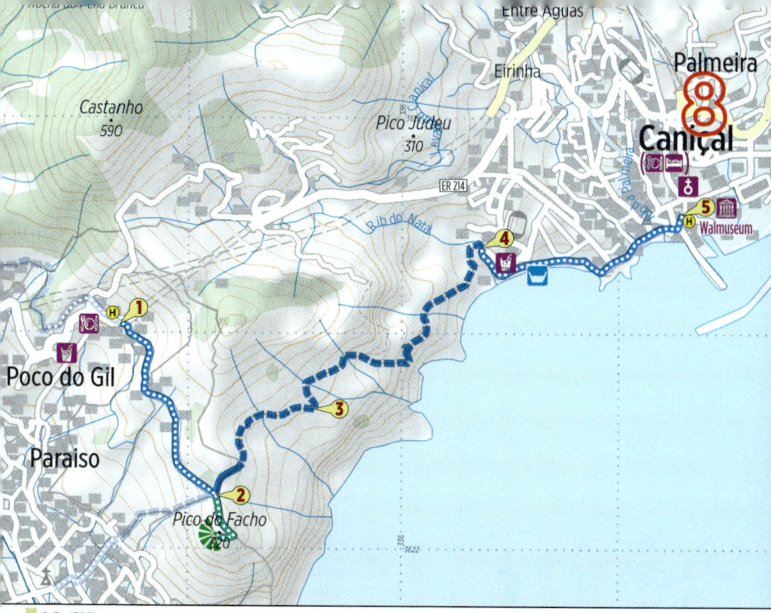


**3** 1,8 (210) Am Strommast angelangt, geht der Pfad links bergab weiter ~ folgen Sie der unauffälligen Markierung mit dem kleinen roten Punkt bzw. Pfeil ~ bleiben Sie immer am Pfad, der in etwa horizontal verläuft.

**ACHTUNG** Wenn Sie zu tief nach unten gehen, kommen Sie zu einem Felsabbruch!

Der letzte Abstieg folgt nun im Zick-Zack.

**4** 3,3 (38) Über die Steinbrücke gelangen Sie zur Straße ~ bergab zum Strand.

### Praia da Ribeira do Natal

**Ritual do sal**, Praia da Ribeira do Natal, ✆ 291605010

Den Abschluss dieser Tour bildet nun ein Strandspaziergang entlang der **Praia da Ribeira do Natal** ~ immer auf der Straße entlang, die meerseitig liegt ~ mehrere Lokale und Geschäfte sind an dieser Promenade.

**5** 4,4 (12) Tourende am Kreisverkehr, dahinter befindet sich das Gemeindeamt und die Bushaltestelle.

### Caniçal

**Museu da Baleia**, Rua Garcia Moniz, nº1, ✆ 291961858. Das neu erbaute Museum bietet einen Überblick über die kurze Periode des Walfangs auf Madeira und heutzutage über den Schutz der sensiblen Meeresbewohner.

## Tour 9 — 12 km

# Levada do Caniçal

| | | | |
|---|---|---|---|
| *Start:* | Maroços (N 32,7351° W 16,8041°) | | |
| *Ziel:* | Machico, Tunnel-Portal | | |
| *Aufstieg:* | 0 m | *Hartbelag:* | 19 % |
| *Abstieg:* | 24 m | *Wanderwege:* | 0 % |
| *Gehzeit:* | 3,5 - 4 Std. | *Wanderpfade:* | 81 % |

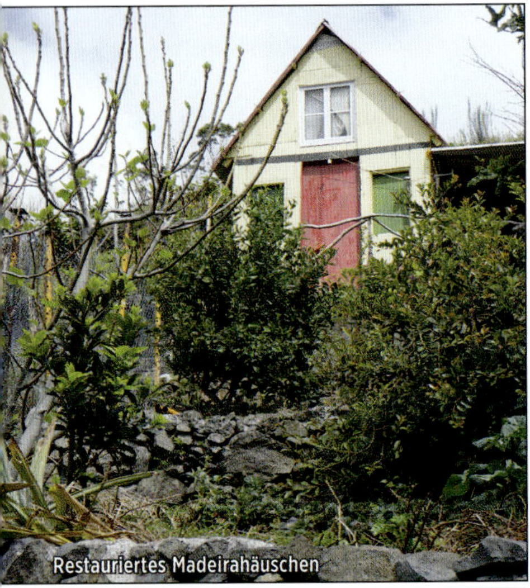
Restauriertes Madeirahäuschen

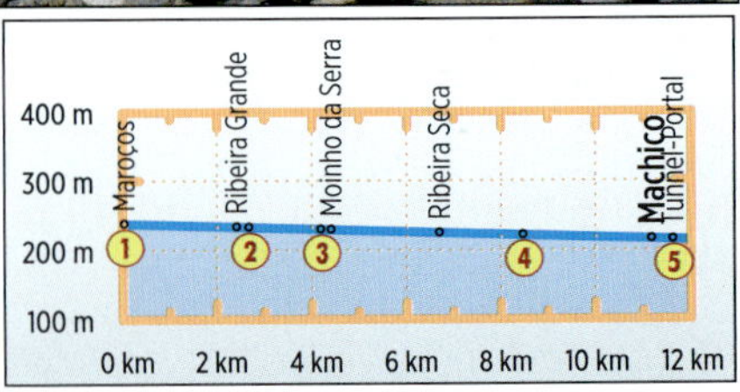


**Charakteristik:** Klassische und eine der beliebtesten Levadawanderungen. Einen großen Teil der Strecke gibt es traumhafte Ausblicke zunächst ins Tal, danach auf den Großraum um Machico. Der Weg an der Levada ist relativ eng, aber nicht ausgesetzt, sodass nicht Schwindelfreie diese Wanderung angstfrei gehen können. Die Levada führt an der oberen Besiedelungsgrenze entlang, so bekommen Sie einen Einblick in die madeirensische Landwirtschaft mit ihren kleinen Terrassenfeldern, in einem Seitental wird sogar noch Zuckerrohr angebaut! Auf der anderen Seite finden sich in den Seitentälern auch regionstypische Akazien.

**Variante:** Wenn Sie eine Bus-Direktverbindung zurück zum Startpunkt benötigen, verbinden Sie dies

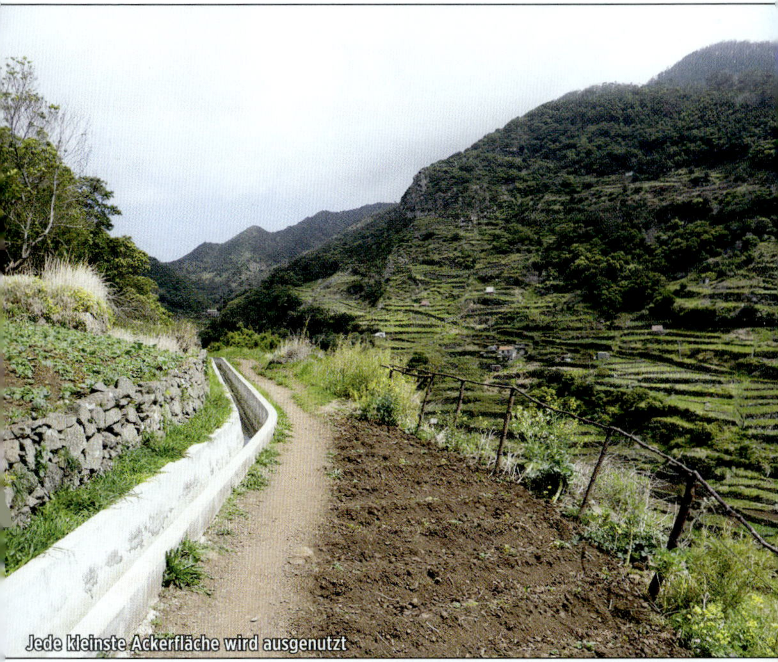
Jede kleinste Ackerfläche wird ausgenutzt

**mit einer Wanderung zum Aussichtspunkt Pico da Facho, am Sattel davor führt ein Trampelpfad ins Zentrum von Machico.**

**Markierung: Hinweistafeln zur Levada sind vorhanden.**

**An- und Abreise: Maroços liegt direkt an der ER 101, Abfahrt vor dem Tunnelportal.**

**Mit der Busline 156 (SAM) erreichen Sie Maroços über Machico von Funchal aus. Vom alten Caniçal-Tunnel fährt die Buslinie 113 (SAM) über Machico nach Funchal.**

## Maroços

1 0,0 (238) Die Tour entlang der Levada beginnt gegenüber der Bar Al Calcadina ⁓ die Levada verläuft an einigen Häusern vorbei ⁓ Sie queren eine Asphaltstraße, der Weg geht leicht nach oben versetzt weiter ⁓ kurz danach verlässt der Weg das bebaute Gebiet ⁓ an kleinen Feldern vorbei in das erste Seitental hinein ⁓ den Bachlauf über Trittsteine überqueren und wieder aus dem Tal hinaus.

2 2,7 (233) Die Levada stellt hier Teil der Infrastruktur des Ortes dar, Sie erkennen es an den Beleuchtungspfählen

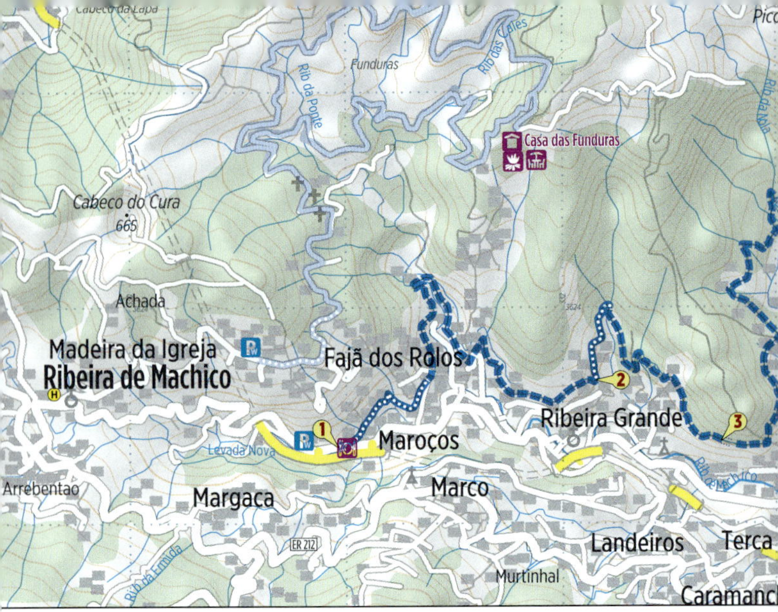


und dem betonierten Weg ↝ bald schon sehen Sie hinunter auf die Bucht und den darin eingebetteten Ort **Machico.**

**3** 4,1 (230) Sie wandern durch einen kleinen Tunnel ↝ nach dem nächsten Seitental kommen Sie an einer kleinen Café/Bar vorbei.

**Bar O Jacaré**

Der Weg folgt weiterhin der Levada, nun wandern Sie in das Seitental der **Ribeira Seca** ↝ überqueren Sie den Bach.

**4** 8,4 (222) Kurz nachdem Sie die **Ribeira Seca** überquert haben, mündet von Norden der Weg ein, der vom Bergsattel **Boca do Risco** kommt (von/nach **Porto da Cruz**, siehe Tour 11) ↝ Sie bleiben weiterhin auf dem Levadaweg ↝ ein schmuckes, rotlackiertes Häuschen lädt als Fotomotiv ein ↝ Sie gelangen nun immer stärker ins Ortsgebiet.

**5** 11,9 (215) Recht unvermittelt stehen Sie plötzlich vor dem alten **Caniçal-Tunnel**, wo die Tour endet. Hier befindet sich auch eine schöne Aussichtsterrasse mit Blick auf **Machico**.

**Caniçal-Tunnelportal**

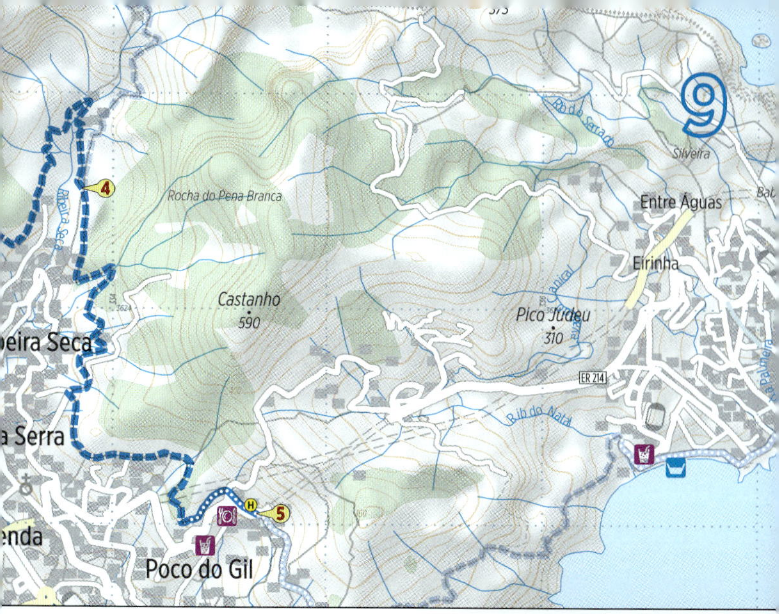


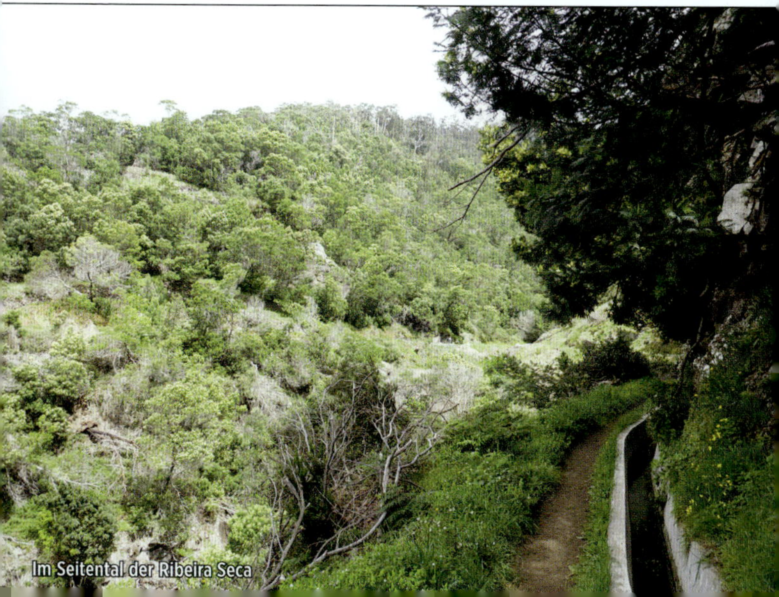

Im Seitental der Ribeira Seca

Tour 10 14,3 km

# Von Porto da Cruz entlang der Küste über die Boca a Risco

*Start:* Porto da Cruz (N 32,7719° W 16,8286°)
*Ziel:* Machico
*Aufstieg:* 790 m
*Abstieg:* 787 m
*Gehzeit:* 4,5 - 5 Std.
*Hartbelag:* 27 %
*Wanderwege:* 11 %
*Wanderpfade:* 62 %

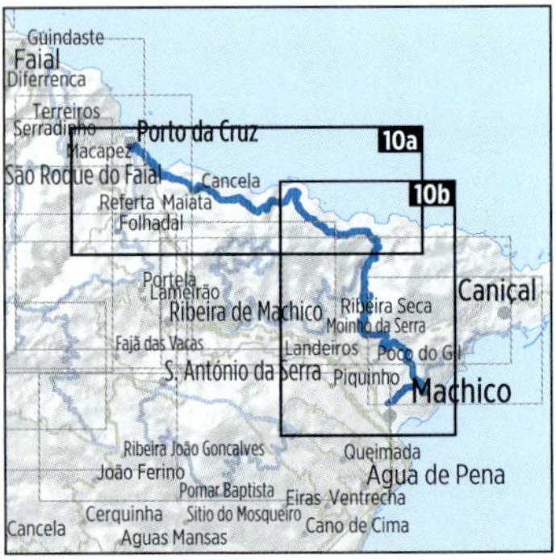


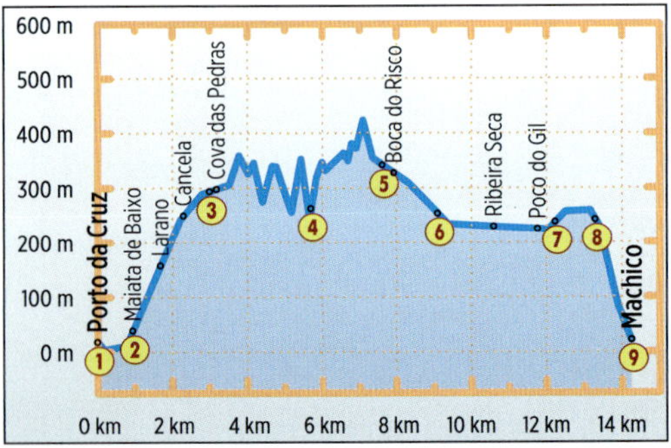


**Charakteristik:** Der Steig entlang der Küste war die kürzeste Verbindung zwischen Machico und Porto da Cruz und wurde vor allem von den Weinträgern, den sogenannten Borracheiros benutzt, die den edlen Tropfen in Behältern aus Ziegenhaut auf die andere Küstenseite brachten. Der Weg entlang der Steilküste wird erst ab Larano wirklich interessant, bis dahin sind hauptsächlich Strandpfade und Asphaltstraßen zu bewältigen. Kurz nach der sehenswerten Materialseilbahn beginnt der Küstenpfad, der ein weites Stück durch eine besonders ausgesetzte Klippenstrecke führt. Schwindelfreiheit, Trittsicherheit und festes Schuhwerk sind empfohlen. Am Ende des Küstenpfades gelangen Sie zur Boca do Risco, einer Passhöhe. Von hier wandern Sie durch das Tal der Ribeira Seca bis zur Levada do Caniçal, der Sie nun folgen. Nach einem kurzen Anstieg auf gutem Asphaltweg auf den Pico da Facho, gelangen Sie dann auf Hirtenpfaden nach Machico.

Markierung: Keine

An- und Abreise: Die Buslinien 53, 78 und 208 (SAM) verbinden Porto da Cruz mit Machico und Funchal.

## Porto da Cruz

**Museu Engenho Velho**, Rua Sousa e Freitas nº 10, ✆ 965219756. Die Hauptattraktion dieses Ortsmuseums ist eine Dampfmaschine zum Pressen von Zuckerrohr. 1857 wurde sie als erste Maschine dieser Art in Europa installiert und diente als Basis zur Herstellung von Brandy.

1 0,0 (27) Die Tour startet am Platz oberhalb der Kirche ⇝ entlang der **Rua Padre João de Faria** und über die kleine Brücke ⇝ links zur Küste entlang der Rua Sousa e Freitas ⇝ am Dorfmuseum vorbei ⇝ kurz vor dem Straßenende rechts in den Uferweg abbiegen ⇝ Sie wandern entlang der Küste ⇝ der Weg führt über Stiegen bergauf zu einer asphaltierten Straße.

2 0,9 (38) Nach wenigen Metern bergauf biegen Sie links in einen Pflasterweg ab ⇝ der Weg mündet in den Caminho do Cabo de Larano, auf dem Sie weiter bergauf gehen ⇝ an einer

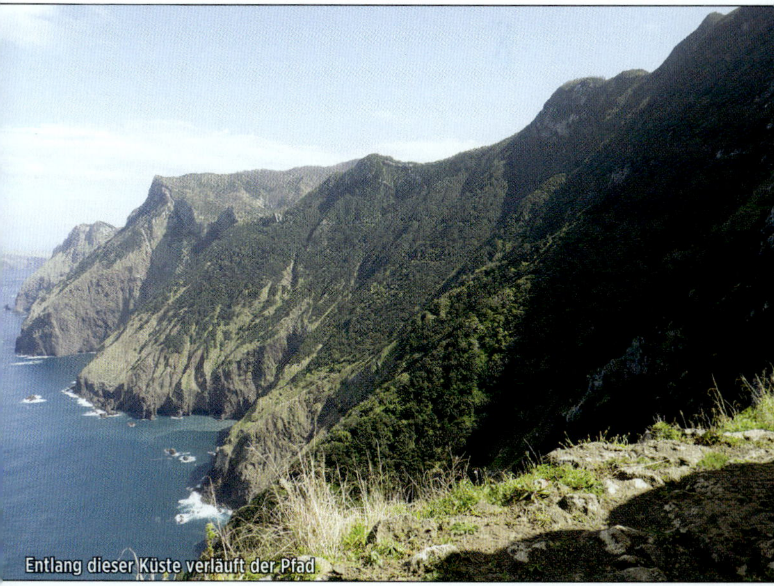
Entlang dieser Küste verläuft der Pfad

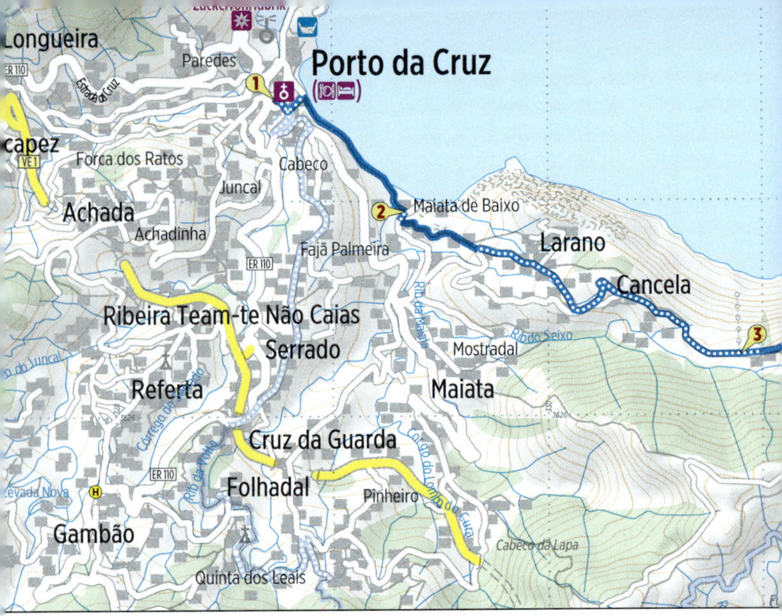


kleinen Bar vorbei ⤳ dann rechts halten ⤳ Sie sehen hinunter in das Tal des **Ribeiro des Seixo**, hier links und weiter bergauf.

**3** 3,0 (293) Sie kommen an der Bergstation einer Seilbahn vorbei, die die Einheimischen hinunter zum Strand bringt ⤳ zunächst noch breiter Güterweg, wird der Weg schnell schmaler ⤳ bei der Weggabelung nehmen Sie den oberen Weg ⤳ der Weg kommt schnell in sehr steiles Gelände.

**4** 5,6 (261) ⚠ Eine unangenehme Stelle, da meist feucht und rutschig, ist zusätzlich mit einem Seil gesichert ⤳ bald danach werden Ihre Mühen mit einer besonders schönen Aussicht belohnt ⤳ reine Stein- und Felsstrecke wird immer wieder von Lorbeerwald unterbrochen.

**5** 7,9 (341) Am Sattel des **Boca do Risco** endet schließlich die Küstenstrecke ⤳ am Rande der **Ribeira Seica** abwärts, erste landwirtschaftliche Trassen und Ackerflächen werden sichtbar.

**6** 9,1 (252) Sie stoßen nun auf die **Levada do Caniçal** und gehen links, folgen der Levada ⤳ ein schmuckes rotlackiertes Häuschen lädt als Fotomotiv ein ⤳ Sie gelangen nun immer stärker ins Ortsgebiet.

**7** 12,2 (237) Unvermittelt stehen Sie plötzlich vor dem alten **Caniçal-Tunnel**. In der Nähe des Tunnelportals fährt die Buslinie 113 (SAM) Richtung Funchal, falls Sie die Tour frühzeitig beenden wollen.

# 10a

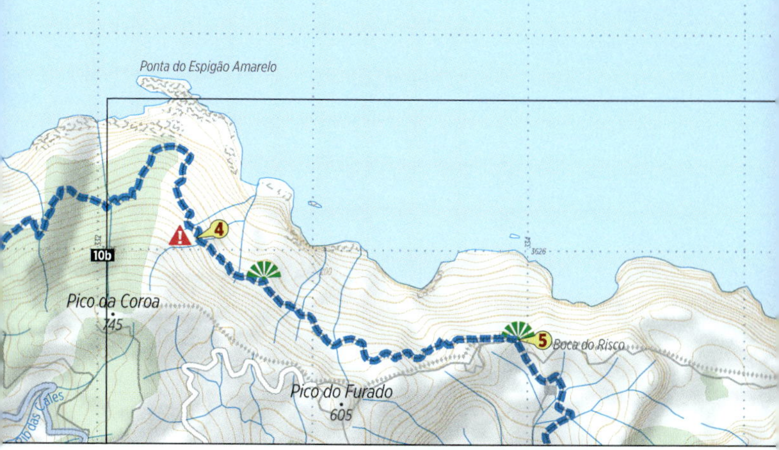


Der Weg nach Machico führt Sie rechts vom Tunnel auf dem **Caminho Pico da Facho** aufwärts ~ an einem Steinabbruch vorbei ~ Sie kommen unter einem Hochspannungsmasten hindurch.

**VARIANTE** Von hier besteht die Möglichkeit, die Straße weiter zu laufen, um zum beliebten Picknickplatz und Aussichtspunkt am Pico da Facho zu gelangen.

**8** 13,3 (241) Beim Hochspannungsmast führt rechts bergab, neben einer Steinmauer, der Pfad geradeaus hinunter ~ immer abwärts halten, auch entlang der Asphaltstraße.

**9** 14,3 (21) Beim Fluss an der Hauptstraße, vor dem Zentrum von **Machico** endet die Tour.

**Machico**

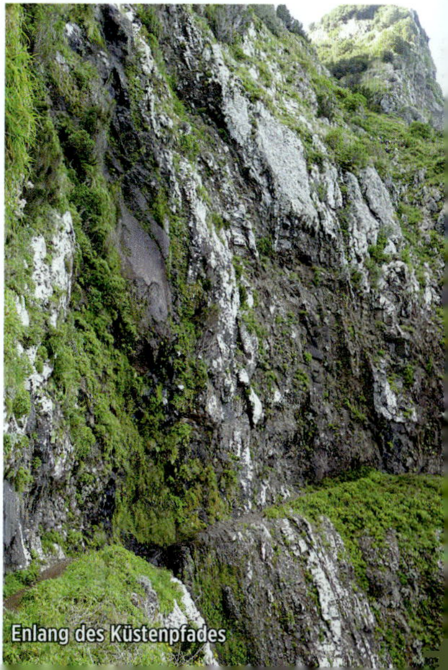

Enlang des Küstenpfades

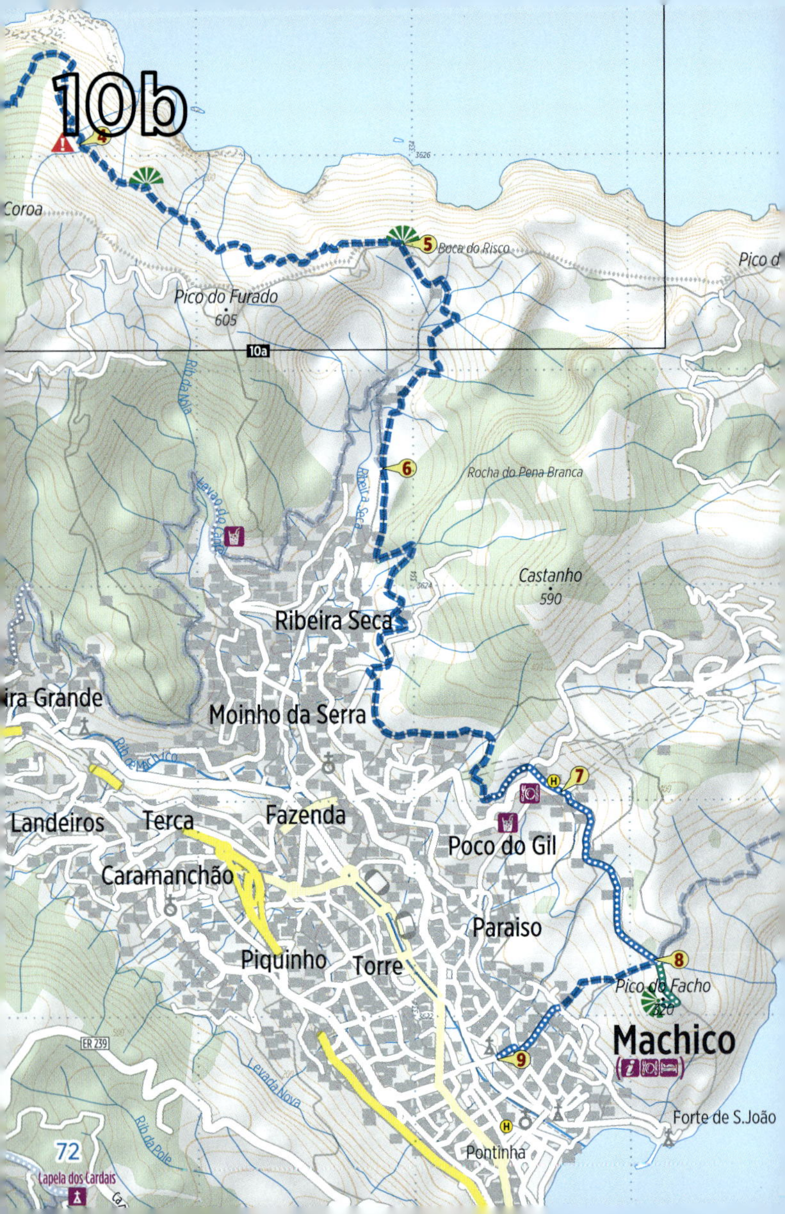

10b
Coroa
Boca do Risco
Pico d
Pico do Furado
605
10a
Rib da Noia
Levada do Caniçal
Ribeira Seca
Rocha do Pena Branca
Castanho
590
Ribeira Seca
ira Grande
Moinho da Serra
Rib de Machico
Landeiros
Terca
Fazenda
Poco do Gil
Caramanchão
Paraiso
Piquinho
Torre
Pico do Facho
320
Machico
ER 239
Levada Nova
Rib da Pole
Forte de S.João
Pontinha
Lapela dos Cardais

Tour 11 14,2 km



# Santo da Serra Runde

*Start:* S. António da Serra (N 32,7245° W 16,8198°)
*Ziel:* S. António da Serra
*Aufstieg:* 270 m *Hartbelag:* 38 %
*Abstieg:* 270 m *Wanderwege:* 1 %
*Gehzeit:* 4,5 - 5 Std. *Wanderpfade:* 61 %

**Charakteristik:** Der erste Teil dient zum Aufwärmen, auf einer Asphaltstraße gelangen Sie zur kleinen Wallfahrtskapelle dos Cardais. Dahinter beginnt die Levada Nova. Zunächst in nicht steilem Gelände, wird später eine Felsnase auf besonders engem Levadaweg gequert. Nebst besonders anmutiger Eukalyptusbäume und Palmfarne ist das Bachtal der Ribeira da Serra do Agua sehenswert. Wer in der Nähe der zerstörten Brücke den Fluss überqueren kann, muss nun den versteckten Pfad aufwärts zur Levada dos Tornos finden. Ein weiterer Pfad führt zu einer kleinen Ortschaft und zur Straße, die zurück zum Start führt.

**Variante:** Sollten Sie keine Lust auf Abenteuer haben, stellen Sie Ihr Auto besser zur Kapelle und wandern nur bis zum Bachtal und zurück.

**Markierung:** Keine

**An/Abreise:** Die Buslinien 20 und 78 (beide SAM), sowie die Linie 77 (Horários) verbinden Funchal mit S. António da Serra.

**Parkplätze:** Parkplätze im Ort neben der Kirche

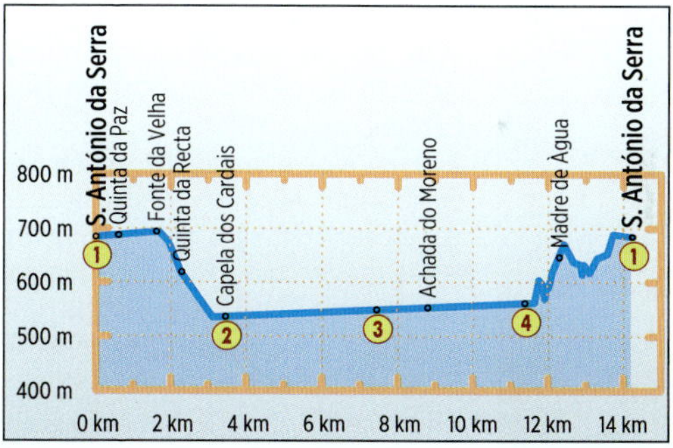


## S. António da Serra

**Quinta da Junta**. Das Anwesen der Familie Blandy, die ab 1850 hier siedelte und eine Quinta und einen botanischen Garten anlegten, wurde 1916 von der Gemeinde erworben, die das Gelände in einen öffentlichen Park umwandelte. Sehenswert ist der Panoramablick Miradouro dos Ingleses.

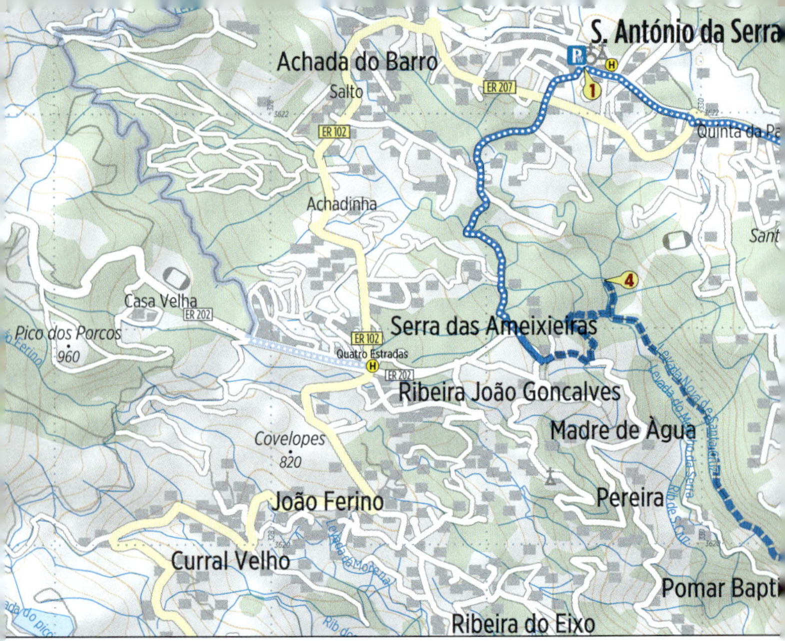


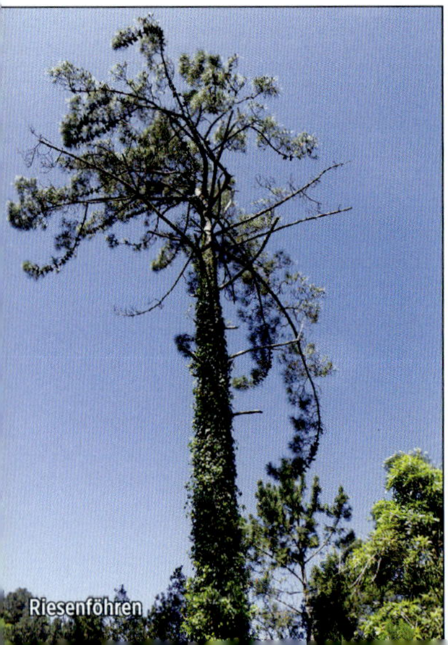
Riesenföhren

**Santo da Serra Golf**. 27-Loch-Kurs, soll einer der schönsten Plätze Europas sein. @ cvg138

**1** 0,0 (684) **Strada Antònio da Serra** ER 207 abwärts ~ beim Kreisverkehr geradeaus ~ am Golfplatz entlang ~ an der **Quinta da Paz** vorbei ~ abbiegen in die ER 239 Richtung Machico ~ rechts zur **Capela dos Cardais**

**2** 3,5 (536) Vor der Kapelle gehen Sie die Treppen aufwärts ~ links weiter die Stufen hoch und wieder hinunter ~ Sie queren die Asphaltstraße (zur Mülldeponie) und gelangen zur Levada, der Sie nun folgen ~ an einer Baufirma vorbei, und die Asphaltstraße queren ~ an den Ruinen einer

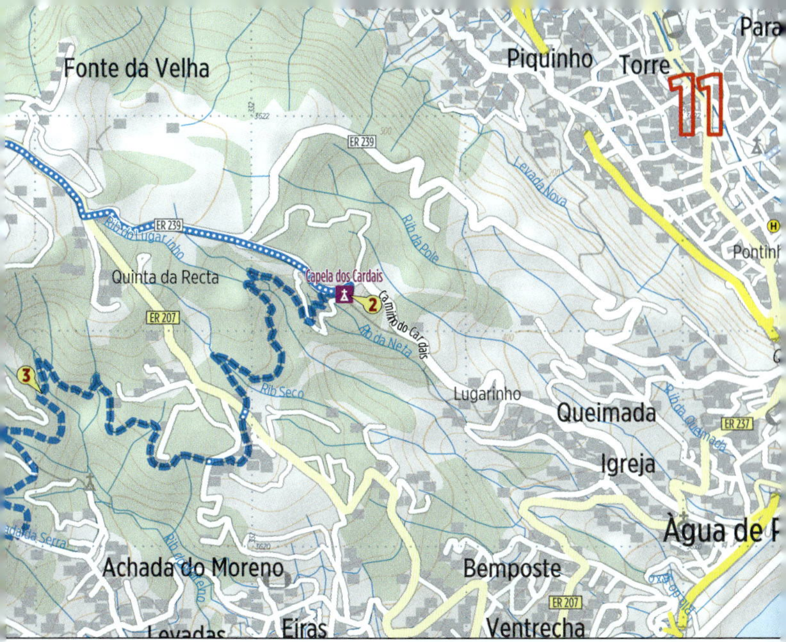


ehemaligen Farm vorbei und an einer Seniorenresidenz vorbei ~ der Weg entlang der Levada wird in einem Seitental etwas ausgesetzter, passen Sie auf die Eisenrohre am Boden auf!

**3** 7,4 (548) Der Levadaweg führt entlang eines Felsens, wer unsicher ist, kann sich am Felsen abstützen ~ Sie queren wieder eine Asphaltstraße, an einem Wasserhaus vorbei ~ nach einem weiteren Wasserhaus ändert sich die Landschaft: Panoramablick auf **Santa Cruz** und riesige Eukalyptusbäume säumen den Weg, in einem kleinen Seitental finden sich Palmfarne.

**4** 11,4 (561) Der Weg entlang der Levada führt Sie zu einem malerischen

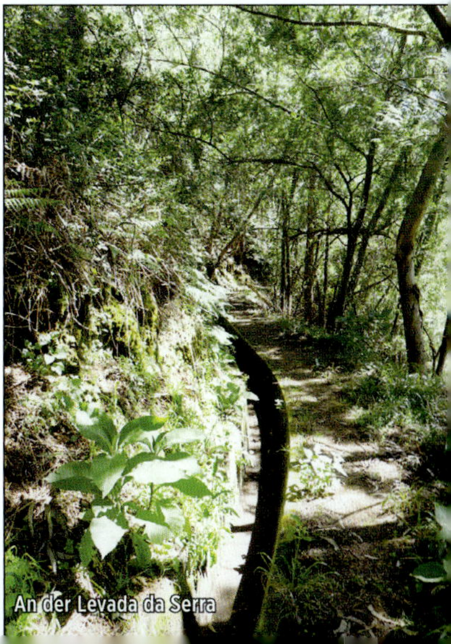
An der Levada da Serra

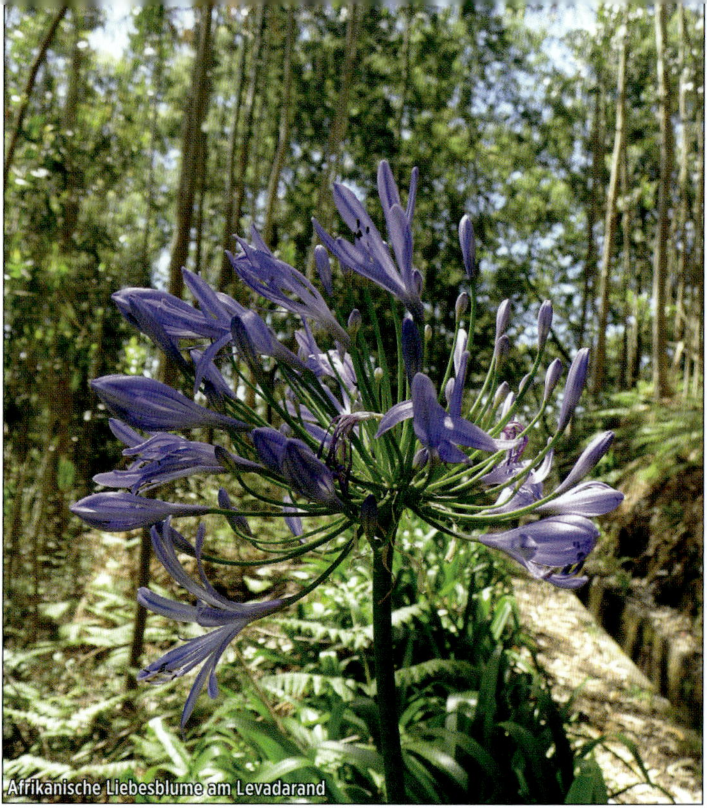

Afrikanische Liebesblume am Levadarand

Platz, an dem das Wasser in die Levada eingeleitet wird.

TIPP Wer keine Freude an Abenteuern wie wild Bäche überqueren und Pfad suchen hat, dreht hier besser um.

Um die Rundtour zu gehen, wandern Sie bis zur Treppe abwärts zurück, gehen zum Fluss, und queren diesen in der Nähe der zerstörten Brücke ⤳ auf einem Pfad, der recht schwierig zu finden ist (links halten!) bergauf, bis Sie bei der nächsten Levada angelangt sind, hier links ⤳ bei der nächsten, klar gekennzeichneten Möglichkeit (betonierte Überquerung der Levada) biegen Sie nach links aufwärts Richtung **Santo Antonio da Serra** ab ⤳ im Ort links, den **Caminho da Pireira** immer gerade weiter folgen ⤳ im Ort angelangt, nicht entgegen der Einbahnstraße laufen, sondern rechts.

1 14,3 (684) Vor der Kirche endet die Rundtour.

**S. António da Serra**

Tour 12 10,8 km



# Funduras Runde

*Start:* Fajã dos Rolos (N 32,7387° W 16,8081°)
*Ziel:* Fajã dos Rolos
*Aufstieg:* 831 m *Hartbelag:* 11 %
*Abstieg:* 831 m *Wanderwege:* 89 %
*Gehzeit:* 3 - 3,5 Std. *Wanderpfade:* 0 %

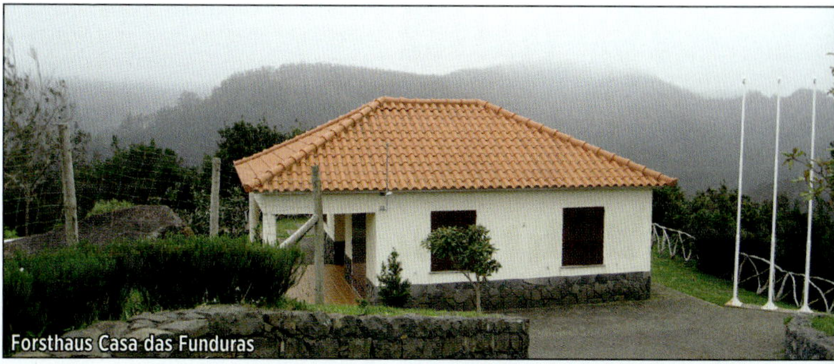
Forsthaus Casa das Funduras

**Charakteristik:** Die Strecke führt auf Forstwegen durch das dicht bewaldete Gebiet Funduras, das zumeist aus Lorbeerwald besteht. Pausenmöglichkeit haben Sie bei der Casa das Funduras, ein Forsthaus mit großem Picknick- und Grillplatz. Der breite Weg ist ausgewaschen und grob gekiest, daher zwar gut begehbar, ein Test mit Kinderwagen scheiterte und ist daher abzuraten!

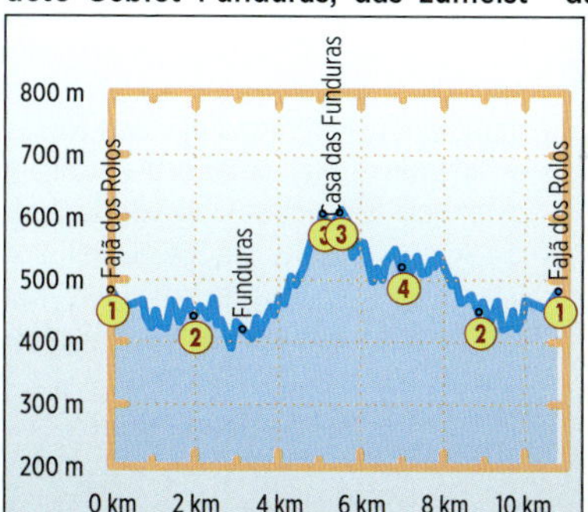


**Parkplätze:** Parkmöglichkeit im Ort (vor der Bar o Calical)

**An- und Abreise:** Eine Bushaltestelle gibt es nur an der Kreuzung zur ER 236. Wer mit dem Auto kommt, fährt entlang der ER 236,

**biegt in die ER 101 ab, von dort weiter nach Fajã dos Rolos.**

### Fajã dos Rolos

**1** 0,0 (482) Sie starten beim Wanderparkplatz, gehen zunächst auf Asphalt aus dem Ort ⤳ folgen dem Schild **Caminho para Todos** (Weg für alle) ⤳ der Weg führt über einen ausgewaschenen Fahrweg abwärts ⤳ bei der ersten Weggabelung links (die Markierung rechts „x“ soll Weg gesperrt bedeuten) ⤳ der Weg führt an 3 Heiligenstatuen vorbei.

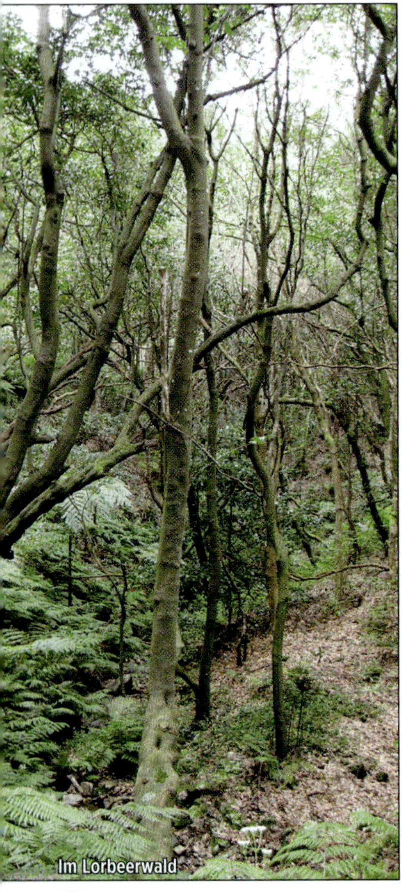

Im Lorbeerwald

**2** 1,9 (440) Markierte Y-Kreuzung, Sie gehen schräg rechts bergab Richtung Funduras ⤳ bei der T-Kreuzung links, nach oben weiter ⤳ Abzweigung eines Wiesenweges nicht nehmen.

**3** 5,1 (605) Y-Kreuzung, Sie gehen rechts zur **Casa das Funduras** und erreichen diese in einem Kilometer, wo Sie eine ausgiebige Pause machen sollten.

### Casa das Funduras

Casa das Funduras, normalerweise geschlossen

**3** 5,5 (605) Wieder zurück bei der Y-Kreuzung gehen Sie nun geradeaus weiter Richtung **Portela** ⤳ der Weg zieht sich in Serpentinen durch den Wald.

**4** 7,0 (520) Y-Kreuzung, während rechts der Weg nach **Portela** abzweigt, bleiben Sie am linken Ast ⤳ in Serpentinen leicht abwärts.

**2** 8,9 (440) Bei der Y-Kreuzung schließt sich die Runde ⤳ Sie gehen nun geradeaus Richtung **Fajã dos Rolos** ⤳ an den 3 Heiligenstatuen vorbei gelangen Sie schließlich wieder auf die Asphaltstraße, die Sie zurück zur Bar bringt.

**1** 10,8 (482) An der Bar endet die Rundtour.

### Fajã dos Rolos

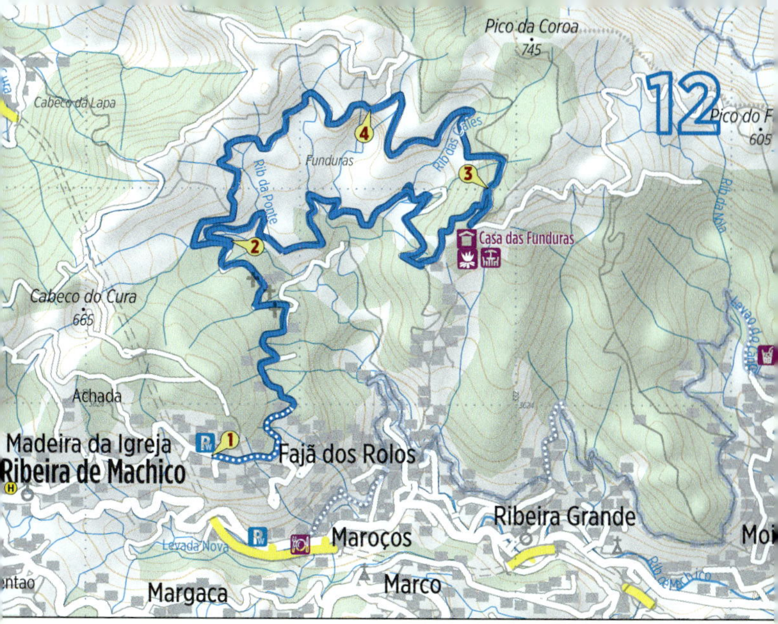


## Lorbeerwald

*Reste des ursprünglichen Lorbeerwaldes findet man im Mittelgebirge sowie im Gebiet um Falal am Rande von Paúl da Serra. Die Wälder finden in dieser Region geeignete Bedingungen, weil der Passatwind ständig feuchte Luft heranbringt. Lorbeerbäume sind eine aus dem Tertiär stammende Urvegetation, die ursprünglich auch im Mittelmeerraum und in Europa beheimatet waren. Nach den Eiszeiten sind sie in Europa ausgestorben. Die hohe Luftfeuchtigkeit ermöglicht es neben den immergrünen Bäumen auch Farnen, vielen Pilzen, Moosteppichen und Flechten, hier unter optimalen klimatischen Verhältnissen üppig zu wachsen. Das ist der Grund, weshalb die Lorbeerwälder besonders urwüchsig anmuten. Zu den im Lorbeerwald beheimateten Pflanzenarten zählen unter anderem der Kanarische Lorbeer (Laurus azorica), der Stinklorbeer (Ocotea foetens), der Gagelbaum (Myrica Faya) und die Baumheide (Erica arborea).*

Tour 13 5,3 km

# Am historischen Pflasterweg von Portela nach Porto da Cruz

*Start:* Portela (N 32,7457° W 16,8265°)
*Ziel:* Porto da Cruz
*Aufstieg:* 177 m
*Abstieg:* 766 m
*Gehzeit:* 2 - 2,5 Std.
*Hartbelag:* 57 %
*Wanderwege:* 14 %
*Wanderpfade:* 29 %

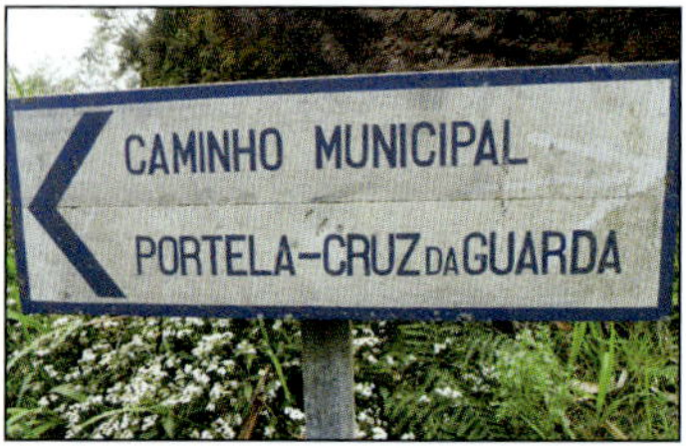


**Charakteristik:** Die alten Wege vor dem Straßenbau waren mit kleinen Steinen gepflastert. Steilstrecken erhielten gerundete Stufen, damit die von Tieren gezogenen Karren zwar weiterkamen, aber nicht zurückrollen konnten.

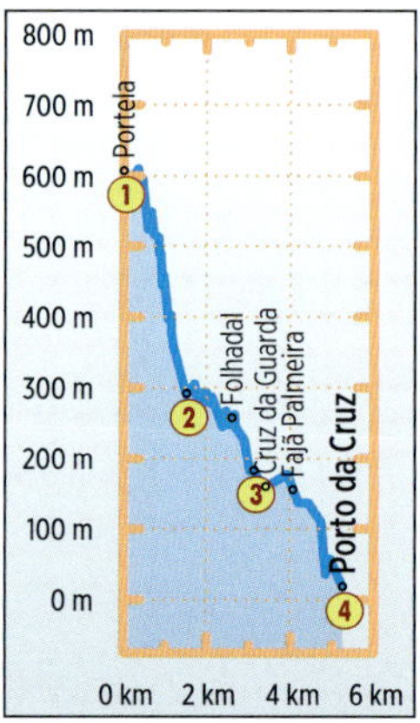


Der Weg vom Portelapass nach Cruz da Guarda ist ein sehr gut erhaltenes Relikt aus dieser Wegbauepoche. In Cruz da Guarda angekommen, können Sie zum Nachbarort Falhadal entlang einer kleinen, unscheinbaren Levada gelangen. Wiederum alte Wege, die nun mit Ortsbeleuchtung ausgestattet wurden, führen Sie nach Serrado. Von dort wandern Sie auf einer Asphaltstraße einen langen Bergrücken entlang bis nach Porto da Cruz.

**An- und Abreise:** Die Buslinie 53 (SAM) fährt von Funchal über Machico zum Portelapass und dann nach Porto da Cruz – sowie zurück.

**Parkplätze:** wenige Parkmöglichkeiten am Portelapass.

## Portelapass

**1** 0,0 (630) Sie starten bei der Bushaltestelle auf der Asphaltstraße kurz bergab und über die Straßenbrücke, am Restaurant **Miradouro de Portela** links vorbei

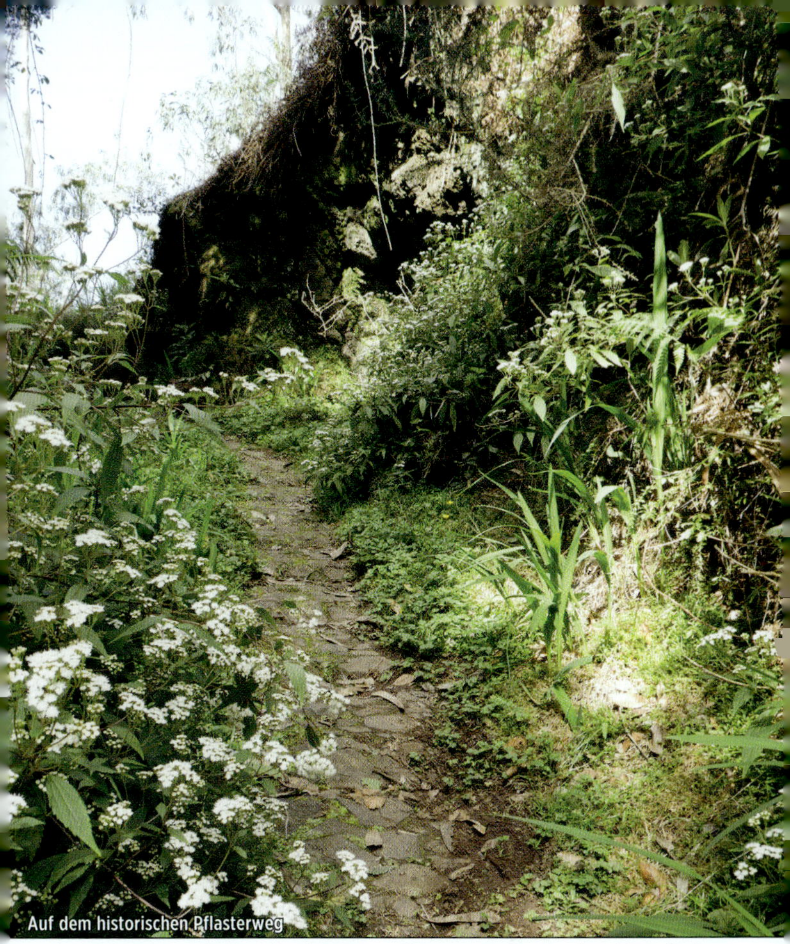

Auf dem historischen Pflasterweg

~ kurz danach gabelt sich die Asphaltstraße, Sie gehen links ~ wenige Meter dahinter endet die Asphaltstraße ~ links auf einem schmalen Pfad abwärts, beschrieben als **Caminho Municipal Portela-Cruz da Guarda**, es ist hier bereits das alte Kopfsteinpflaster zu sehen ~ dem historischen Weg über Kopfsteinpflaster folgend, Abschnitte können sehr rutschig sein ~ nach einer guten ½ Stunde gelangen Sie an eine Treppe, diese in den kleinen Ort **Cruz da Guarda** abwärts nehmen.

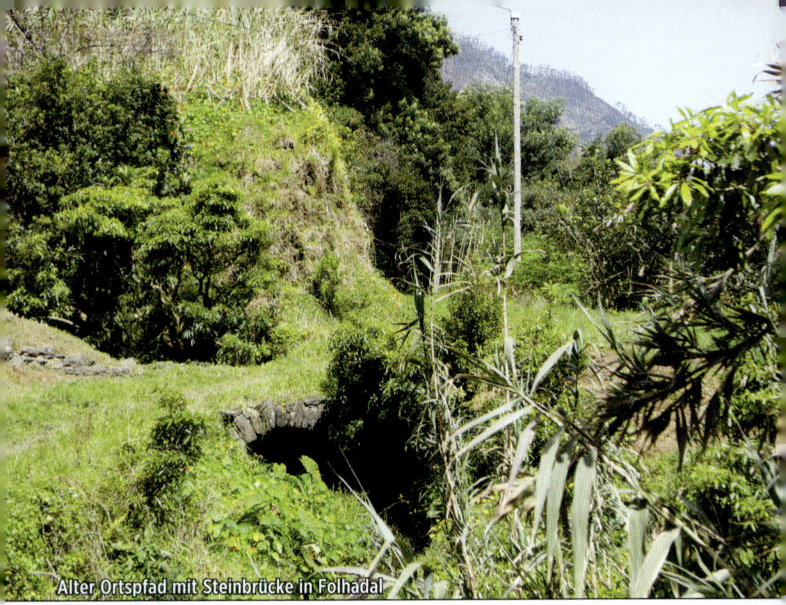

Alter Ortspfad mit Steinbrücke in Folhadal

## Cruz da Guarda

**2** 1,5 (291) An der Ortsstraße links ⤳ bergab bis zum Transformatorhäuschen ⤳ Sie queren die Brücke und gehen dann rechts hinunter zur kleinen Levada, der Sie nun folgen (nicht auf die Treppe abbiegen!)

VARIANTE Die Levada verläuft immer direkt unterhalb der Straße: Sollten Sie sich auf geländerlosen Brücken unwohl fühlen, können Sie der Straße folgen, und nach der Metallhütte zur Levada abzweigen!

Die Levada geht an vielen kleinen, noch bewirtschafteten, landwirtschaftlichen Flecken vorbei und kommt dann in den nächsten kleinen Ort ⤳ an der betonierten Straße abwärts ⤳ dem alten Weg auf Steinpflaster, der auch zusätzlich Straßenbeleuchtung hat, in einer sanften Kurve abwärts und über eine alte Brücke folgen.

**3** 3,2 (182) Der Weg mündet schließlich in eine Asphaltstraße, hier rechts ⤳ in der Kurve einer Gabelung rechts in den **Caminho Caetano Soares**, dem Sie nun für längere Zeit entlang des Hügelkamms folgen ⤳ nachdem Sie auf der Straße steil bergab gelaufen sind, kommen Sie zu einer T-Kreuzung, hier links ⤳ beim Gebäude der **Associação Grupo Cultural Flores de Maio** rechts abbiegen und in den Ort hinab.

**4** 5,3 (18) Vor der Kirche endet die Tour, wer schwimmen oder entlang des Strandes flanieren möchte, geht die Ortsstraße weiter hinunter.

## Porto da Cruz

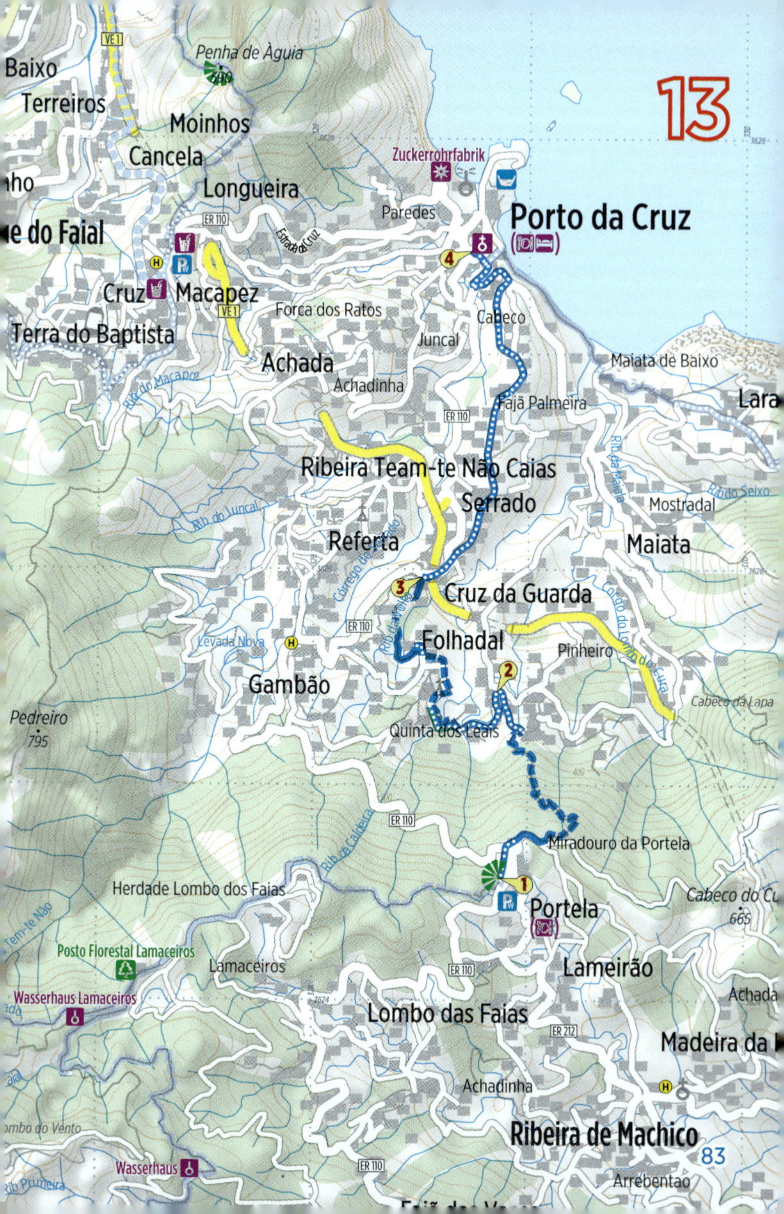
13
Baixo
Terreiros
Penha de Àguia
Moinhos
Cancela
Longueira
e do Faial
Cruz
Macapez
Terra do Baptista
Achada
Achadinha
Força dos Ratos
Juncal
Zuckerrohrfabrik
Paredes
Porto da Cruz
Cabeço
Maiata de Baixo
Lara
Fajã Palmeira
Ribeira Team-te Não Caias
Serrado
Mostradal
Maiata
Referta
Cruz da Guarda
Folhadal
Pinheiro
Cabeço da Lapa
Levada Nova
Gambão
Pedreiro
795
Quinta dos Leais
Miradouro da Portela
Herdade Lombo dos Faias
Portela
Cabeço do Cu
665
Posto Florestal Lamaceiros
Lamaceiros
Lameirão
Wasserhaus Lamaceiros
Lombo das Faias
Achada
Madeira da
Achadinha
Ribeira de Machico
Wasserhaus
Arrebentao
Rib do Macapaz
Rib do Juncal
Rib da Maiata
Rib do Seixo
Rib da Caldeira
Estrada da Cruz
ER 110
ER 212
VE 1

LEICHT

Tour 14 9,2 km

# Entlang der Levada Serra do Fajal nach Portela

*Start:* Nähe Quatro Estradas (N 32,7130° W 16,8363°)
*Ziel:* Portela
*Aufstieg:* 86 m
*Abstieg:* 303 m
*Gehzeit:* 3 - 3,5 Std.
*Hartbelag:* 1 %
*Wanderwege:* 72 %
*Wanderpfade:* 27 %

**Charakteristik:** Breite Levadawanderung durch dichten Wald aus Eichen, Kiefern, Lorbeer- und Eukalyptusbäumen. Im weiteren Verlauf des Weges treffen Sie auf die uralten Madeira-Zedernwacholder. Wanderer, die ausgesetzte Levadas fürchten, sind auf dieser Strecke gut aufgehoben, sie ist daher auch als Einstiegs-Levadawanderung gut geeignet. Die Tour führt zunächst entlang der Levada Serra do Fajal, beim Wasserhaus Lamaceiros schwenken Sie in Richtung Levada do Portela, die Sie schließlich bis zum Portelapass begleitet.

Ob dieser Vielfalt hat die Tour sowohl bei Nebel als auch bei hervorragender Sicht ihre jeweiligen Reize, einmal mystisch, das andere Mal beeindruckt die Aussicht auf den Adlerfelsen.

**Markierung:** Wegweiser nach Portela

**An- und Abreise:** Busstation unterhalb eines Betriebs an der Kreuzung ER 101 / ER 102, benannt Quatro Estradas der Linie 77 (Horarios) mit Verbindung nach Santo da Serra und Funchal. Vom Portelapass fährt die Linie 53 (Horarios) über Machico nach Funchal. Da am Portelapass meistens Taxis warten, ist diese Transportart zur Rückfahrt zu empfehlen.

**Parkplätze:** Wenige Parkplätze an der Straße vorhanden.

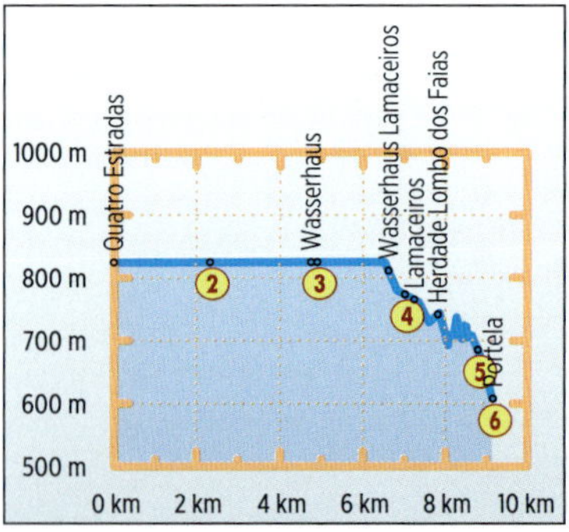

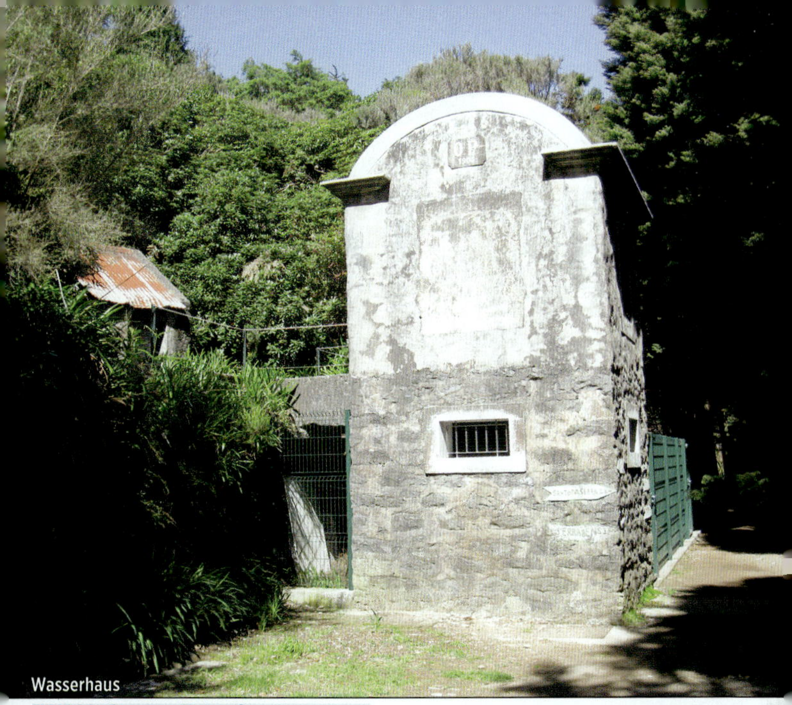
Wasserhaus

## ER 101, Quatro Estradas

**1** 0,0 (824) Start an der Straße nach Poiso am oberen Ende eines Palisadenzauns, dort befindet sich ein Hinweisschild nach rechts ⤳ der Weg entlang der hier wasserlosen Levada läuft durch Eukalyptuswald und Ginster ⤳ der Weg wird abwechslungsreicher, zunächst an einem kleinen Wasserfall vorbei, dann quert eine Forstraße die Levada ⤳ Sie wandern an einem Levadawärterhäuschen vorbei, der Weg weitet sich zu einem Fahrweg aus.

**2** 2,3 (824) In einem lichten Talkessel kommen Sie an zwei Wildbächen und Steinbrücken vorbei. Ab hier führt die Levada nun frisches, stark fließendes Wasser ⤳ zehn Minuten später zweigt der Fahrweg ab, der Weg entlang der Levada wird nun schmaler.

**3** 4,9 (824) Sie kommen an einem Wasserhaus aus dem Jahre 1906 vorbei ⤳ weiter entlang der neu sanierten Levada ⤳ am Platz mit vielen Steinmännchen vorbei ⤳ die Levada kreuzt eine Forststraße, Sie biegen hier rechts ab, um zum Forsthaus Lamaceiros zu gelangen.

TIPP: Wenn Sie bis zum zweiten Wasserhaus gelangen, sind Sie zu weit gelaufen einfach wieder umdrehen!

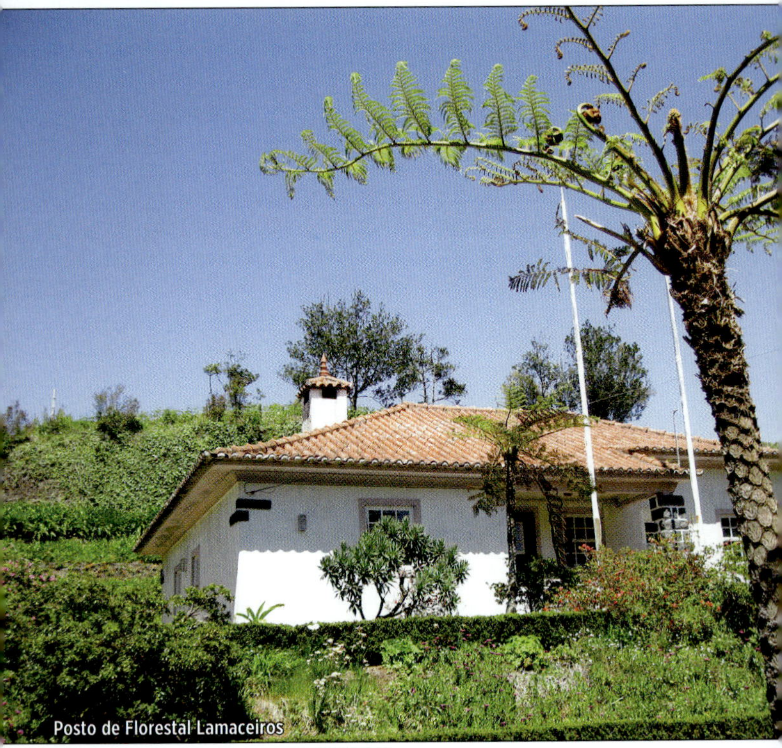

Posto de Florestal Lamaceiros

### Posto de Florestal Lamaceiros

**4** 7,0 (772) Am Forsthaus und den riesigen Madeira-Zedern vorbei folgen Sie der Straße ⇝ an der Gabelung links ⇝ am Zaun der Herdade Lombo das Faias links entlang, gelangen Sie schon bald zur Levada do Portela.

**5** 8,8 (700) Bei einer Hausruine gabelt sich die Levada ⇝ Sie folgen links bergab der Betonlevada, an einer weiteren beeindruckenden Madeira-Zeder vorbei ⇝ auf Stiegen hinunter bis zur Asphaltstraße.

**6** 9,2 (607) An der Asphaltstraße sind es nur wenige Meter bis zum Aussichtspunkt des Portela-Passes, wo die Tour endet.

### Portela Pass

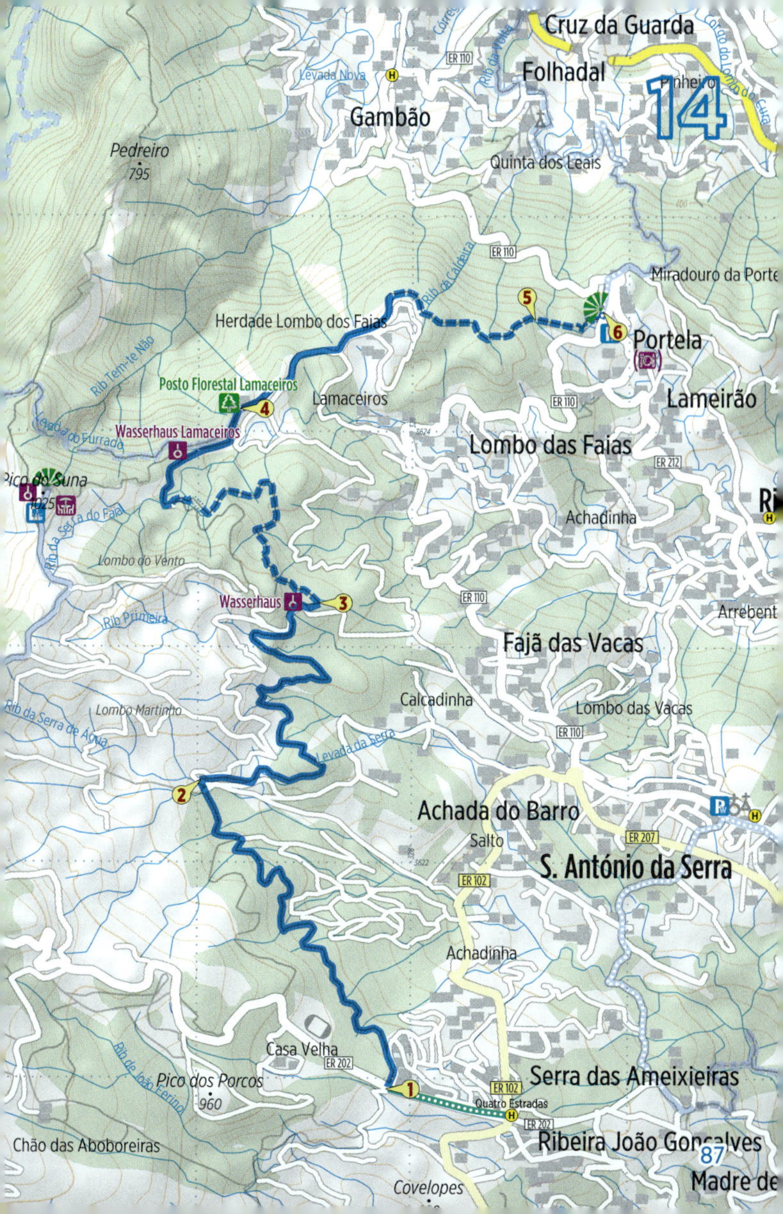

Cruz da Guarda
Folhadal
Pinheiro
14
Gambão
Levada Nova
Pedreiro
795
Quinta dos Leais
ER 110
Miradouro da Porte
Herdade Lombo dos Faias
5
6
Portela
Posto Florestal Lamaceiros
4
Lamaceiros
Lameirão
Wasserhaus Lamaceiros
Levada do Furrado
Lombo das Faias
ER 212
Pico do Suna
Rib da Serra do Faial
Achadinha
Lombo do Vento
Wasserhaus
3
Rib Primeira
Arrebent
Fajã das Vacas
Calcadinha
Lombo Martinho
Lombo das Vacas
Rib da Serra de Água
Levada da Serra
2
Achada do Barro
Salto
ER 207
S. António da Serra
ER 102
Achadinha
Casa Velha
ER 202
Pico dos Porcos
960
Rib de João Ferino
1
Serra das Ameixieiras
Quatro Estradas
Chão das Aboboreiras
Ribeira João Gonçalves
Madre de
Covelopes

## Tour 15 — 10 km

# Levada do Furado

*Start:* Ribeiro Frio (N 32,7355° W 16,8864°)
*Ziel:* Portela
*Aufstieg:* 85 m
*Abstieg:* 360 m
*Gehzeit:* 3,5 - 4 Std.
*Hartbelag:* 2 %
*Wanderwege:* 18 %
*Wanderpfade:* 81 %

**Charakteristik:** Diese Levadawanderung zählt zu einer der beliebtesten Touren - und dies nicht zu unrecht. Die Wanderung durch den subtropischen Bergwald hat alle Elemente, die eine interessante Levadawanderung vorweisen soll: Felspassagen mit Aussicht, Felsdurchbrüche, kleine Wasserfälle und Tunnels machen die Tour abwechslungsreich. Aufgrund der Beliebtheit dieser Tour sind alle ausgesetzten Passagen entschärft oder mit Geländer gesichert worden. Damit ist die Tour, die bis zum Wasserhaus Lamaceiros an der Levada do Furado führt - und danach die Levada do Portela zum Portelapass begleitet, für einen Großteil aller Wanderer reine Freude.

**Markierung:** PR 10 - Portela

**An- und Abreise:** Nach Ribeiro Frio fahren die Busse 103 und 138 (Horários). Vom Portelapass fährt die Linie 53 nach Funchal (SAM). Wer zum Start zurück möchte, wird am Portelapass ein für diese Strecke leider nicht ganz billiges Taxi nehmen müssen. Häufig warten Taxis am Pass.

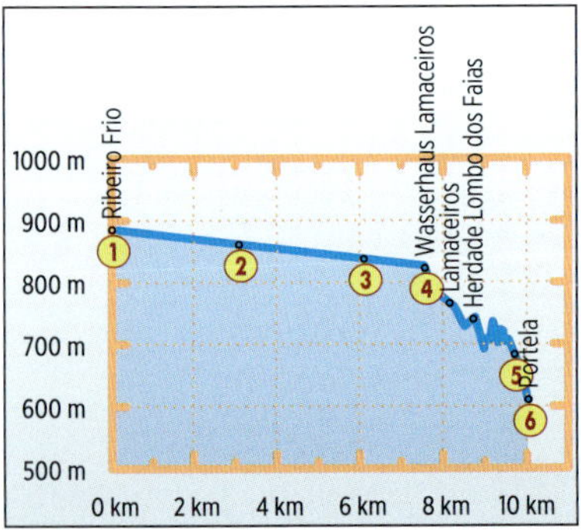


**Parkplätze:** mehrere Parkmöglichkeiten in Ribeiro Frio. An der Serpentinenstraße aufwärts gibt es zusätzliche Parkbuchten.

### Ribeiro Frio

- **Fatima-Wallfahrtskapelle**
- **Posto Florestal.** Forellenzuchtstation
- **Bar Flor da Selva**
- **Restaurant Ribeiro Frio,** ✆ 291575898. Hier werden die in der Forellenstation gezüchteten Forellen in gekochter oder geräucherter Form angeboten.

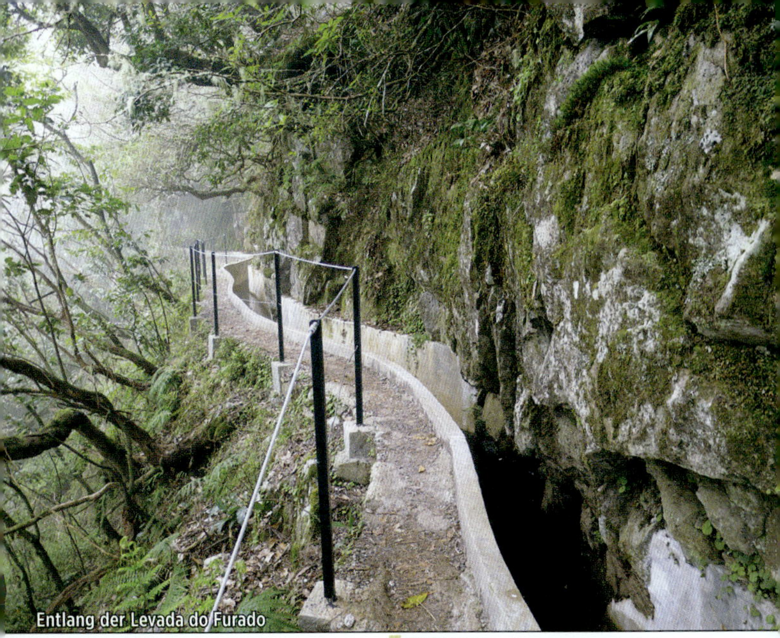

Entlang der Levada do Furado

**Victor's Bar**

**1** 0,0 (885) Der Weg ist unterhalb des Lokals angeschrieben ~ Sie gehen auf einer Brücke über den kleinen **Fluss Frio** ~ an der Einmündung der Levada vorbei ~ nun folgen Sie dem breiten Weg entlang der Levada ~ breite und schmale Stellen wechseln einander ab ~ an einem vergitterten Wasserstollen vorbei.

**2** 3,1 (861) Sie queren den **Ribeiro do Poço** auf einer Betonbrücke.

TIPP: Eine Levadakurve, wo man auf einer schmalen Mauer balancieren müsste, ist durch den Bau einer Abkürzung entschärft worden, kann aber sehr rutschig sein.

**3** 6,1 (838) Eine besonders schöne Aussichtsstelle ist der Beginn eines felsigen Abschnitts ~ hier ist die Levada durch die Felsen geschlagen, dieser Abschnitt gab der Levada den Namen **Furado** (undicht, durchlöchert) ~ bald danach folgen mehrere kurze Abschnitte, die durch Tunnels verlaufen.

**4** 7,6 (824) Wenige Meter nach dem Wasserhaus **Lamaceiros** kommen Sie zu einer großen Weggabelung ~ Sie gehen links bergab Richtung **Portela** ~ wenige Meter auf der Schotterstraße können Sie links zur alten, mit Moos bewachsenen **Levada do Portela** abbiegen und hier bergab ~ bis Sie vor dem Forsthaus wieder auf die Forststraße gelangen.

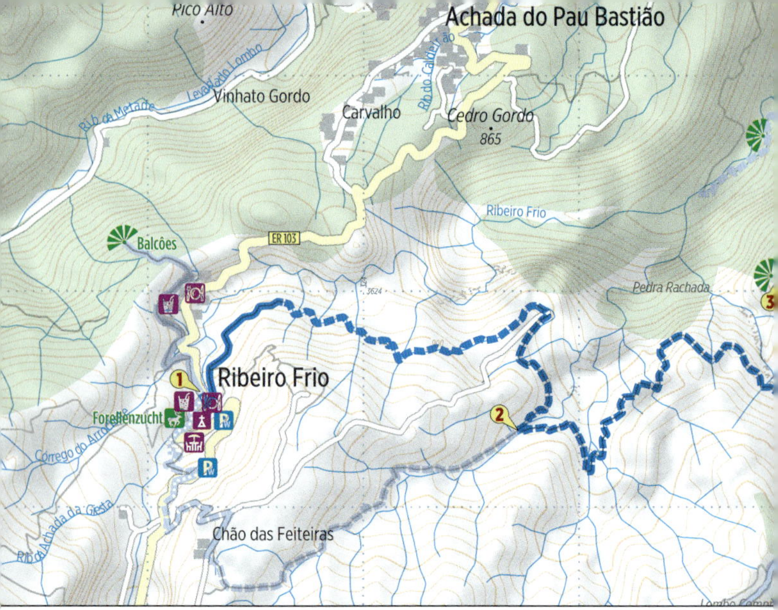


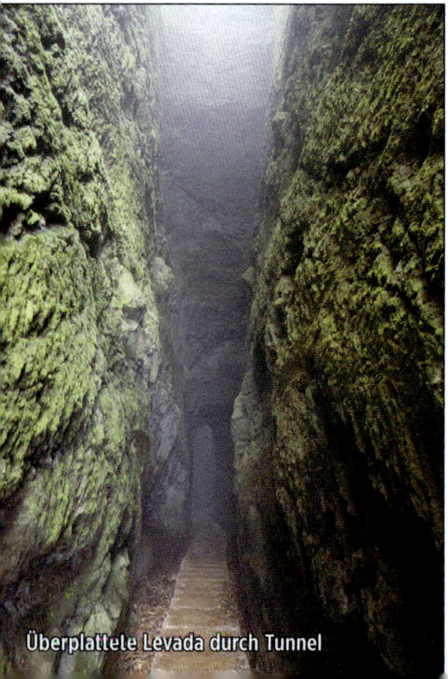

Überplattete Levada durch Tunnel

### Posto do Florestal Lamaceiros

Am Forsthaus und den riesigen Madeira-Zedern vorbei folgen Sie der Straße ↝ an der Gabelung links ↝ am Zaun der **Herdade Lombo dos Faias** links entlang gelangen Sie schon bald zur **Levada do Portela**.

**5** 9,7 (683) Bei einer Hausruine gabelt sich die Levada ↝ Sie folgen links bergab der Betonlevada, an einer weiteren beeindruckenden Madeira-Zeder vorbei ↝ auf Stiegen abwärts bis zur Asphaltstraße.

**6** 10,0 (611) Bei der Asphaltstraße sind es nur wenige Meter bis zum Aussichtspunkt des **Portela-Passes**, wo die Tour endet.

### Ribeiro Frio

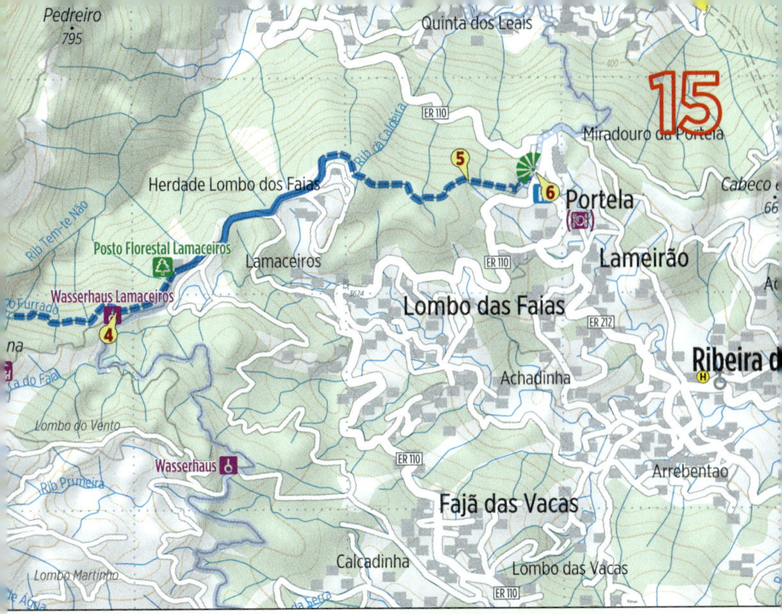


## Der Madeira-Zedernwacholder

*Der Zedernwacholder kommt hauptsächlich im Bergland vor, ist aber auch in der Lorbeerwaldzone zu finden. Neue Anpflanzungen sind in Forstparks wie in Queimadas zu finden. Im Holzbau wurde der Baum häufig eingesetzt, da das Holz extrem langlebig ist. So wurde die geschnitzte Decke im Mudejar-Stil der Kathedrale Sé aus diesem Holz gefertigt. Leider hat die Abholzung den Baumbestand bereits frühzeitig dezimiert. Mit besonderen Schutzmaßnahmen und Neupflanzungen wird versucht, den Bestand der Pflanze wieder zu erhöhen.*

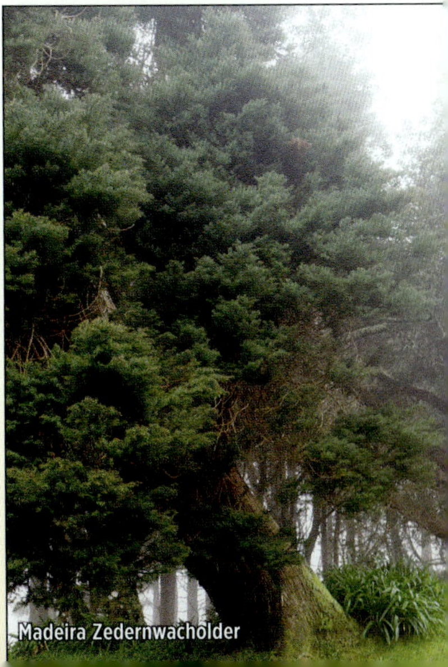

Madeira Zedernwacholder

## Tour 16 — 6,8 km

# Um die Chão das Feiteiras

*Start:* Ribeiro Frio (N 32,7355° W 16,8864°)
*Ziel:* Ribeiro Frio
*Aufstieg:* 400 m
*Abstieg:* 400 m
*Gehzeit:* 2,5 - 3 Std.
*Hartbelag:* 7 %
*Wanderwege:* 15 %
*Wanderpfade:* 78 %

**Charakteristik: Als Alternative zur Einstreckentour Levada do Furado bietet sich diese Rundtour an. Von Ribeiro Frio wandern Sie zunächst steil aufwärts, anfangs entlang einer Levadastiege, später auf einem steingepflasterten Weg. Nur kurz auf der Hochebene angelangt, wandern Sie entlang einer alten Levada im Tal des Ribeiro do Poço do Bezerro. Diese mündet in die bekannte Levada do Furrado, auf der Sie zum Startpunkt zurückwandern.**

**Parkplätze: Mehrere vorhanden.**

**Markierung: keine**

**An- und Abreise: Autofahrer die vom Süden kommen, müssen den Poiso Pass queren. In Ribeiro Frio halten die Busse 56, 103 und 138 (Horários).**

**Ribeiro Frio** s. S. 88

**1** 0,0 (887) Die Rundtour beginnt an den Picknickplätzen bei der Straßenkurve kurz nach der Forellenzuchtstation ⇝ Sie gehen taleinwärts zur sehenswerten Levadastiege, folgen den Treppen bergauf bis zur Straße, beim Parkplatz ⇝ nach ca. 200 m gehen Sie dann links die Stufen hinauf ⇝ der Weg wird bald zu einem bemoosten Steinpflasterweg ⇝ durch ein einfaches Gatter kommen Sie zu einem breiten Weg, diesen rechts bergauf.

**2** 1,7 (1.176) Nach den Stallgebäuden biegen Sie nach links in einen Pfad ab ⇝ an den beiden Kiefern vorbei, gleich dahinter ist ein Pfad gut ersichtlich, dem Sie nun folgen ⇝ der Weg verläuft entlang des Buschwerks ⇝ abwärts und einen Zaun überqueren ⇝ erste Reste einer verfallenen Levada werden sichtbar.

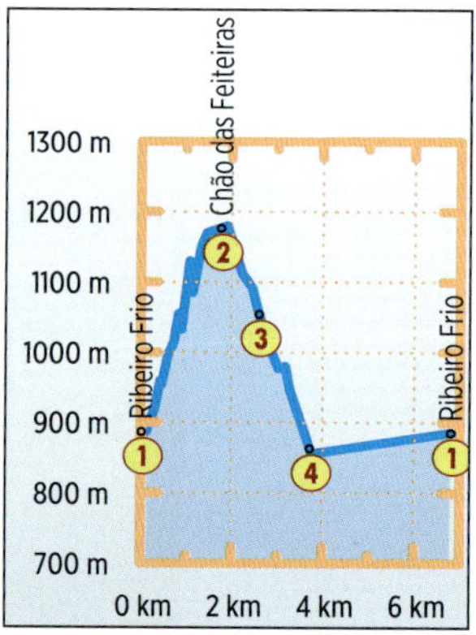


**3** 2,6 (1.054) Vom Fels rinnendes Wasser wird in die Levada gefasst ⇝ Sie folgen nun der Levada ab-

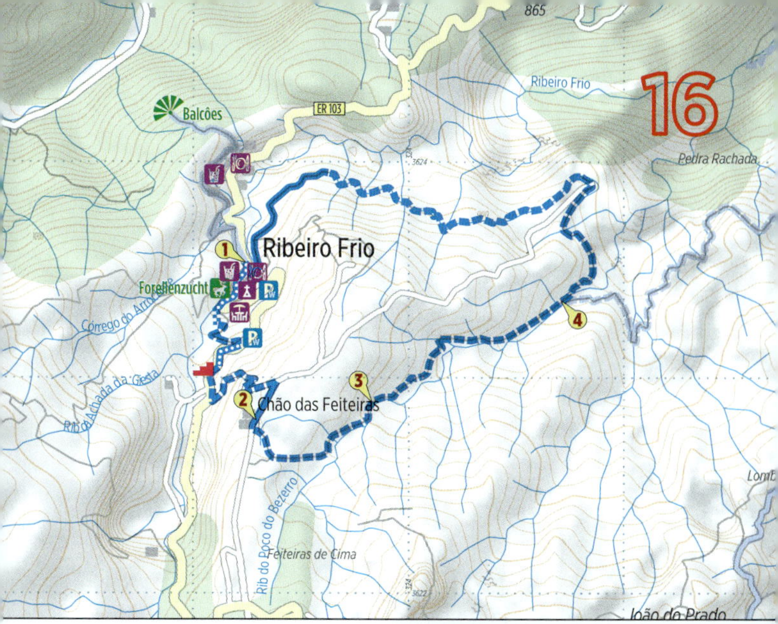


wärts ~ stückweise ist die Levada abgebrochen, das Gehen auf diesem Abschnitt ist besonders rutschig und schlecht.

**4** 3,7 (863) Sie kommen zur **Levada do Furado**, hier links (d. h. nicht über die Brücke) ~ auf abwechselnd breiten und schmalen Pfad gehen Sie nach **Ribeiro Frio** zurück ~ am **Fluss Frio** angelangt kommen Sie zur Einfassung der Levada ~ überqueren den Fluss.

**1** 6,8 (886) Unterhalb des Restaurants gelangen Sie wieder zur Straße nach **Ribeiro Frio** zurück.

**Ribeiro Frio** **s. S. 88**

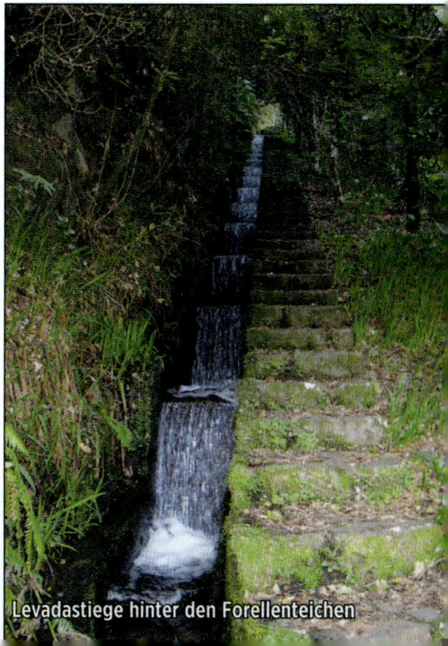
Levadastiege hinter den Forellenteichen

## Tour 17 — 2,5 km

# Spaziergang auf den Balkon

*Start:* Ribeiro Frio (N 32,7355° W 16,8864°)
*Ziel:* Ribeiro Frio
*Aufstieg:* 60 m — *Hartbelag:* 0 %
*Abstieg:* 60 m — *Wanderwege:* 100 %
*Gehzeit:* 1 Std. — *Wanderpfade:* 0 %

**Charakteristik:** Der Spaziergang zu einem Ort der sich Balcoes nennt, ist sicher die kürzestmögliche Tour in Madeira, aber trotzdem nicht weniger empfehlenswert. Auf einem breiten und für alle leicht begehbaren Levadaweg, über den sich tagsüber Scharen von Ausflüglern wälzen, gelangen Sie zu einer einzigartigen Aussichtskanzel mit Blick auf das Zentralmassiv vom Pico Arieiro bis hin zum Pico Ruivo.

**Tipp:** Nutzen Sie die Tagesrandzeiten während der Woche um den meisten Ausflüglern auszuweichen.

**Parkplätze:** Mehrere Parkmöglichkeiten in Ribeiro Frio. Sollten diese Parkplätze besetzt sein, können Sie auch weiter oben parken.

**Markierung:** PR 11 Vereda dos Balcoes

**An- und Abreise:** Autofahrer, die vom Süden kommen, müssen den Poiso Pass queren. In Ribeiro Frio halten die Busse 56, 103 und 138 (Horários)

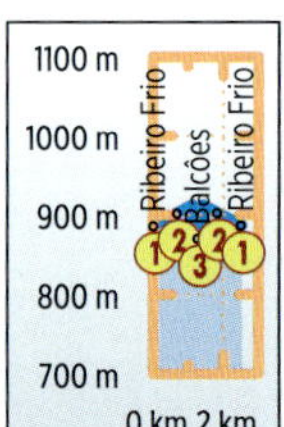


### Ribeiro Frio — s. S. 88

**1** 0,0 (887) Bei der offiziellen Tafel des PR 11 unterhalb Victor's Bar beginnt der Weg, Sie folgen der Levada auf breitem Weg und queren eine Brücke.

**Bar Flor da Selva**

**2** 0,7 (902) An der Bar vorbei, danach links durch den Felsspalt hindurch kurz danach ist die Levada für den weiteren Durchgang gesperrt, Sie gehen nach rechts, Richtung **Balcoes** auf steingepflasterten Weg.

### Balcoes

**3** 1,3 (870) Sie sind am aussichtsreichen Balkon angelangt.

**AUSSICHT:** Sie sehen im Hintergrund das Hochgebirge, den Kamm zwischen Pico Areiero, Pico das Torres und Pico Ruivo

Auf demselben Weg geht der Spaziergang wieder zurück.

**1** 2,5 (887) Unterhalb von Victor's Bar kommen Sie wieder zum belebten Startpunkt zurück.

### Ribeiro Frio — s. S. 88

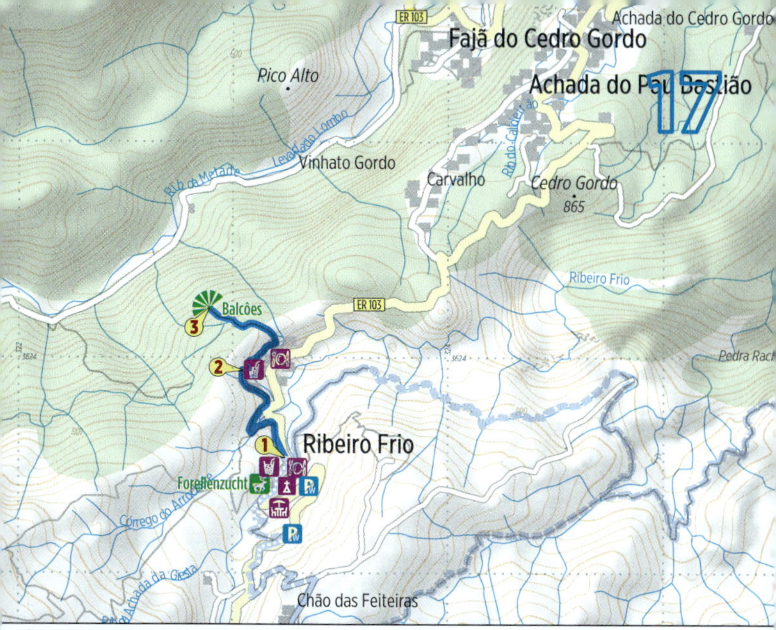


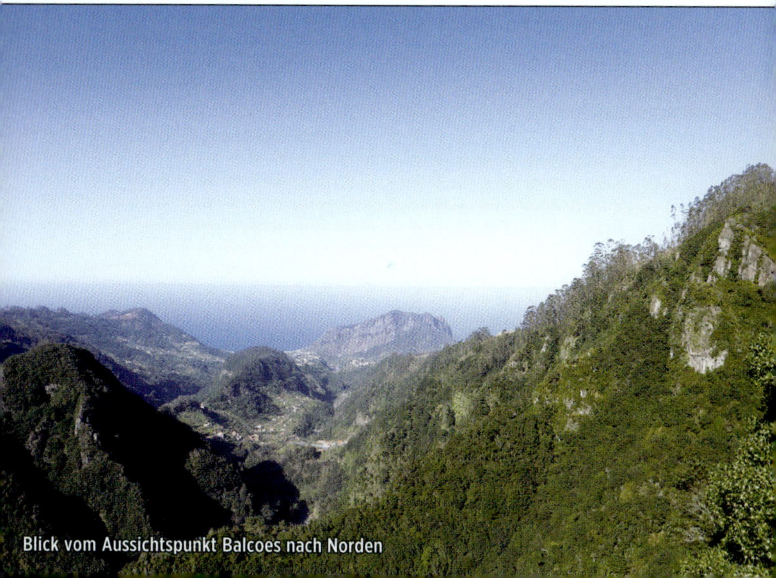

Blick vom Aussichtspunkt Balcoes nach Norden

## Tour 18 — 5,7 km

# Pico do Suna

*Start:* Parkplatz an ER 202 (N 32,7186° W 16,8583°)
*Ziel:* Parkplatz an ER 202

| | | | |
|---|---|---|---|
| *Aufstieg:* | 331 m | *Hartbelag:* | 0 % |
| *Abstieg:* | 331 m | *Wanderwege:* | 100 % |
| *Gehzeit:* | 2 - 2,5 Std. | *Wanderpfade:* | 0 % |

**Charakteristik: Einer der wenigen Berggipfel mit Aussicht, auf den man bergab wandert. Auf Sand- und Schotterpiste wandern Sie stetig abwärts, teilweise ziemlich steil. Auf dem Weg haben Sie gute Aussicht nach Osten, am Aussichtspunkt haben Sie 270° Rundumblick.**

**An- und Abreise: Der Parkplatz liegt an der ER 202 zwischen Poiso Pass und Santo da Serra. Leider keine Bushaltestelle in Tournähe.**

**Parkplätze: Kleiner Parkplatz für 3-4 Autos vorhanden**

### Parkplatz an ER 202

**1** 0,0 (1.137) Start von der Schranke am Parkplatz auf breitem Gehweg ↝ der Weg führt leicht, aber stetig bergab.

**2** 2,4 (1.046) Bei einer Weggabelung einer großen neuen Forststraße bleiben Sie am Hauptweg links bergab ↝ bei der Einmündung zweier Forststraßen von rechts bleiben Sie wiederum schräg links am Hauptweg, der Weg wird nun eben ↝ der Weg steigt rechts geradeaus leicht an, die Kuppe ist aber bereits zu sehen ↝ an einem Ausschnitt im Gebüsch vorbei, der eine gute Aussicht auf den Adlerfelsen ermöglicht.

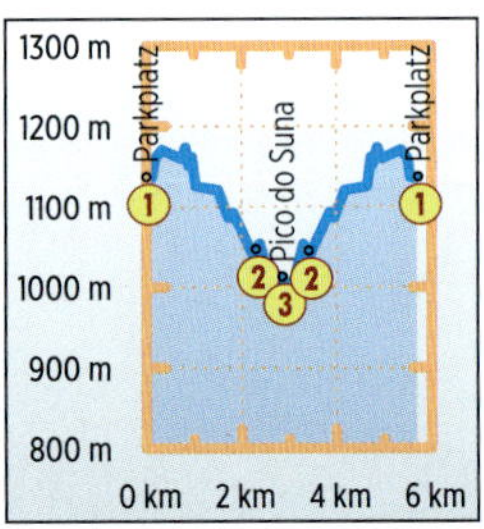


### Pico do Suna

**3** 2,9 (1.012) Am **Pico do Suna** angelangt, steht ein Feueraussichtsturm, der leider nicht geöffnet ist. Rund um den Turm befinden sich windgeschützte Picknickplätze. Zurück, diesmal bergauf, auf bekanntem Weg.

**1** 5,7 (1.137) Tourende am Parkplatz.

### Parkplatz an ER 202

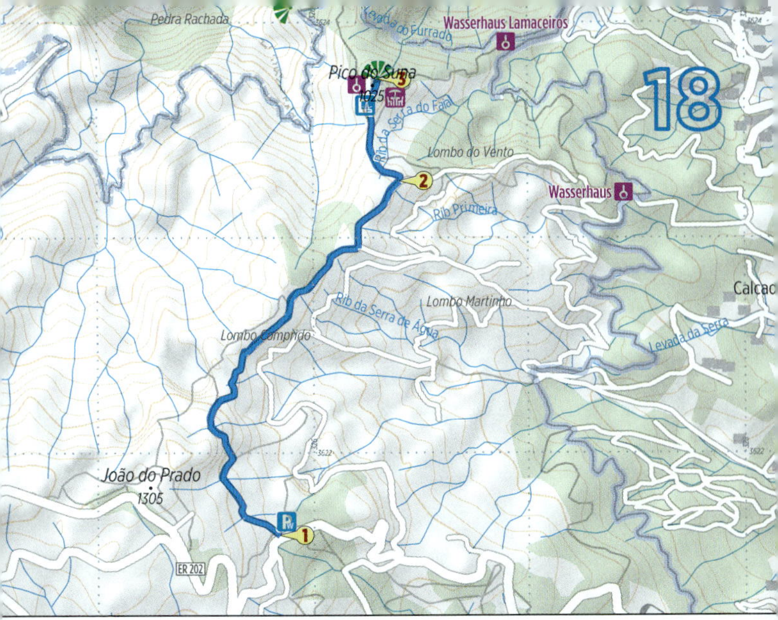


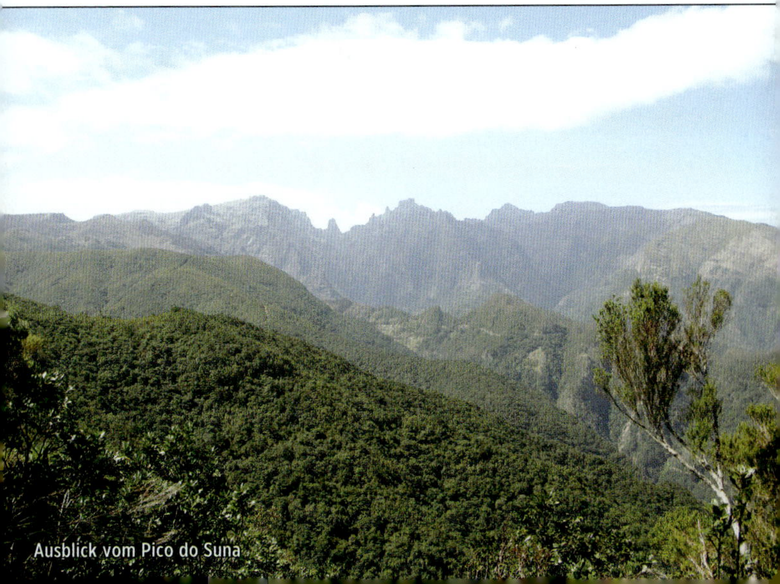
Ausblick vom Pico do Suna

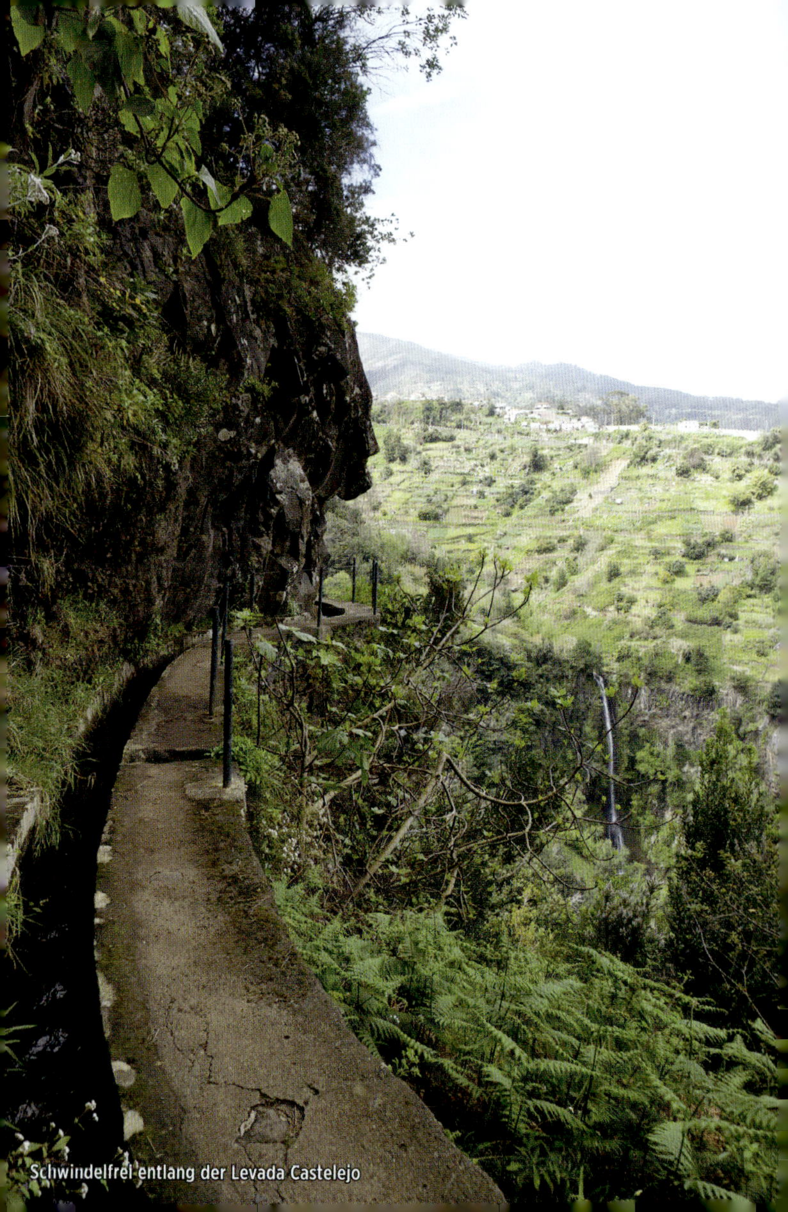

Schwindelfrei entlang der Levada Castelejo

# Tour 19 11,2 km

# Levada do Castelejo



*Start:* Cruz (N 32,7708° W 16,8439°)
*Ziel:* Cruz
*Aufstieg:* 25 m
*Abstieg:* 25 m
*Gehzeit:* 3,5 - 4 Std.
*Hartbelag:* 29 %
*Wanderwege:* 0 %
*Wanderpfade:* 71 %

**Charakteristik:** Dieser Abschnitt entlang der Levada do Castelejo führt durch das steile Tal der Ribeira São Roque bis zum Ursprung der Levada. Bereits kurz nach dem Einbiegen ins Tal sehen Sie auf der gegenüberliegenden Seite einen großen Wasserfall. Nach kurzer Gehzeit kommt der Wanderer an den ersten abschüssigen und nur teilweise mit Geländer gesicherten Stellen des Levadaweges vorbei. Wer nicht ganz schwindelfrei ist, kann hier bereits abschätzen, ob er sich diesen Weg zumuten möchte oder nicht. Entlang von Felsen und kleinen Seitentälern gelangen Sie fast eben immer tiefer in das Tal hinein. Kurz vor dem Ende versperrt ein Felsbrocken den Weg, die Levada fließt darunter. Über die Steine des Bachbetts gelangen Sie schließlich nach wenigen Metern in den Bereich, wo die Levada vom Fluss abzweigt. Hier tief im schattigen Flusstal kann man eine Rast besonders genießen, in manchen tiefen Wasserbecken kann man sogar ein kühlendes Sitzbad nehmen. Erfrischt geht es dieselbe Strecke wieder zurück.

**Markierung:** Hinweisschilder

**An- und Abreise:** Nutzen Sie die Schnellverbindung Via Expresso, liegt Cruz an der Ausfahrt „Porto da Cruz Oeste", dann Richtung Terra Baptista. Die Buslinie 53 (SAM) verbindet Cruz mit Referta, Machico und Funchal.

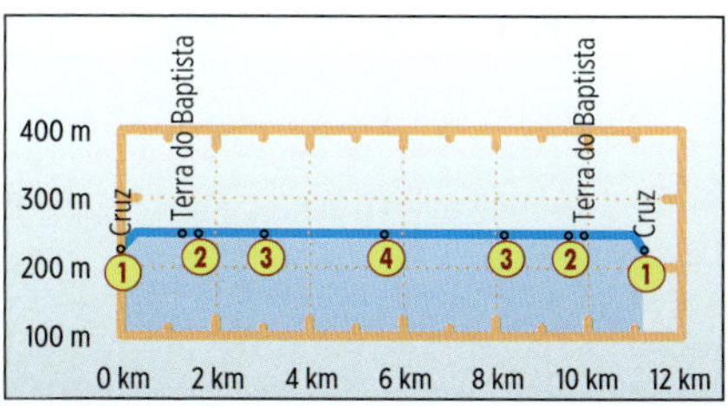


**Parkplätze:** Kleiner Parkplatz in Cruz neben der Bar

## Cruz

**Adega da Cruz**

**Katrepa Bar**, Terra Baptista, ✆ 291563494

**1** 0,0 (230) Start ist in **Cruz** ⤳ Sie gehen an der Snackbar

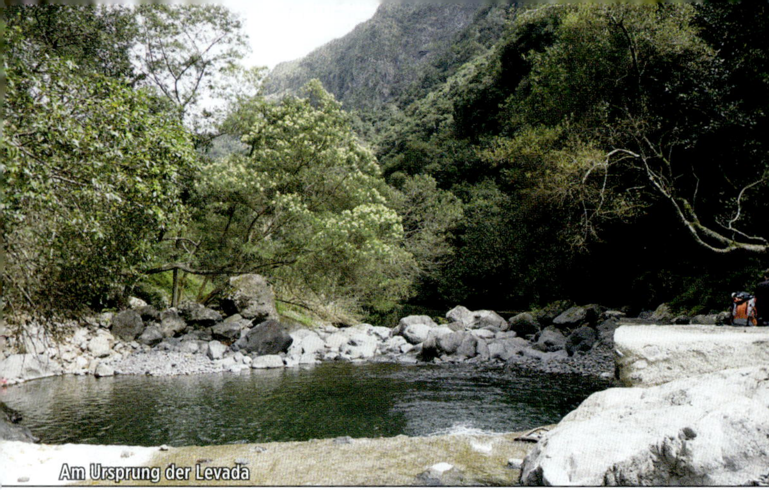

Am Ursprung der Levada

vorbei die Asphaltstraße aufwärts ~ an der Levada angelangt rechts ~ kurz danach kommen Sie an einer Stelle vorbei, wo ein kleiner Bach in die Levada eingeleitet wird ~ Sie queren eine Asphaltstraße, an einem Wasserbehälter vorbei.

**2** 1,6 (246) Das letzte Haus des Ortes steht direkt am Eintritt des Weges in das Tal, hier endet auch die Asphaltierung ~ zunächst verläuft die Levada oberhalb von Terrassenfeldern ~ kurz danach kommt bereits ein Abschnitt, der erste Test zur Schwindelfreiheit entlang eines Felsvorsprunges, auf der anderen Talseite ist ein großer Wasserfall zu bewundern!

**TIPP** Wer sich bei den ersten ausgesetzten Stellen schon unwohl fühlt, möge umdrehen, es kommen noch mehr Stellen.

**3** 3,0 (248) Ein kleiner Bach rinnt über die Felsen, an denen Sie vorbeigehen ~ der Weg wird hier wieder ein wenig ausgesetzter ~ stärker und weniger stark ausgesetzte Stellen wechseln einander ab ~ der Höhenabstand zum Tal wird nur sehr langsam geringer ~ erst nach einem besonders schönen Aussichtspunkt ist ein Ende des Weges in Sicht.

### Levadaursprung

**4** 5,6 (248) Recht unvermittelt verschwindet die Levada in einem Felsen ~ hier kommen Sie bereits zum Talboden und müssen über Stufen und Flusssteine außen herum wandern ~ entweder am Fluss entlang oder entlang der letzten Meter der Levada kommen Sie schließlich zu der Stelle am Fluss, wo die Levada bei einer betonierten Einfassung eingeleitet wird ~ das romantische Flusstal lädt zu einer Pause ein. Danach wieder auf demselben Weg zurück ~ an der Asphaltstraße hinab nach Cruz.

**1** 11,8 (230) An der ER 110 (Estrada da Cruz) vor der Bar endet diese Tour.

### Cruz

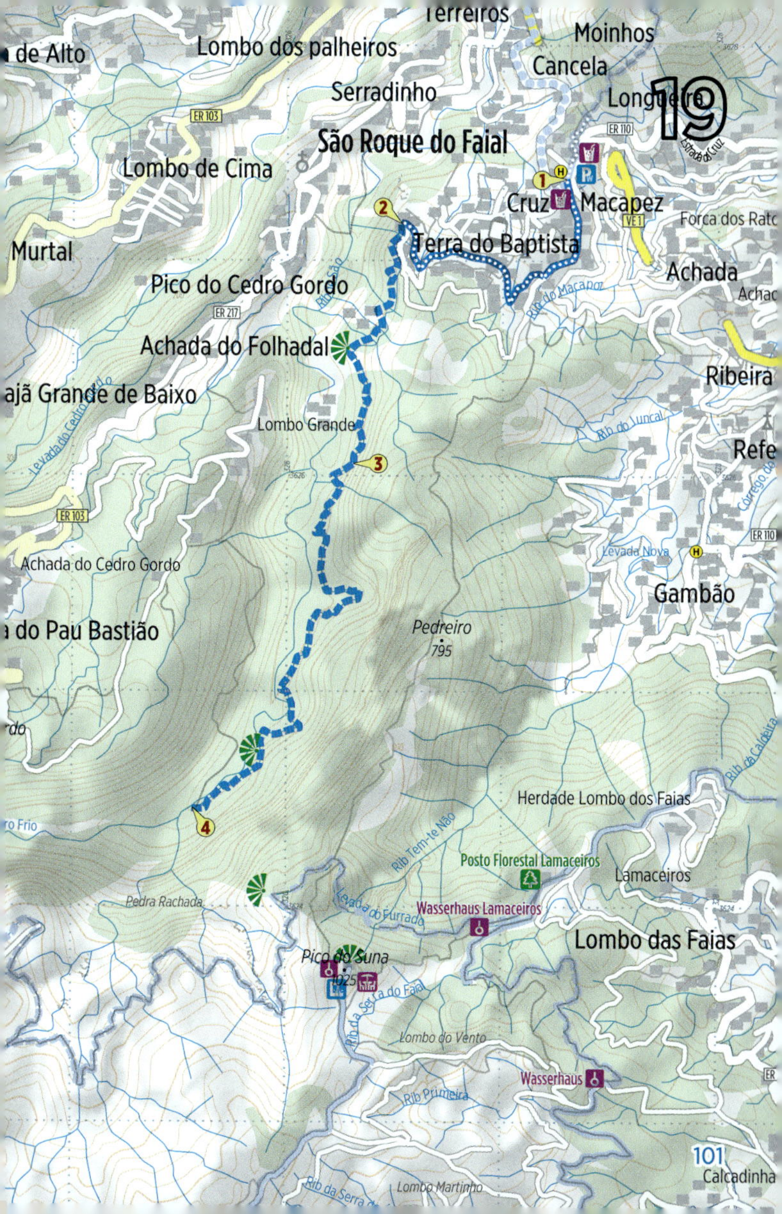
19
Terreiros
Moinhos
Cancela
Longueira
Lombo dos palheiros
Serradinho
São Roque do Faial
Lombo de Cima
ER 103
ER 110
Estrada da Cruz
Cruz
Macapez
Terra do Baptista
Forca dos Rato
VE 1
Murtal
Pico do Cedro Gordo
ER 217
Rib do Macapaz
Achada
Achada do Folhadal
Ribeira
Fajã Grande de Baixo
Lombo Grande
Levada do Cedro Gordo
Rib do Juncal
Refe
Achada do Cedro Gordo
Levada Nova
Gambão
ER 110
Pedreiro
795
do Pau Bastião
Herdade Lombo dos Faias
Rib da Caldeira
Rib Tem-te Não
Posto Florestal Lamaceiros
Lamaceiros
Pedra Rachada
Levada do Furrado
Wasserhaus Lamaceiros
Lombo das Faias
Pico do Suna
1025
Rib da Serra do Faial
Lombo do Vento
Wasserhaus
Rib Primeira
Lombo Martinho
Calcadinha

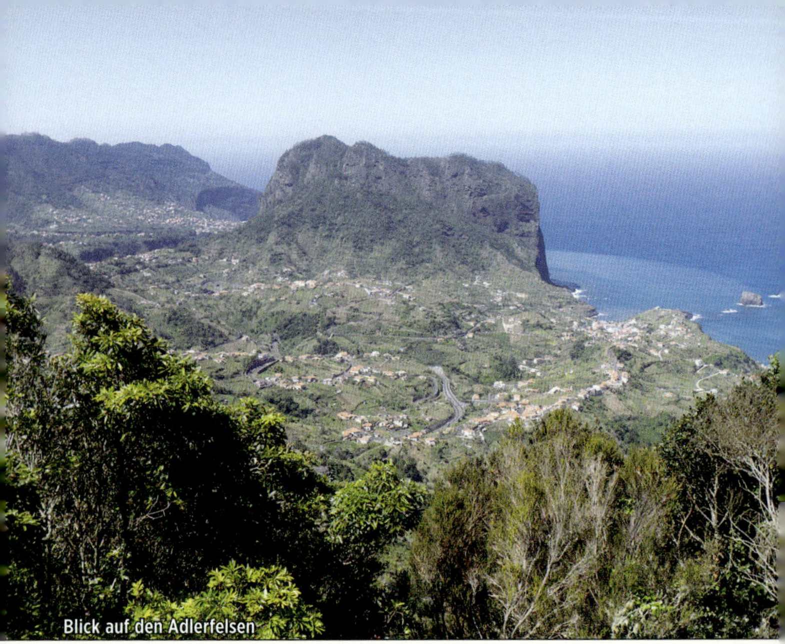
Blick auf den Adlerfelsen

## Remates de Tectos

*Bei Ihrer Wanderung durch Cruz werden Sie auf aus Ton gebrannte Tauben stoßen, die an den Dachenden befestigt sind. Die Remates de Tectos benannten Figuren sind Zeugen eines alten, vorchristlichen Aberglaubens. Sie sollen Unglück abhalten, gleichzeitig hat die Taube auch eine erotische Interpretation. Andere Figuren, es kommen auch Lanzenspitze und Knabenkopf vor, sind eher Phallussymbole. Diese Dachenden kommen nicht nur auf Madeira vor, sondern sind in ganz Portugal verbreitet, auch wenn deren Tradition langsam verloren geht.*

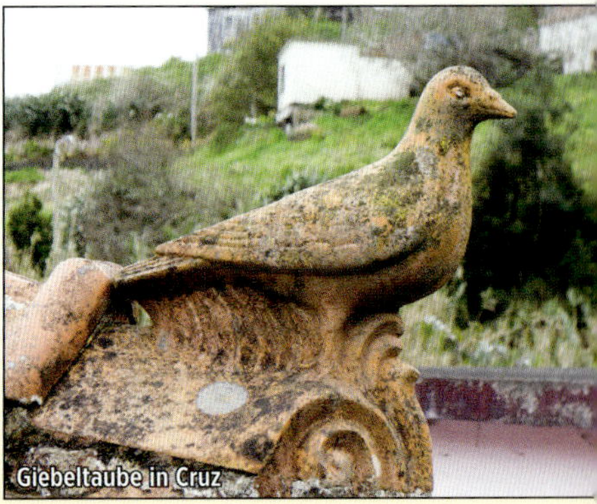
Giebeltaube in Cruz

# Tour 20 3,8 km



# Adlerfelsen

*Start:* Cruz (N 32,7707° W 16,8440°)
*Ziel:* Haltestelle
*Aufstieg:* 493 m
*Abstieg:* 710 m
*Gehzeit:* 2 - 2,5 Std.
*Hartbelag:* 25 %
*Wanderwege:* 0 %
*Wanderpfade:* 75 %

**Charakteristik:** Kurze, aber sehr steile und anstrengende Tour auf den weithin sichtbaren Adlerfelsen. Der Anstieg von Cruz geht auf einem kleinen Pfad und erinnert teilweise mehr an leichtes Klettern, denn an Wandern. Da der Adlerfelsen bewachsen ist, gibt es nur eine eingeschränkte Aussicht in das Tal der Ribeira São Roque. Der Abstieg ist etwas sanfter, dennoch muss man sehr beim Abstieg aufpassen. Sobald Sie in die Heidelandschaft kommen, haben Sie gute Sicht auf Faial. Steinig und felsig abwärts bis in den Ort Penha de Àguia. Von dort nutzen Sie einen alten Verbindungsweg zur Bushaltestelle der Linie 53.

**Variante:** Alternativ kann man zurück zum Startpunkt über eine Asphaltstraße, flotten Schrittes benötigt man zirka eine halbe Stunde.

**An- und Abreise:** Nutzen Sie die Schnellverbindung VE 1, liegt Cruz an der Ausfahrt „Porto da Cruz Oeste", dann Richtung Terra Baptista auf der ER 110. Die Buslinie 53 (SAM) verbindet Faial, Cruz mit Referta, Machico und Funchal.

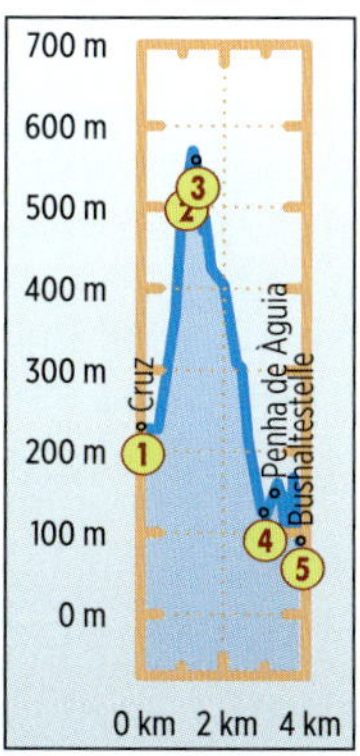


## Cruz

**1** 0,0 (230) Start bei der **Bar Adega da Cruz**, in die **Vereda da Penha de Aguia** einbiegen ⤳ in die nächsten Straße (Caminho da Cruz) rechts, gleich danach auf 3 Stufen aufwärts ⤳ der kleinen Levada folgen ⤳ links die Stufen aufwärts ⤳ bei der Weggabelung rechts ⤳ nochmals rechts ⤳ steiler Anstieg bis Sie schließlich auf den Bergrücken gelangen.

**2** 1,04 (530) Der Weg folgt dem Bergrücken, verläuft leicht rechts davon ⤳ Sie wandern durch Farne und gelangen schließlich zum Gipfel, der mit einer Betonsäule gekennzeichnet ist.

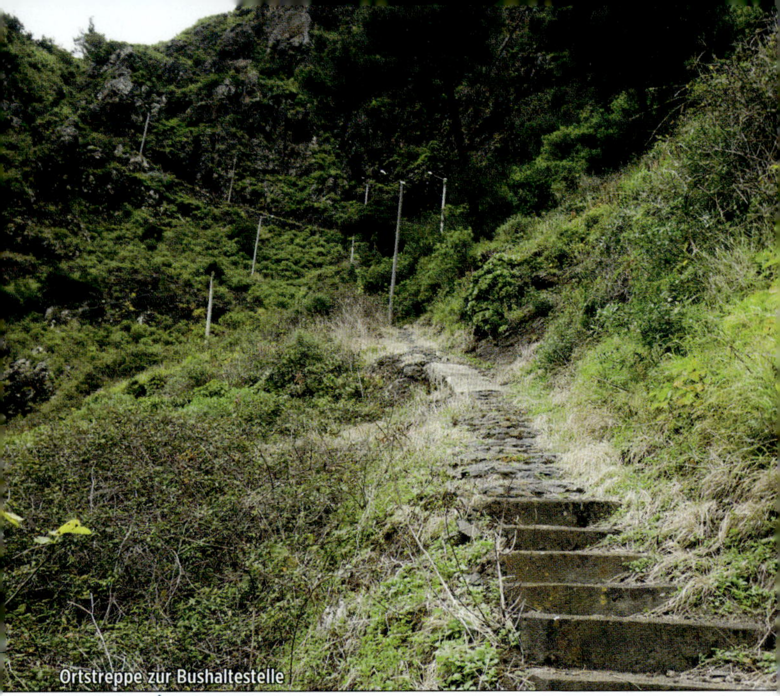
Ortstreppe zur Bushaltestelle

## Penha de Águia (590 m)

**3** 1,3 (590) Vom Gipfel wandern Sie geradeaus weiter ⁓ anfänglich leicht bergab ⁓ bei der nächsten Gabelung rechts ⁓ eine etwas flachere Stelle ist mit Farn bewachsen ⁓ Sie sehen dann bereits hinunter zur Ortschaft ⁓ durch Heidelandschaft abwärts, eine kleine Stelle ist kletternd zu überwinden ⁓ der Weg führt Sie auf eine Asphaltstraße ⁓ Straße queren und Stiegen abwärts.

## Águia de Baixo

**Bar-Restaurante Galé**

**4** 3,0 (124) Von der Bar gehen Sie links, die Asphaltstraße entlang bergauf ⁓ am Ende der Asphaltstraße links, am alten Haus vorbei ⁓ rechts dem beleuchteten Weg folgen ⁓ kurze Zeit später kommen Sie zu einer langen Steintreppe, diese abwärts.

**5** 3,8 (85) Direkt an der Straße befindet sich die Bus-Haltestelle.

Via Expresso

**VARIANTE** Sollten Sie von hier zu Fuß zum Ausgangspunkt zurückwandern wollen, laufen Sie zunächst die VE 1 bis vor dem Tunnelportal aufwärts, dann die ER 110 rechts. Die Streckenlänge beträgt ca. 2 km.

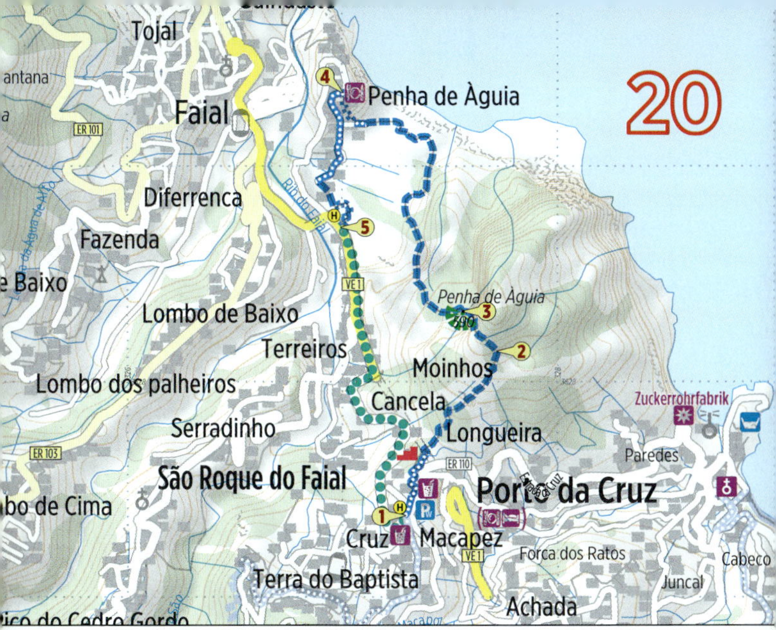


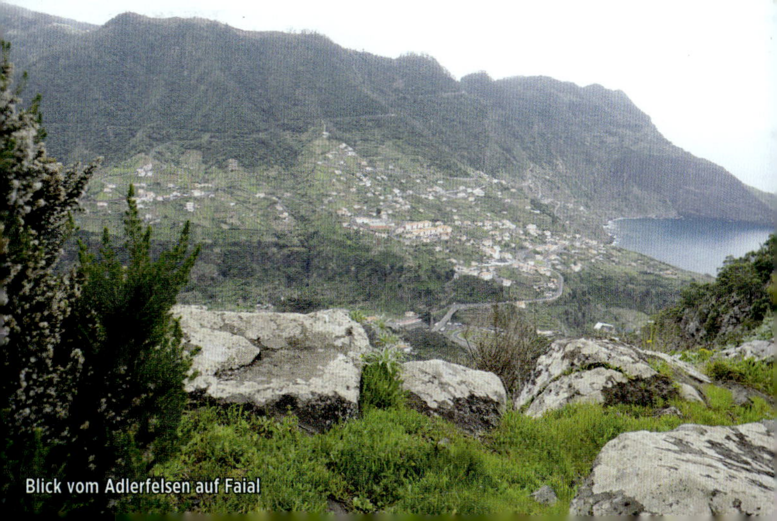

Blick vom Adlerfelsen auf Faial

# Madeiras gebirgige Mitte

**In diesem Teil von Madeira fühlen sich Bergwanderer vermutlich sehr wohl. Beginnend am steilen Nordufer mit ebenso steilen Küstenpfaden gelangt man rasch in das Hochgebirge mit langen Kammwanderungen im schroffen Fels.**



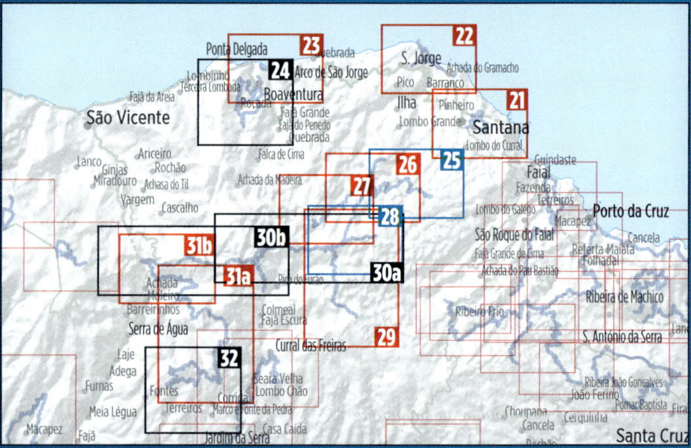

# Tour 21 — 3,9 km



# Santana

*Start:* Santana Rathaus (N 32,8051° W 16,8819°)
*Ziel:* Santana Rathaus

*Aufstieg:* 68 m — *Hartbelag:* 44 %
*Abstieg:* 68 m — *Wanderwege:* 2 %
*Gehzeit:* 1,5 Std. — *Wanderpfade:* 54 %

**Charakteristik:** Eine Stadtwanderung, wie Sie es sicher noch nie erlebt haben! Der Anfang der Tour verläuft noch konventionell, an Rathaus, Stadtpark, Kirche und Polizeistation vorbei. Nun aber biegen Sie in die Levada ab, sind fernab der Stadt in einem engen Seitental. Die Levada dreht, Sie sehen auf den Atlantik hinaus, oder blicken tief hinunter auf die Rocha do Naivo. Kurz danach, in die Wirklichkeit geworfen, überqueren Sie die Via Expresso und deren Zubringer. Eine Wanderminute später haben Sie das Urbane hinter sich gelassen und sind wieder tief im naturbelassenen Flusstal. Über einen alten Steinpflasterweg gelangen Sie wieder auf den Haupthügel des Ortes und auf Asphaltstraßen wieder zurück. Näher kann man das Spannungsfeld zwischen Stadt, Landwirtschaft, Natur und Verkehr nicht erleben!

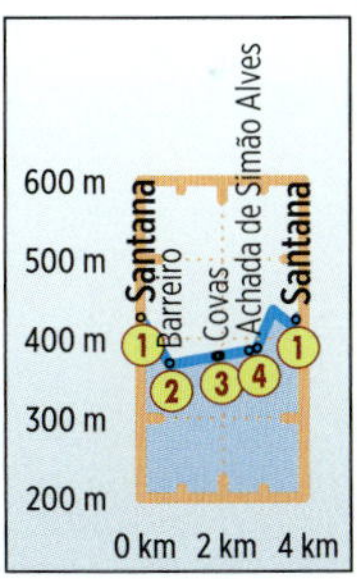


**Markierung:** Keine

**An- und Abreise:** Santana ist über die Via Expresso erreichbar. Die Busse 56 und 138 (Horários) halten in Santana.

## Santana

**Turismo de Santana (Touristen Info)**, Sitio do Serrado, ✆ 291575162. Die Touristeninformation ist in einem der wunderschönen Santanahäuser untergebracht.

**Igreja de Santana (Kirche von Santana)**, R. Santa Ann 5. Diese Kirche ist der Hl. Anna (Santa Ana) geweiht. Damit erhielt der Ort seinen Namen.

**Parque Temático da Madeira**, Fonte da Pedra, ✆ 291570410 Großer Erlebnispark für Familien, thematisiert Natur, Kultur und Unterhaltung auf Madeira. @ ada346

**Teleférico Rocha do Naivo (Seilbahn)** Eine atemberaubende fünf Minuten Fahrt mit der Seilbahn zur Steilküste in das Naturschutzgebiet Rocha do Navio.

**1** 0,0 (420) Die Tour startet vor dem Rathaus, das in einem Park mit interessanten

Santana-Häuschen liegt, die Tourismus-Information ist eines davon. Gegenüber des Rathauses befindet sich eine Apotheke. Sie biegen in die **Rua Dotor João de Almada** links leicht bergab ein ⁓ Sie streifen eine kleine Parkanlage mit Bachlauf und Kinderspielplatz ⁓ an der Kreuzung links ⁓ an der Kirche vorbei und geradeaus ⁓ vor der Polizeistation rechts in die **Rua de Achada do Pampilhar**, an einem privaten Santana-Häuschen vorbei ⁓ an der T-Kreuzung links.

**2** 0,7 (369) Nach 5 Gehminuten wird auf der rechten Seite das Tunnelportal der Schnellstraße sichtbar.

Während auf der linken Seite ein weiteres Santana-Häuschen steht, biegen Sie nach rechts in den betonierten, steilen Güterweg ein ⁓ schon nach wenigen Metern quert die Levada noch oberhalb des Tunnelportals Ihren Weg, folgen Sie nun der Levada nach rechts ⁓ schon bald gelangen Sie zu einer Einspeisung der Levada.

### Levada do Cartinho

Der Weg umläuft den Berg, Sie sehen hinab auf den Atlantik ⁓ Sie überqueren nochmals das Tunnelportal der Schnellstraße und gelangen zur Zubringerstraße.

**3** 1,9 (378) Sie queren die Auffahrt zur Schnellstraße und gehen dann auf einem Pfad, der auf linker Seite direkt neben dieser Straße verläuft ⁓ an einem Zitronenbaum und einer Stiege vorbei gelangen Sie wieder zur Fortsetzung der Levada ⁓ kurz danach finden Sie sich in einem engen, ziemlich naturbelassenen Flusstal wieder

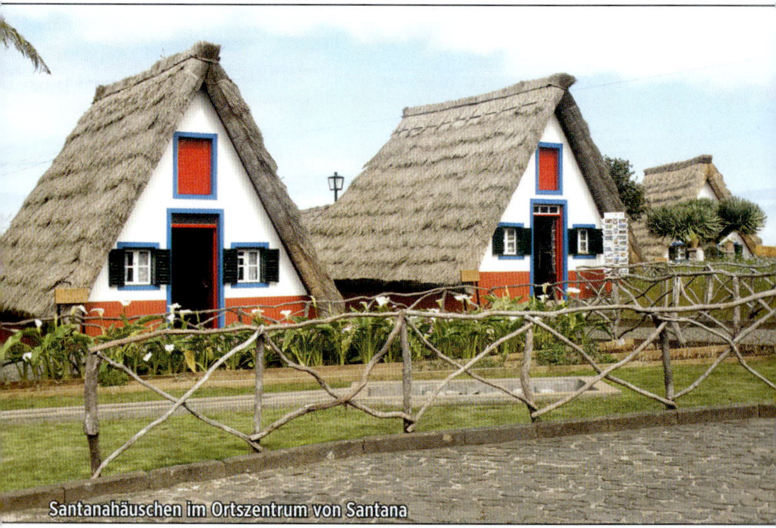

Santanahäuschen im Ortszentrum von Santana

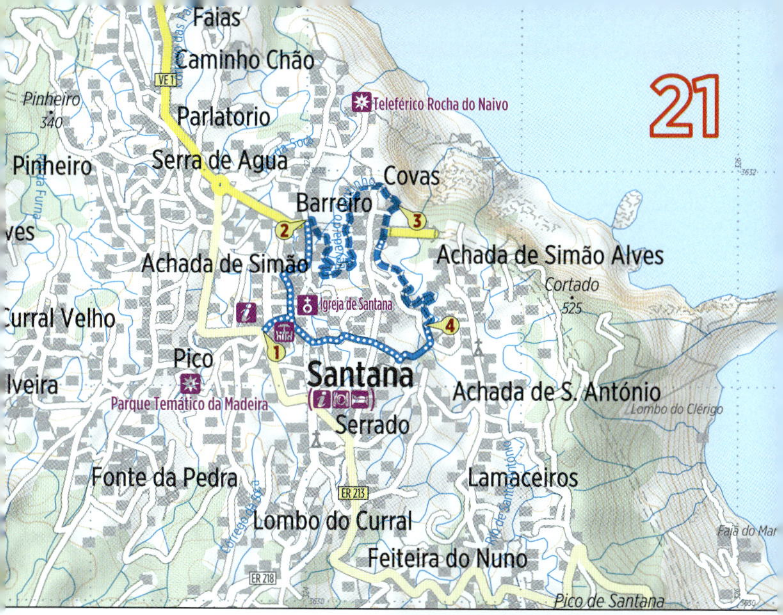


~ bald ist die Levada auf Höhe des Flusses ~ kurz vor der Brücke, wo der Levadaursprung wäre, biegen Sie rechts auf eine Rampe ein und gehen hinauf zur Straße ~ folgen Sie der Straße für 200 m nach links.

**4** 2,84 (388) Bei der nächsten Kreuzung biegen Sie nach rechts leicht bergab in die Sackgasse ein ~ den Fluss queren und auf steingepflastertem Treppen-Weg aufwärts gehen ~ an der Asphaltstraße rechts und nun dem Straßenverlauf folgen ~ vor der Kirche sehen Sie bereits wieder die Parkanlage beim Rathaus, hier rechts.

**1** 3,8 (420) Vor dem Rathaus endet wieder die kleine Tour durch Santana.

**Santana**

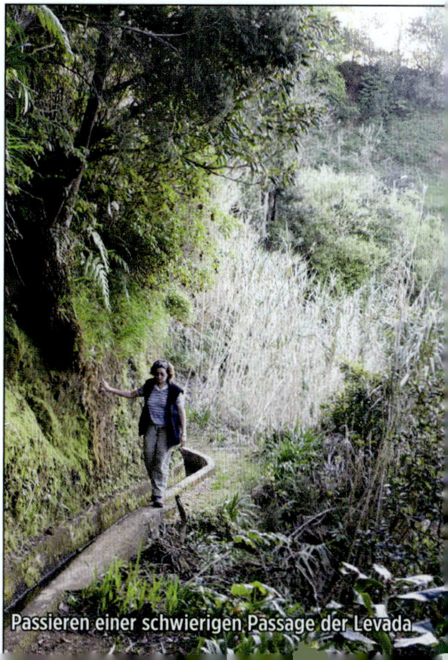
Passieren einer schwierigen Passage der Levada

# Tour 22 3,2 km

# Sao Jorge Runde

*Start:* Sao Jorge (N 32,8308° W 16,9019°)
*Ziel:* Sao Jorge
*Aufstieg:* 441 m *Hartbelag:* 12 %
*Abstieg:* 441 m *Wanderwege:* 0 %
*Gehzeit:* 2 - 2,5 Std. *Wanderpfade:* 88 %

**Charakteristik:** Diese Wanderung führt entlang des alten, steingepflasterten Küstenpfades. Sie starten beim Grillplatz unterhalb des Friedhofes, nach nur kurzer Wanderung auf Asphalt wandern Sie bereits den steilen Pfad mit den gerundeten Stiegen abwärts. Am Küstenpfad angelangt gehen Sie zunächst zur Ponta de Sao Jorge, bewundern die Spitze besser aus der Ferne und wandern den Pflasterpfad wieder zurück. Kurz vor dem Kieselstrand Calhau de São Jorge sehen Sie rechter Hand Ihren steilen Rückweg, wiederum als Pflasterweg. Sie gehen jedoch noch unter einem Torbogen hindurch und zum Strand. Freunde schöner Schwimmbäder sollten hier das dahinter befindliche neue Schwimmbad zur Entspannung nutzen.

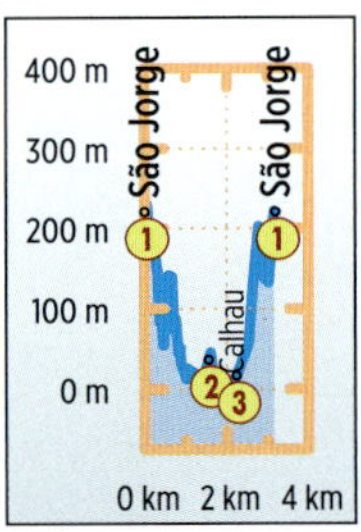


**Variante:** Wer viel Energie übrig hat, kann hinter dem Schwimmbad den Küstenpfad wieder bergauf laufen und zur Belohnung in der bekannten Quinta do Furão im Restaurant einkehren.

**Markierung:** keine

**An- und Abreise:** Entlang der Küstenstraße (VE 1, ER 101, ER 211) bis São Jorge. Per Bus mit der Linie 103 und 138 (Horários) bis zur Kirche, dann rechts abwärts zum Friedhof.

**Parkplätze:** Sowohl am Grill- und Picknickplatz als auch am Friedhof sind genügend Parkplätze vorhanden.

## São Jorge

**Igreja Matriz de São Jorge**, Rua Cardeal D. Teodósio de Gouveia, ✆ 291576526. (1761) Die Kirche beeindruckt mit bemalter Holzdecke und Fliesenbildern. Eine der schönsten Barockkirchen Madeiras. Auch die Sakristei ist sehenswert.

**Calhau de São Jorge**, Sítio do Barranco, ✆ 291576008

**Quinta do Furão**, Estrada Quinta do Furão

EINSTIEG: Falls Sie mit dem Bus anreisen, starten Sie am besten bei der sehenswerten Kirche und

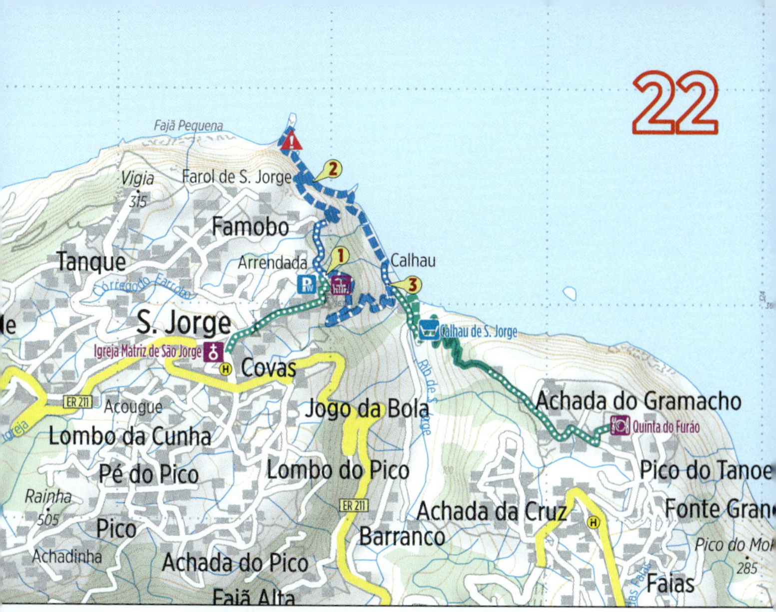


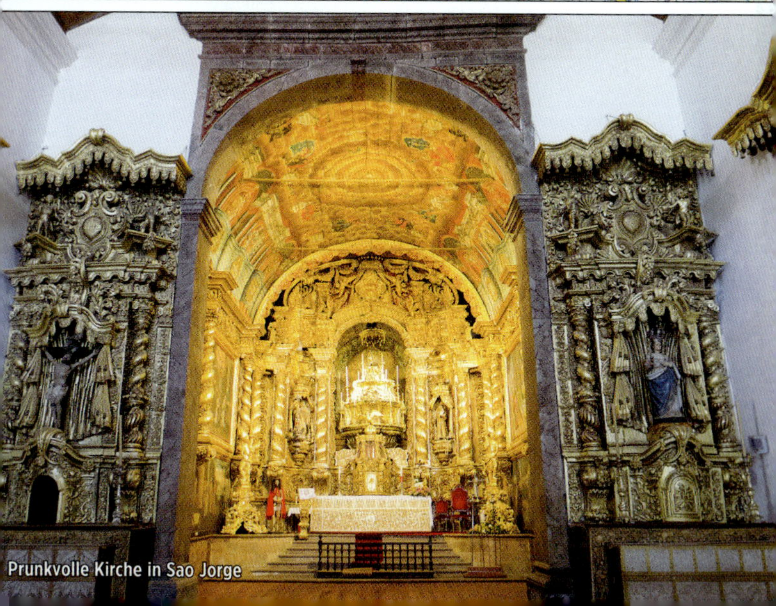
Prunkvolle Kirche in Sao Jorge

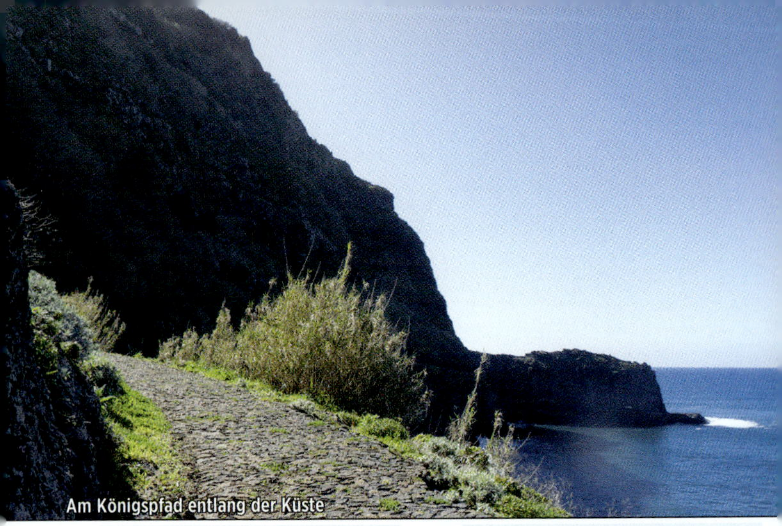

Am Königspfad entlang der Küste

wandern entlang der Dorfstraße leicht aufwärts an einer Kapelle vorbei ⤳ die Rua San Pedro führt zum Friedhof.

**1** 0,0 (220) Start am Grillplatz unterhalb des Friedhofes ⤳ Sie gehen die Straße nach links, also nicht Richtung Calhau/S. Jorge ⤳ in einer Kurve rechts bergab auf Kopfsteinpflaster ⤳ auf flachen Stufen, die auch für Maultiere begehbar waren, stetig bergab.

**2** 1,6 (37) Sie sind nun am Küstenpfad angelangt ⤳ nach links gehen, in Richtung **Ponta de Sao Jorge** am besten nur bis zur Absperrung ⚠ und lassen die Atmosphäre des Ortes wirken ⤳ Sie wandern nun entlang des Küstenpfades in entgegengesetzter Richtung.

**2** 2,0 (37) Bei der Abzweigung geradeaus weiter ⤳ über eine Brücke.

TIPP

Bevor Sie wieder steil aufwärts gehen, genießen Sie die Praia de Sao Jorge. Gehen Sie links durch das Steintor, lassen das Meer wirken, oder gehen bis zur Brücke, wo ein besonders schönes Meeresschwimmbecken errichtet wurde.

**Calhau de São Jorge**

VARIANTE

Sollten Sie noch Kräfte übrig haben, wandern Sie hinter dem neuen Meeresschwimmbecken die antike Straße wieder aufwärts, am Hügel angelangt folgen Sie geradeaus der Asphaltstraße und gelangen zum bekannten Restaurant Quinta do Furao.

**Quinta do Furão,** Estrada Quinta do Furão nº6 , ✆ 291-570100r

**3** 2,3 (17) Kurz nach der Brücke am Ufer biegt der historische Steinpflasterweg rechts bergauf ab.

**1** 3,1 (221) Nach einigen schweißtreibenden Biegungen gelangen Sie wieder zum Picknick- und Grillplatz.

**São Jorge**

Tour 23 3,4 km



# Küstenweg bei Arco de Sao Jorge

*Start:* Arco de Sao Jorge (N 32,8247° W 16,9603°)
*Ziel:* Arco de Sao Jorge
*Aufstieg:* 268 m *Hartbelag:* 0 %
*Abstieg:* 268 m *Wanderwege:* 30 %
*Gehzeit:* 1 Std. *Wanderpfade:* 70 %

**Charakteristik:** Bei Arco de Sao Jorge ist ebenso wie bei Sao Jorge ein Teil des antiken Weges erhalten geblieben. Zunächst wandern Sie hoch über dem Meer auf einer eigenen Terrasse, an Weingärten vorbei. Ab einer Felsnase geht es im steilen Zick-Zack auf dem alten Pflasterweg mit gerundeten Stufen für die Maultiere bergab. Bei der alten Steinbrücke überqueren Sie die Ribeira do Porco, dann geht es sanft aufwärts zum Restaurant in Sao Cristováo. Zurück kommen Sie entweder gestärkt zu Fuß, lassen im Restaurant ein Taxi rufen oder gehen in das 2 km entfernte Bovantura zur Bushaltestelle.

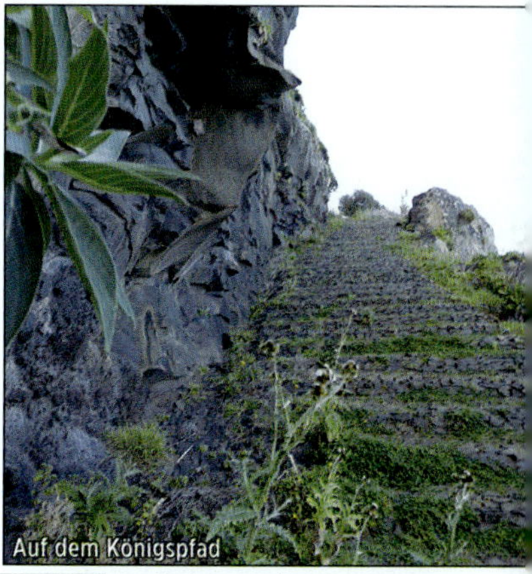

Auf dem Königspfad

**Markierung:** keine

**An- und Abreise:** Arco de Sao Jorge liegt an der ER 101. Die Buslinien 103, 138 (Horários) und 6 (Rodeoeste) verkehren nur zu den Tagesrandzeiten verstärkt, sind daher leider nur bedingt zu empfehlen. Der Parkplatz beim Restaurant ist eigentlich nur für Gäste vorgesehen.

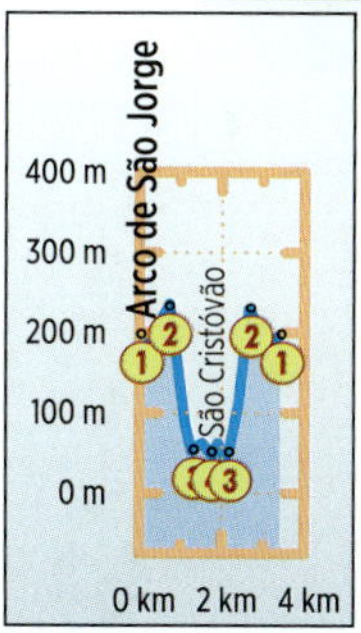


## Arco de São Jorge

**Bar-Restaurante o Arco,** Sítio do Enseada, ✆ 291-578149r

**1** 0,0 (195) Sie starten beim **Restaurant o Arco**, der Weg führt links zwischen dem Lokal und Weingärten hindurch ⤳ der Weg verläuft

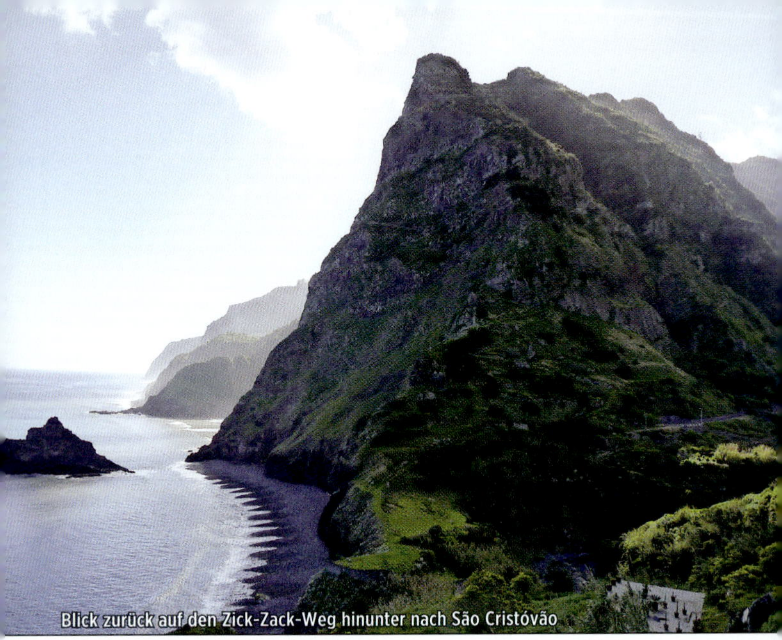

Blick zurück auf den Zick-Zack-Weg hinunter nach São Cristóvão

auf einer eigenen Terrasse entlang und ist im Ort zunächst beleuchtet.

**2** 0,7 (230) Ab der Felsnase, von dem sich ein traumhafter Weitblick von **Porto Moniz** bis **Santa Cruz** und Adlerfelsen bietet, beginnt Ihr Abstieg, weiterhin auf dem alten Pflasterweg ⇝ in engen Serpentinen abwärts ⇝ Sie folgen dem Weg bergab, ignorieren die Abzweigung zur kleinen Straße und gehen talwärts bis zur Brücke.

**3** 1,3 (52) Sie überqueren den Ribeira do Parco auf einer alten Natursteinbrücke und gehen die kleinen Steinstufen aufwärts ⇝ entlang der Steinmauer ⇝ sobald sich die Steinmauer zur Betonmauer verändert, biegen Sie rechts ab, ein kleines Schild zeigt Richtung **Restaurante/Bar** ⇝ über eine kleine Wiese.

### São Cristóvão (Boaventura)

**Restaurante São Cristóvão**, Sítio de São Cristovão, ✆ 291862066

**4** 1,7 (50) Sie erreichen schließlich das **Restaurante São Cristóvão**. Auf bekanntem Weg zurück.

**1** 3,4 (195) Nach mühsamem Anstieg erreichen Sie den Start beim **Restaurant o Arco**.

### Arco de São Jorge

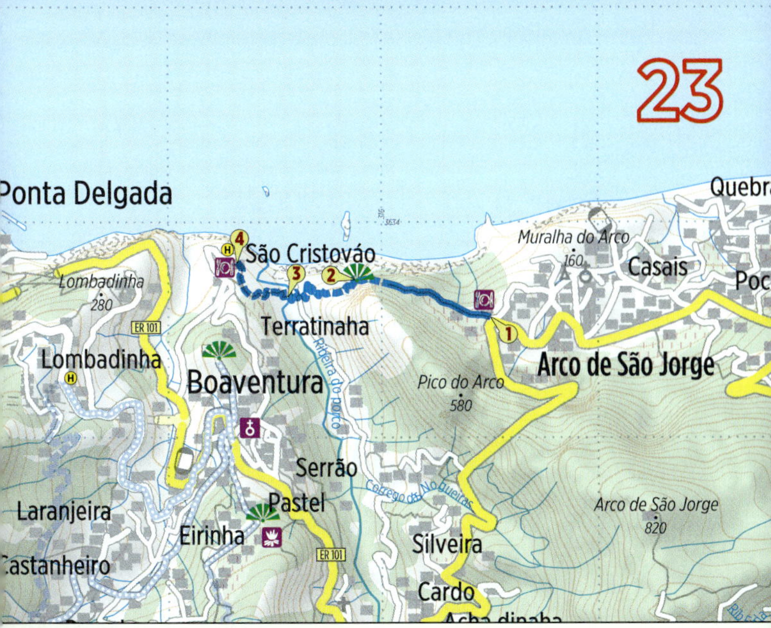


# Königswege auf Madeira

*Den Gedanken, dass ein gutes Wegenetz die Landwirtschaft und den Handel verbessert, hatten Politiker schon seit Jahrhunderten. Ende des 19. Jahrhunderts gab der portugiesische König den Auftrag, ein umfangreiches Netz von Pflasterwegen anzulegen, so auch einen Küstenweg. Mauern wurden errichtet, und darüber eine Pflasterung aus Basaltsteinen gelegt. Leider hat der moderne Straßenbau viel von dem alten Weg zerstört, manche Abschnitte blieben jedoch erhalten.*

Tour 24 7,2 km

# Rund um Boaventura

*Start:* Boaventura, Kirche (N 32,8198° W 16,9732°)
*Ziel:* Boaventura, Kirche
*Aufstieg:* 325 m *Hartbelag:* 35 %
*Abstieg:* 325 m *Wanderwege:* 0 %
*Gehzeit:* 3 - 3,5 Std. *Wanderpfade:* 65 %

**Charakteristik:** Diese recht unbekannte, aber trotzdem besonders schöne Tour führt an zwei Levadas vorbei, die beide im selben Bach ihren Ursprung haben! Vom Ort Boaventura wandern Sie zunächst auf Stiegen bergauf bis zu einer grandiosen Aussicht. Ein Pfad führt Sie schließlich zur Levada, der Sie durch den dichten Wald flussaufwärts folgen. Der Levadaursprung ist ein romantischer Platz mit verschiedenen Bachläufen und kleinen Wasserfällen. Der Weg folgt dann dem Bach abwärts, ein kleines Stück wandern Sie direkt im Bachbett, danach auf schönem Wiesenweg. Rechtzeitig zum Bach zurückgekehrt sind Sie beim nächsten Levadaursprung. Nun folgen Sie der naturbelassenen Levada flussabwärts, an Äckern vorbei, immer mit traumhafter Sicht auf Boaventura und Umgebung. Kurz vor Lombadinha wechseln Sie auf die Asphaltstraße und wandern die kurze Strecke nach Boaventura wieder zurück.

**Abkürzung:** Die Wanderung entlang der zweiten Levada kann abgekürzt werden, der Weg ist immer sichtbar.

**Markierung:** Wegweiser Origem da Levada

**An- und Abreise:** Die Buslinie 6 (Rodeoeste) hat teilweise sehr lange Intervalle!

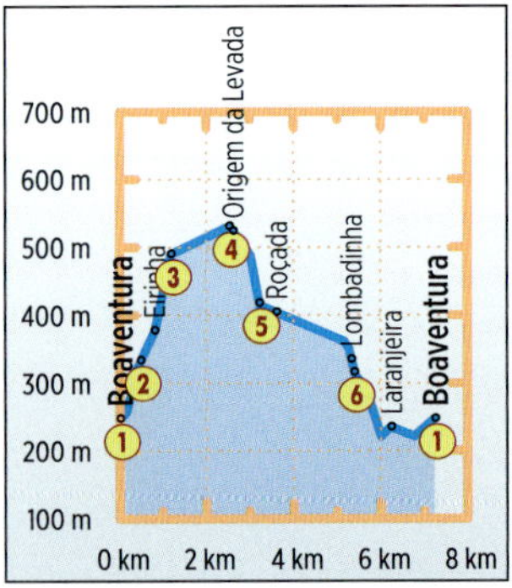


**Parkplätze:** beim kleinen Friedhof

**Boaventura**

**1** 0,0 (247) Sie starten an der Kirche ⤳ leicht bergauf um zur ER 101 zu gelangen, hier links ⤳ an der ER 101 steht eine Telefonzelle, direkt gegenüber auf Stufen aufwärts, Schild mit „Origem da Le-

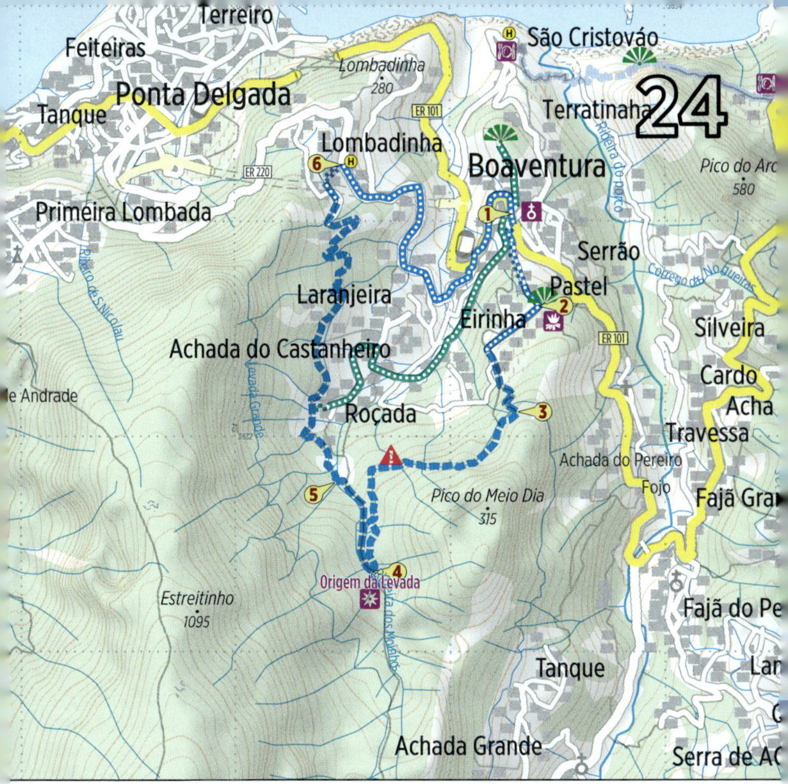


vada" ⁓ Sie gelangen kurz danach auf einen Weg, wenige Meter bei der nächsten Straßenkreuzung befindet sich ein kleiner Trinkbrunnen, hier links den Treppenweg bergauf ⁓ Sie kommen an das Ende einer Straße mit einem wunderschönen Rast- und Grillplatz.

**2** 0,6 (333) Sie folgen nun der Asphaltstraße ⁓ kurz nach der Kurve links ein paar Stein-Stufen aufwärts (**Origem de Levada**) und dem schmalen Pfad folgen, zunächst geradeaus entlang einer Mauer ⁓ bei der Gabelung des Pfades links bergauf, Sie gelangen an einer kleinen Wiese vorbei ⁓ gleich danach kommen Sie in den Wald und zu einer alten Levada, hier rechts ⁓ kurz danach folgen Sie dem Pfad nochmals links aufwärts.

**3** 1,2 (490) Beim Wegweiser an der Levada gehen Sie nun nach rechts, weiter Richtung **Origem de Levada** ⁓ der nun folgende Wegabschnitt ist problemloser im Wegverlauf, Sie folgen einfach der schattigen Levada

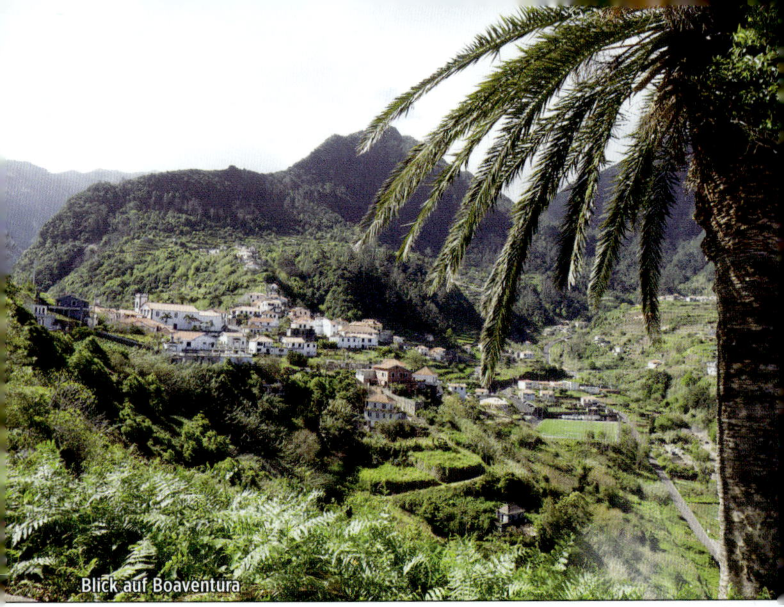

Blick auf Boaventura

⤳ schon bald ist der Weg ein wenig ausgesetzter ⤳ bei einem kurzen felsigen Abschnitt wandern Sie durch ein Felstor ⤳ ⚠ hier können nun stellenweise schwierige Stellen auftreten!

**4** 2,5 (530) Sie gelangen immer tiefer in das Seitental, nach rechts biegt im spitzen Winkel ein Weg ab, den Sie dann zurück gehen werden ⤳ zuvor gehen Sie aber noch 100 m geradeaus weiter bis zum Levada-Ursprung.

**Origem da Levada**

*Ein Bach wird hier in die Levada geleitet. Nur wenige Meter dahinter fließen mehrere Bäche zusammen. Das ist einer der besonders schönen Plätze der Insel.*

Gehen Sie nun wieder zurück bis zur Gabelung ⤳ links abwärts ⤳ jetzt beginnt der Wegabschnitt, der ein bisschen Geschick beim Gehen erfordert: Sie queren zunächst den Bach ⤳ dann dem Bach folgen ⤳ für kurze Zeit wandern Sie im Bachbett, indem Sie über die großen Steine hüpfen ⤳ der Pfad verlässt sichtbar den Bach, nun folgen Sie dem Pfad entlang der Steinmauer ⤳ der Weg verläuft lieblich im Tal, zeitweise ist er recht durchnässt ⤳ Sie wandern durch eine Wiese, auf der häufig Ziegen weiden ⤳ Sie nähern sich dem besiedelten Gebiet, bei der ersten Hausruine (aber vor der ersten Wellblechhütte) biegen Sie links in den Pfad abwärts ein ⤳ an einer weiteren Ruine vorbei zum kleinen Wasserfall und dem nächsten Levada-Ursprung.

**5** 3,2 (418) Da die Levada auf der anderen Bachseite abgeleitet wird, müssen Sie nun kletternd den Bach überqueren, am einfachsten geht dies unterhalb der Betonmauer ⇝ der nun folgende Abschnitt ist wieder einfacher, Sie folgen dieser Levada, die im Gegensatz zu vielen anderen kein durchgehendes steinernes oder betoniertes Bett hat ⇝ ein kleiner Wasserfall erschwert den Weg entlang der Levada, dem lässt sich aber ausweichen.

VARIANTE Sie sehen nun unterhalb von sich eine Asphaltstraße, die direkt nach Boaventura führt.

Wer hingegen diese besonders aussichtsreiche Levadawanderung weiterhin wandernd genießen möchte, folgt weiter der Levada ⇝ Sie nähern sich dem Ort, erkennbar daran, dass der Levadaweg eine Straßenbeleuchtung aufweist, und asphaltiert ist ⇝ kurz entlang der Straße ⇝ beim kleinen betonierten Parkplatz rechts den beleuchteten Stufenweg abwärts zur Straße und Bushaltestelle.

**6** 5,4 (316) Sie folgen der ER 220 bergab ⇝ zum Ort rechts haltend bergauf.

**1** 7,2 (247) In **Boaventura** vor der Kirche endet Ihre Rundtour.

**Boaventura**

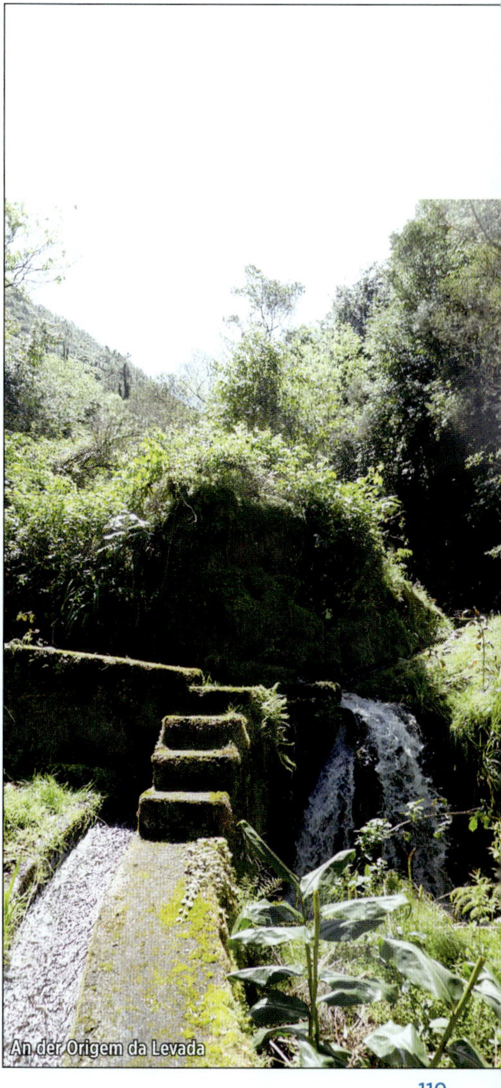

An der Origem da Levada

## Tour 25 — 3,5 km

# Spaziergang zum Picknickplatz Queimadas

*Start:* Pico das Pedras (N 32,7798° W 16,8970°)
*Ziel:* Pico das Pedras
*Aufstieg:* 10 m — *Hartbelag:* 0 %
*Abstieg:* 10 m — *Wanderwege:* 100 %
*Gehzeit:* 1,5 Std. — *Wanderpfade:* 0 %

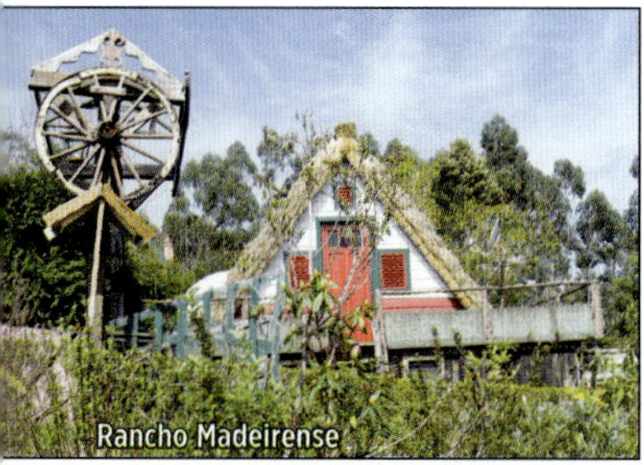

Rancho Madeirense

**Charakteristik:** Ziel dieser kurzen Tour ist ein bei den Madeirensern sehr beliebter Picknickplatz. Auch der Weg selbst erfreut sich größter Beliebtheit.

Dieser Spaziergang entlang einer Levada kann von wirklich jedem bewandert werden, selbst Rollstühle und Kinderwägen sollten kein Problem darstellen. Nicht umsonst wird der Weg auch offiziell als „Caminho para todos" – „Weg für alle" beworben. Auf einem breiten Weg und mit durchgängigem Geländer wandern Sie durch den dichten, schattigen Wald eben entlang der Levada. Schließlich gelangen Sie in den Parque das Queimadas, eine traumhafte Anlage mit strohgedeckten Häusern, Rast- und Grillplätzen. Auf demselben Weg wandern Sie nachher wieder zurück.

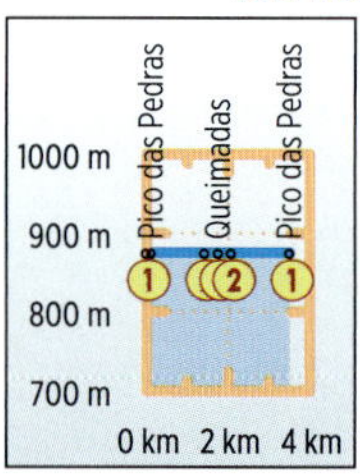


**Markierung:** Wegweiser
**Parkplätze:** Parkplatz von der Rancho Madeirense
**Markierung:** von Santana durch den Ort, dann Richtung Pico das Pedras

### Rancho Madeirense

**Snack-Bar in der Rancho Madeirense,** eine kleine Ferienanlage mit Häusern im Santana Baustil

**1** 0,0 (876) Sie starten am Parkplatz vor der **Rancho Madeirense**, gehen unterhalb der kleinen Ferienhäuschen vorbei, auf breitem Weg dahin ⇝ der Weg verläuft durch den schatti-

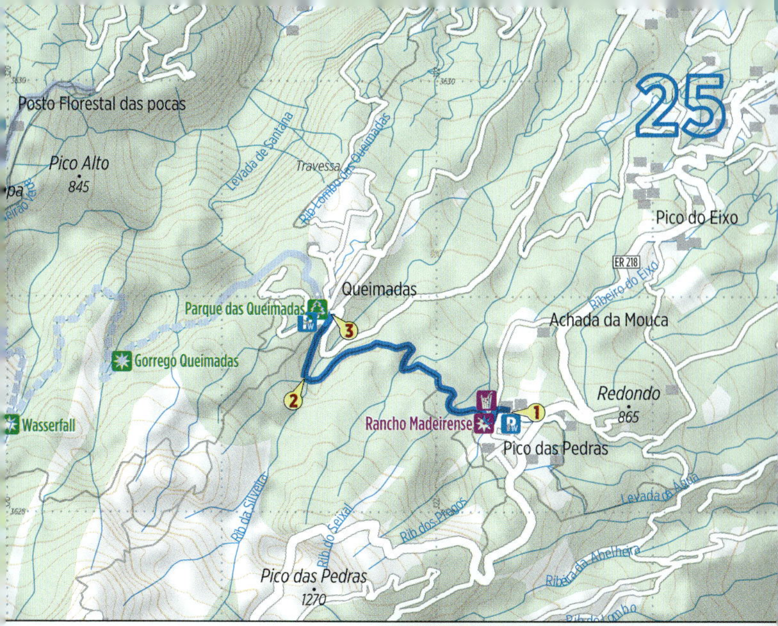


gen Wald ~ entlang der kompletten Strecke ist ein Geländer montiert, die Rutschgefahr durch den lehmigen Bodenbelag ist bei Nässe nicht zu unterschätzen.

**2** 1,4 (876) Sie queren einen Bach auf einer Brücke und folgen dem Weg.

## Queimadas

**Parque das Queimadas**. Ein kleiner Naturpark mit Picknick- und Grillplätzen

**3** 1,8 (876) Am kleinen Parkplatz vorbei gelangen Sie in den Naturpark von Queimadas. Auf gleichem Weg zurück.

**1** 3,5 (876) Ende der Tour an der Rancho Madeirense.

## Rancho Madeirense

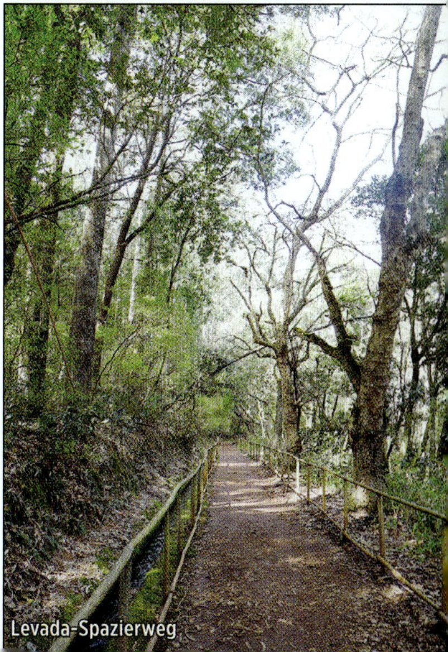

Levada-Spazierweg

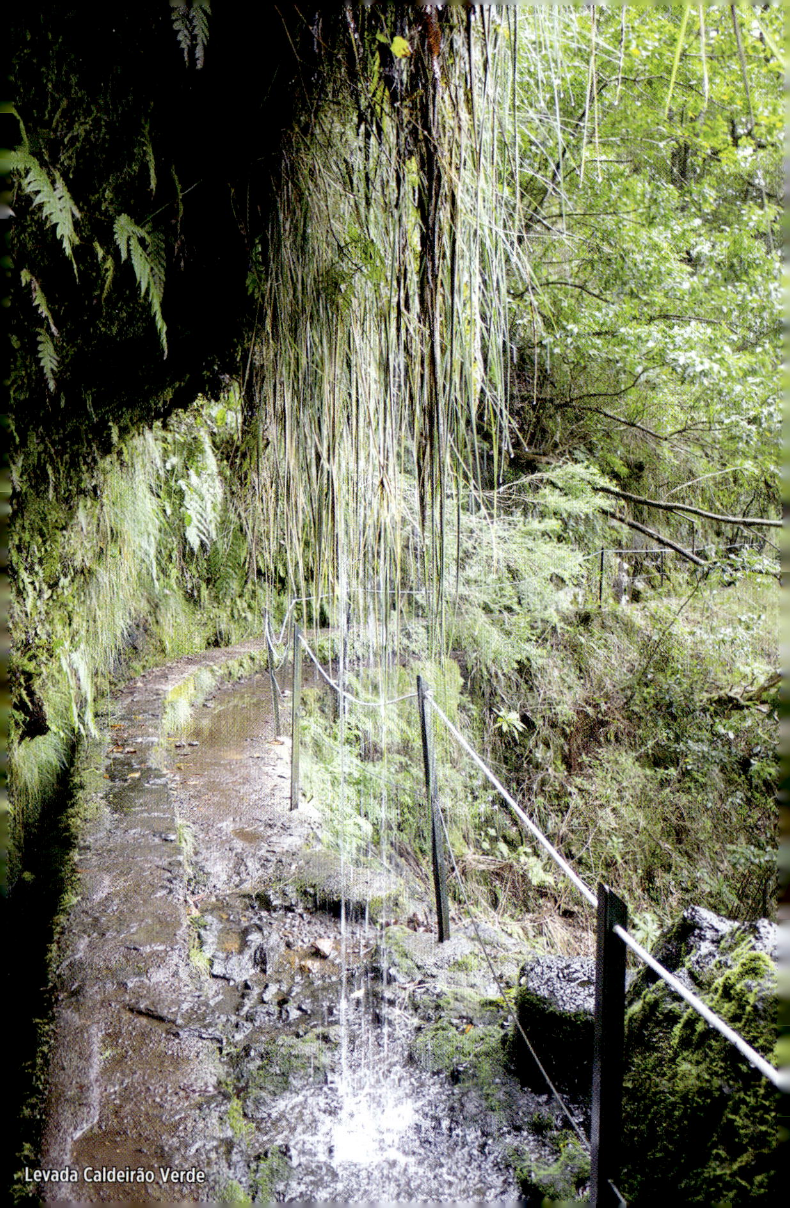

Levada Caldeirão Verde

# Tour 26 11,8 km

# Levada Caldeirão Verde



*Start:* Queimadas (N 32,7838° W 16,9059°)
*Ziel:* Queimadas
*Aufstieg:* 45 m *Hartbelag:* 8 %
*Abstieg:* 45 m *Wanderwege:* 15 %
*Gehzeit:* 4 - 4,5 Std. *Wanderpfade:* 77 %

**Charakteristik:** Bei dieser Tour wandern Sie entlang der Levada durch feuchte Lorbeerwälder, Farne und Moose sind Ihre Wegbegleiter durch diese ursprüngliche Landschaft. Nach dem Wasserfall Gorrego Queimadas sind insgesamt vier Tunnel zu durchwandern, im dritten Tunnel lädt ein Fenster zur Aussicht ein. Der Weg durch das sehr steile Gelände ist ausgesetzt, aber an allen wesentlichen Stellen mit Geländer gesichert. Ziel der Wanderung ist der dunkelgrüne, moosüberwachsene Kessel Caldeirão Verde, von oben ergießt sich das Wasser unzähliger Bahnen gleich in einen smaragdgrünen Teich.

**Tipp:** Taschenlampe mitnehmen!

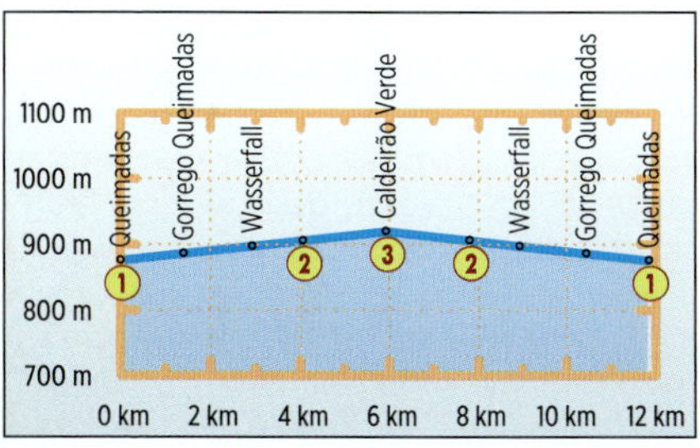


**Hinweis:** Wer noch mehr spektakuläre Eindrücke sammeln möchte, kann von hier auf Tour 27 weiter wandern, die vom Caldeirão Verde auf ähnlich schwerer Strecke ins Caldeirão Inferno führt.

**Markierung:** Wegweiser

**An- und Abreise:** Aufgrund der schlechten Straße von Santana ist es empfehlenswert, mit dem Auto zur Rancho Madeirense zu fahren, und von dort nach Queimadas zu gehen (Tour 25). Leider keine Busverbindung, aber Taxis in Santana.

**Parkplätze:** in Queimadas.

### Queimadas s. S. 121

**1** 0,0 (876) Sie starten am Parkplatz, gehen neben dem Forsthaus von **Queimadas** vorbei und bewundern die kleinen Santanahäuschen für Enten ⁓ den kleinen Bachlauf queren ⁓ weiter entlang der Levada ⁓ eine erste Engstelle, die **Gorrego Queimadas,** kann und sollte durch das kleine Seitental umgangen werden ⁓ die nächsten Engstellen können zwar nicht

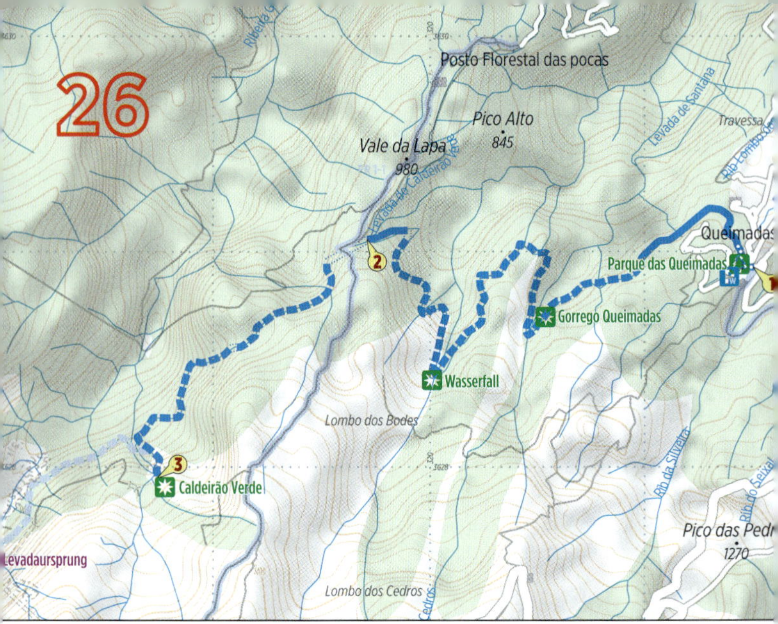


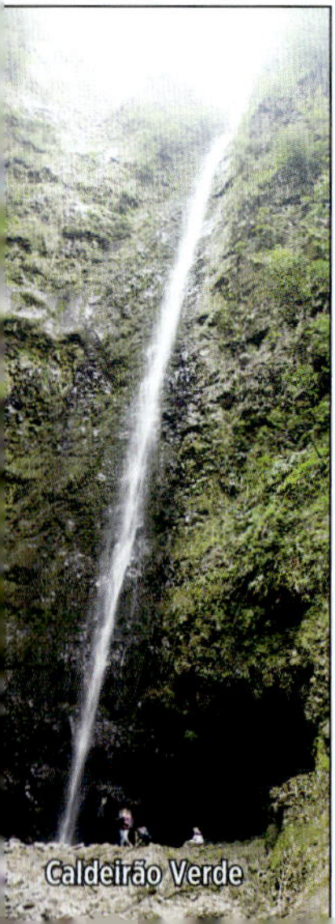
Caldeirão Verde

umgangen werden, sind aber gesichert ~ besonders beeindruckend ist der Weg durch ein Felsentor ~ an einem Wasserfall vorbei ~ Felsennase ~ durch einen kleinen Tunnel.

**2** 4,0 (905) Hier quert der offiziell markierte Weg PR 1.1, eine Aufstiegsvariante auf den **Pico Ruivo**, Sie gehen jedoch links weiter Richtung **Caldeirão Verde**, durch einen recht niedrigen Tunnel hindurch ~ kurz danach gelangen Sie zu einer Stelle, wo Sie eine kühle Dusche erwartet, ein kleiner Wasserfall ergießt sich genau über den Levadaweg ~ zwei weitere kleinere Tunnel müssen Sie noch durchqueren ~ ein kurzes, gesichertes Steilstück folgt.

### Caldeirão Verde

**3** 5,9 (920) Bei der Betoneinfassung, die auch gerne als Pausenplatz genutzt wird, ist der Eingang zum **Caldeirão Verde** ~ zweigen Sie links ab ~ gehen Sie noch steil hinauf, bis Sie im engen Talkessel des Caldeirão angelangt sind ~ nun zurück.

**1** 11,8 (876) Im Naturpark endet die eindrucksvolle Tour.

### Queimadas

# Tour 27 4,8 km



# Caldeirão do Inferno

*Start:* Caldeirão Verde (N 32,7756° W 16,9357°)
*Ziel:* Caldeirão Verde
*Aufstieg:* 100 m
*Abstieg:* 100 m
*Gehzeit:* 2 - 2,5 Std.
*Hartbelag:* 18 %
*Wanderwege:* 0 %
*Wanderpfade:* 82 %

**Charakteristik:** Die Wanderung ins Caldeirão Verde kennt für unerschrockene, schwindelfreie und trittsichere Wanderer noch eine Steigerungsform: Caldeirão do Inferno. Diese Tour ist die Fortsetzung von Tour 26, beginnt am Portal des Caldeirão Verde. Die Strecke führt anfänglich entlang von Felsen, ist ähnlich ausgesetzt wie die Vortour! Der Weg führt schließlich zu einer feuchten und rutschigen Steinstiege, der Sie steil aufwärts folgen. Mitten im Fels stoßen Sie auf mehrere Tunnel, wandern an einem Wasserbecken vorbei und folgen der Levada in schwindelerregender Höhe durch einen kleinen Wasserfall und durch Höhlen mit Galeriefenstern. Sie passieren dann eine der infernalsten Stellen von Madeira, die enge Klamm der Ribeira Grande, die Sie auf Metallbrücken überqueren, daneben tost der Wasserfall. Ein weitere Strecke von kurz hintereinanderfolgenden Tunnel führt Sie aus dieser Enge heraus in den breiten, grünen Kessel des Caldeirão do Inferno, mit besonders hohen Felswänden.

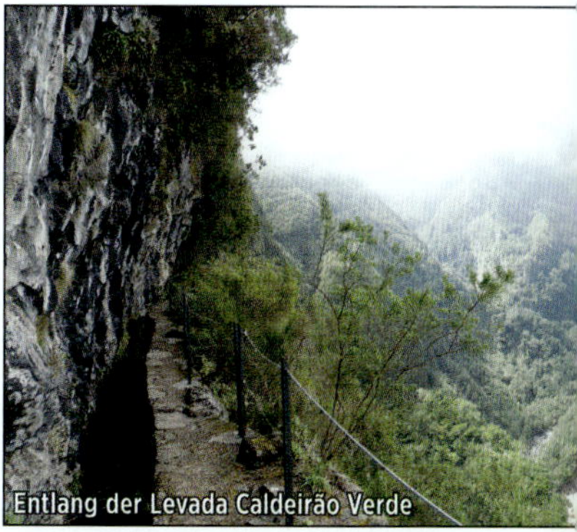
Entlang der Levada Caldeirão Verde

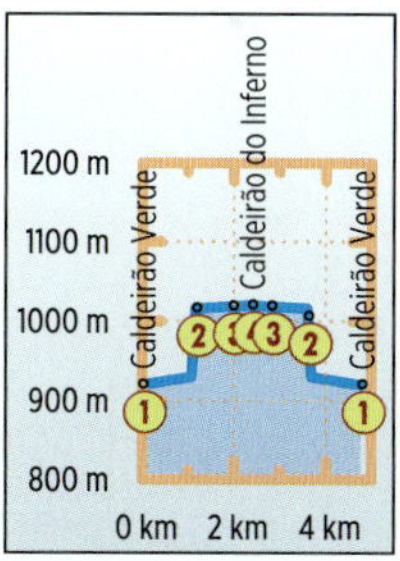


**Tipp:** Taschenlampe mitnehmen!

**Markierung:** keine

**An- und Abreise:** Anschlusstour an Tour 26, siehe dortige Informationen.

### Caldeirão Verde

**1** 0,0 (920) Sie starten bei der Betoneinfassung,

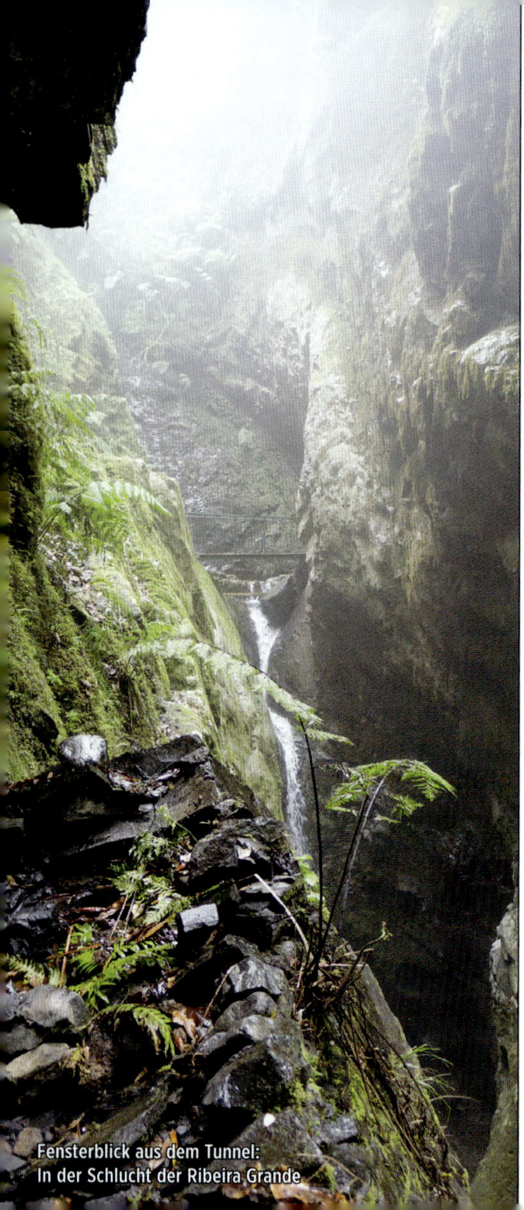

Fensterblick aus dem Tunnel:
In der Schlucht der Ribeira Grande

quasi am Portal des **Caldeirão Verde** ⤳ der Weg folgt weiterhin der Levada, dazu queren Sie das Seitental ⤳ an einer Felsnase vorbei ⤳ knapp 15 Gehminuten später gelangen Sie zu einem nicht begehbaren Abschnitt, an der bemoosten Wand sind Teile des Levadaweges zerstört, Sie umgehen den Weg über einen gestuften Pfad.

**2** 1,17 (930) Wenige Minuten später kommen Sie zu einer Stiege, die Sie links bergauf gehen.

TIPP Wer hier geradeaus weiter geht, gelangt nach 50 m zum Levadaursprung in einem beeindruckenden Seitental mit schönem Wasserfall.

Auf besonders steilen, und rutschigen Stufen aufwärts ⤳ Sie gelangen zu den Tunneln der **Levada do Pico Ruivo** ⤳ Sie nehmen den rechten Tunnel (der mit den Eisenbahnschienen), verlassen diesen aber sofort wieder rechts und wandern an einem großen Betonwasserbecken vorbei ⤳ nun folgen Sie der kleinen Levada ⤳ nach einer

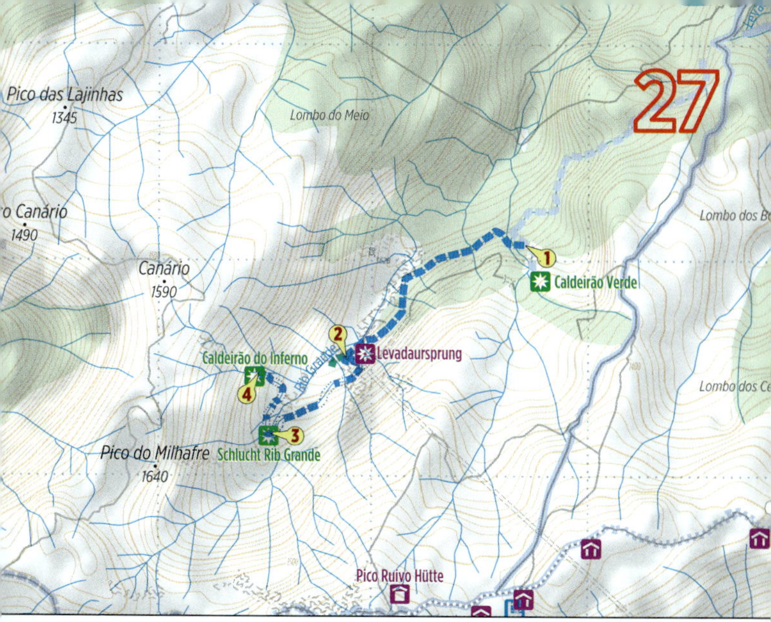


kleinen Wasserfallbdusche gelangen Sie in den nächsten Tunnel ~ im Tunnel an einem Fenster vorbei ~ nun durch einen weiteren Tunnel mit 4 Fenstern, hier können Sie schon vorsichtig in die Schlucht der Ribeira Grande blicken, im Tunnel hören Sie schon das Tosen, der Weg im Tunnel steigt nun an und geht durch ein enges Tor ins Freie.

**3** 2,0 (1.018) Gleich nach dem Tunnelende stehen Sie im Kessel der Schlucht der **Ribeira Grande**, eine der faszinierendsten Stellen auf der Insel ~ Sie überqueren zwei enge Stahlbrücken mit Geländer ~ nun durch einen besonders engen Spalt zwischen der Betonmauer und dem nächsten 100 m langen Tunnel, beleibtere Wanderer oder Personen mit Rucksack werden sich hier schwerer tun ~ ein 15 m langer Tunnel bildet den Abschluss einer Kette von drei kurz hintereinander folgenden Tunnel ~ dann folgen Sie der lieblichen Levada in den Talkessel hinein ~ für kurze Zeit verabschiedet sich die Levada in einer Rohrleitung, kurz danach kommen Sie zu der Betoneinfassung und dem Levadaursprung ~ hier stehen Sie nun vor der grünen Felswand.

### Caldeirão do Inferno

**4** 2,4 (1.020) Aus diesem Höllenkessel führt kein Weg weiter, Sie müssen nun auf demselben Weg wieder zurück.

**1** 4,8 (919) Am Portal des **Caldeirão Verde** endet die Tour.

### Caldeirão Verde

## Tour 28 — 5,4 km

# Spaziergang auf den Pico Ruivo

*Start:* Achada do Teixeira (N 32,7649° W 16,9210°)
*Ziel:* Achada do Teixeira

| | | | |
|---|---|---|---|
| *Aufstieg:* | 400 m | *Hartbelag:* | 39 % |
| *Abstieg:* | 400 m | *Wanderwege:* | 0 % |
| *Gehzeit:* | 2,5 - 3 Std. | *Wanderpfade:* | 61 % |

**Charakteristik:** Der höchste Gipfel von Madeira lässt sich auf einem bequemen Pflaster-Stufenweg besteigen. Das bedeutet aber nicht, dass diese Tour nicht anstrengend oder nicht einen Besuch wert ist. Beginnend bei der Felsformation Homem em Pé wartet die Tour, die Ähnlichkeiten mit einer Gratwanderung hat, mit vielen schönen Aussichtpunkten auf. Die Pico Ruivo Hütte ist eine Art Zwischenstation vor dem 15 Minuten dauernden Gipfelsturm auf den Pico Ruivo.
**Markierung:** PR 1.2 Vereda do Pico Ruivo
**An- und Abreise:** Auf einer Bergstraße von Santana über den Pico da Pedras gelangen sie zum Startpunkt (Bergstraße nur von 6-21 Uhr geöffnet). Leider keine öffentlichen Verkehrsmittel.
**Parkplätze:** Großer Parkplatz.

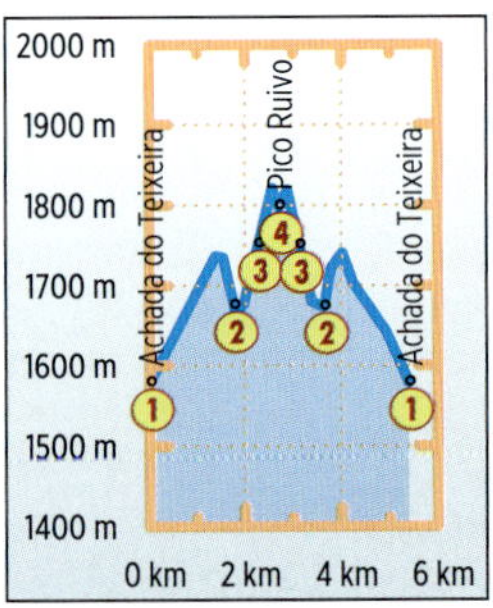


### Achada do Teixeira

AUSFLUG: Links unterhalb des Parkplatzes gelangen Sie zu einem Aussichtspunkt. Zusätzlich können Sie die Basaltformation Homem em Pé (der steinerne Mensch) bewundern.

**1** 0,0 (1.580) Start am Parkplatz der **Achada do Teixeira** ⇝ Sie folgen der Wegmarkierung Richtung **Pico Ruivo**, stetig bergauf ⇝ an einem Unterstand aus Stein vorbei ⇝ Sie queren einen weiteren gemauerten Picknickplatz mit Trinkwasserquelle
**2** 1,7 (1.675) Sie lassen die Abzweigung des Weges PR 1-1 nach Ilha rechts liegen und gehen geradeaus weiter ⇝ kurz danach an einem weiteren Unterstand vorbei ⇝ Sie kommen schließlich an der Abzweigung zum **Pico do Areiro** vorbei und gehen rechts die Stufen hinauf zur Hütte.

### Pico Ruivo Hütte

**Pico Ruivo Hütte,** Getränke u. abgepackte Snacks, für das WC Papier mitnehmen!

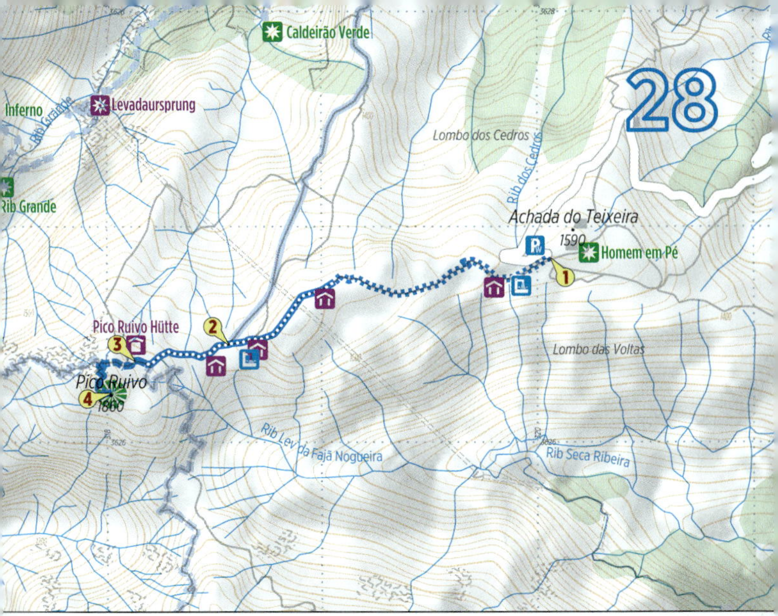


**3** 2,3 (1.752) Von der Hütte gehen Sie die Steinstufen bergauf ⤳ ein kleines Stück am Fuße des **Pico Ruivo** nach Westen ⤳ bei der Abzweigung beginnt nun der 10-minütige Gipfelsturm.

**4** 2,7 (1.860) Blick vom Gipfel des **Pico Ruivo** ⤳ auf demselben Wege retour.

**1** 5,7 (1.450) An der **Achada do Teixeira** endet die Wanderung.

**Achada do Teixeira**

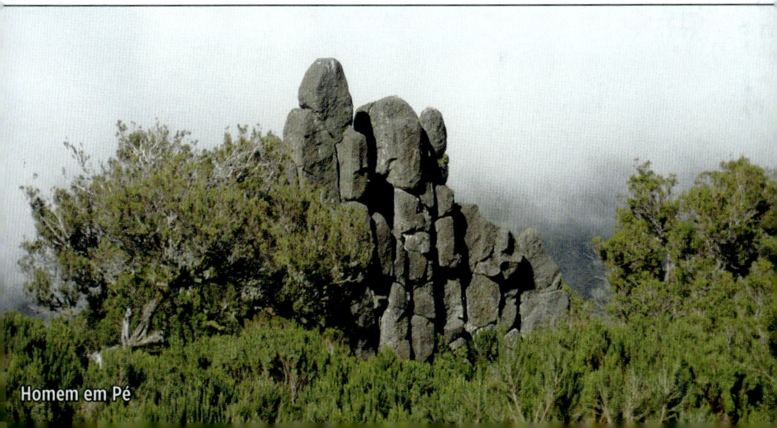

Homem em Pé

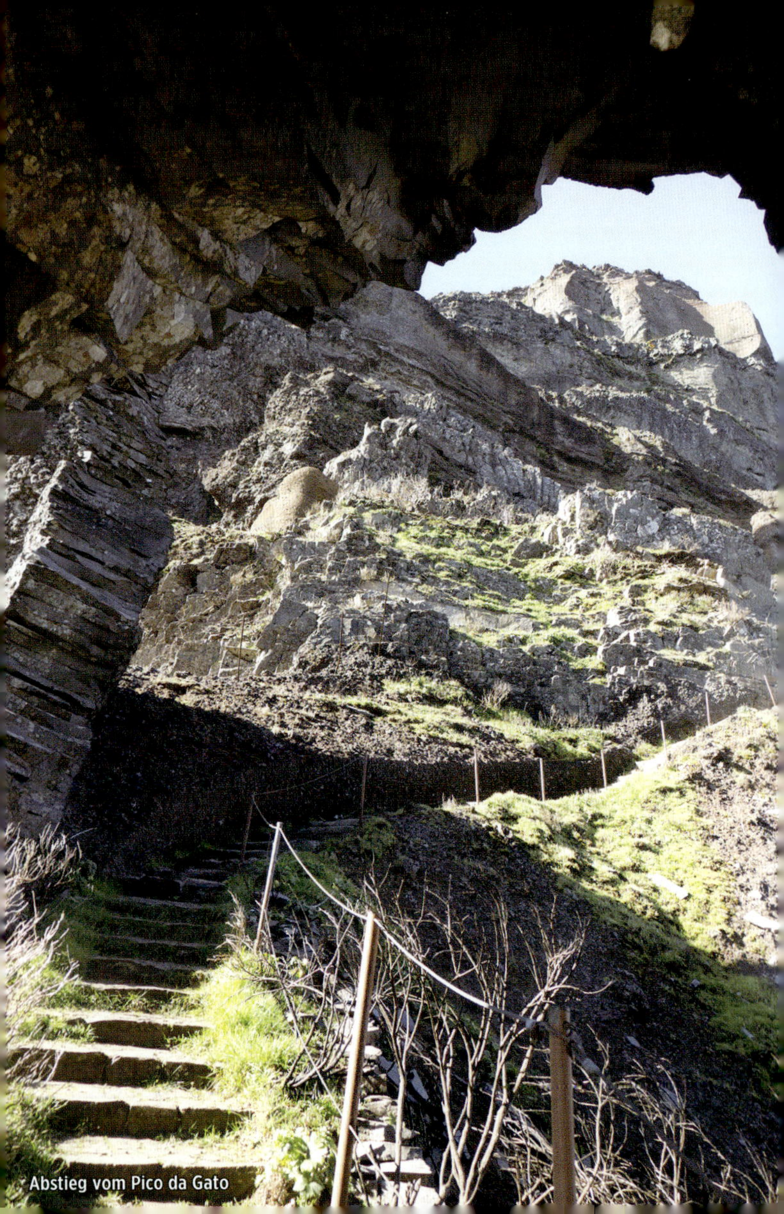

Abstieg vom Pico da Gato

## Tour 29 — 10,7 km

# Am Panoramaweg Vereda do Arieiro auf den Pico Ruivo

*Start:* Pico Arieiro (N 32,7348° W 16,9289°)
*Ziel:* Pico Arieiro
*Aufstieg:* 940 m
*Abstieg:* 940 m
*Gehzeit:* 4,5 - 5 Std.

*Hartbelag:* 9 %
*Wanderwege:* 0 %
*Wanderpfade:* 91 %

**Charakteristik:** Entlang der Gebirgskette vom Pico do Arieiro auf den Pico Ruivo hat die Inselregierung in den 1950er Jahren einen spektakulären Weg in den Fels schlagen lassen. Der teilweise sehr steile, gepflasterte und gesicherte Weg beginnt am Berggipfel des dritthöchsten Berges Madeiras, dem Pico Arieiro und führt zunächst bergab zum Aussichtspunkt Bussardnest. Ein steiler An- und Abstieg führt Sie näher zum Pico do Gato (Katzengipfel), den Sie in einem Tunnel unterwandern. Nun teilt sich der Weg. Der linke (West-)Weg ist eine etwas weniger anstrengende Strecke und als Hauptroute beschrieben. Alternativ ist der Ostweg, der auf vielen Stiegen über den Sattel an der Ostseite des Pico das Torres führt. Bei einem Tunnel vereinen sich beide Varianten. Aufgrund eines Felssturzes gibt es nun eine neue Streckenführung auf der Ostseite, die über einen weiteren Grat führt, bis Sie schließlich zur Pico Ruivo Hütte gelangen, von dort führt ein Stufenweg zum Gipfel!

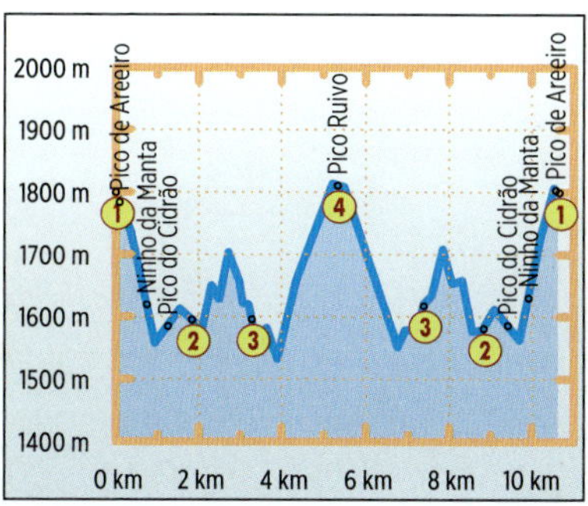


**Tipp:** Taschenlampe mitnehmen!

**Variante:** Wer sich abholen lässt, braucht nur eine Richtung zu wandern und kann dann nach Achada do Teixeira absteigen (siehe Tour 28). Geübte Weitwanderer können diese Tour auch mit der Kammwanderung zum Encumeadapass verbinden (Tour 30).

**An- und Abreise: Mit dem Auto kommen Sie über den Poiso Pass auf den Pico do Arieiro. Leider keinerlei Busverbindungen, der nächste Taxistandplatz ist in Camacha.**

## Pico do Arieiro (1805 m)

**Besucherzentrum Pico do Arieiro**

**1** 0,0 (1.800) Vom Parkplatz gehen Sie durch das neu errichtete Gebäude, auf Stufen oder einer Rampe aufwärts gelangen Sie zur Aussichtsplattform ⤳ Sie gehen auf dem steingepflasterten Höhenweg erstmals Richtung Westen abwärts.

TIPP: Sollte der Weg gesperrt sein, so gelangen Sie in den ersten 5 Wanderminuten zur hölzernen Sperre. Es ist nicht empfohlen, sich über diese Sperre hinwegzusetzen!

Abwärts gelangen Sie nun zu einer Gabelung, geradeaus kommen Sie in wenigen Schritten zum **Miradouro Ninho da Manta** (port.: Bussardnest) ⤳ wieder zurück geht es nun auf Stufen bergauf, bis Sie zu einem 360° Panoramablick gelangen, sogar eine Rastbank für Genießer steht bereit ⤳ geradeaus weiter und auf Stufen bergab (die Steinstufen links bergauf ignorieren) ⤳ durch ein Loch in der Felsmauer hindurch ⤳ der **Pico da Gato** wird durch einen Tunnel unterquert.

TIPP: Trotz der Kürze des Tunnels ist die Verwendung einer Taschenlampe empfohlen, da viele tiefe Pfützen im Tunnel lauern.

Nach Verlassen des Tunnels gehen Sie auf einem Stufenweg steil abwärts, gelangen zum Bergrücken, und gehen nun auf der Westroute (portugiesisch mit „O" für Oeste) weiter.

VARIANTE: Die alternative Ostroute entlang des Sattels Pico de Torres ist seit Jahren wegen Felssturzes gesperrt.

**2** 1,8 (1.595) Für die Westroute gehen Sie bei der Weggabelung links ⤳ entlang eines durch den Fels geschlagenen Pfades ⤳ der Weg verläuft

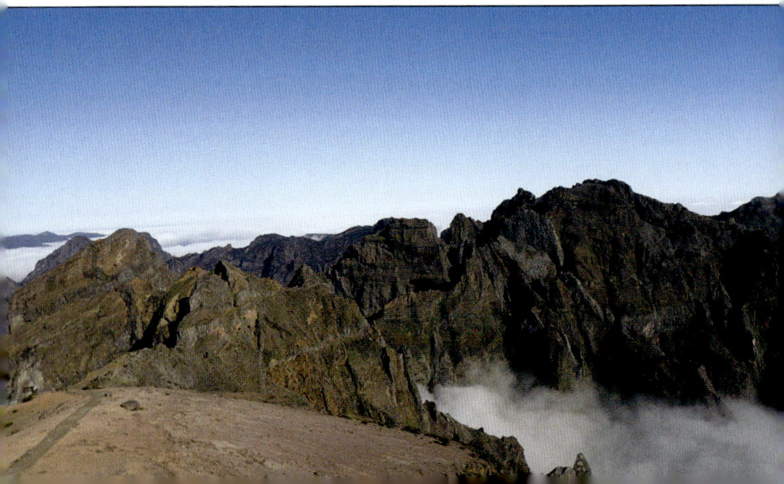

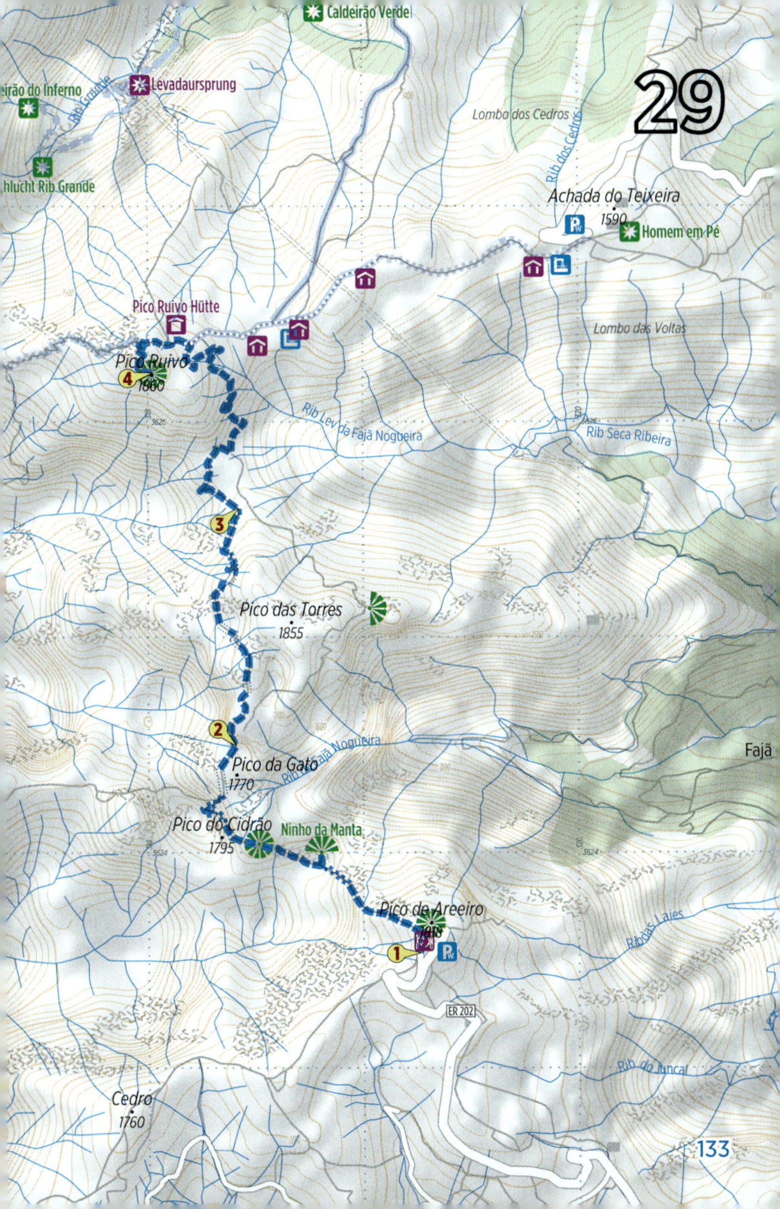
29
Caldeirão Verde
Levadaursprung
eirão do Inferno
hlucht Rib Grande
Lombo dos Cedros
Rib dos Cedros
Achada do Teixeira
1590
Homem em Pé
Pico Ruivo Hütte
Pico Ruivo
1860
Lombo das Voltas
Rib Lev da Fajã Nogueira
Rib Seca Ribeira
Pico das Torres
1855
Pico da Gato
1770
Rib Fajã Nogueira
Fajã
Pico do Cidrão
1795
Ninho da Manta
Pico de Areeiro
1818
Rib das Lajes
ER 202
Rib do Juncal
Cedro
1760
1
2
3
4

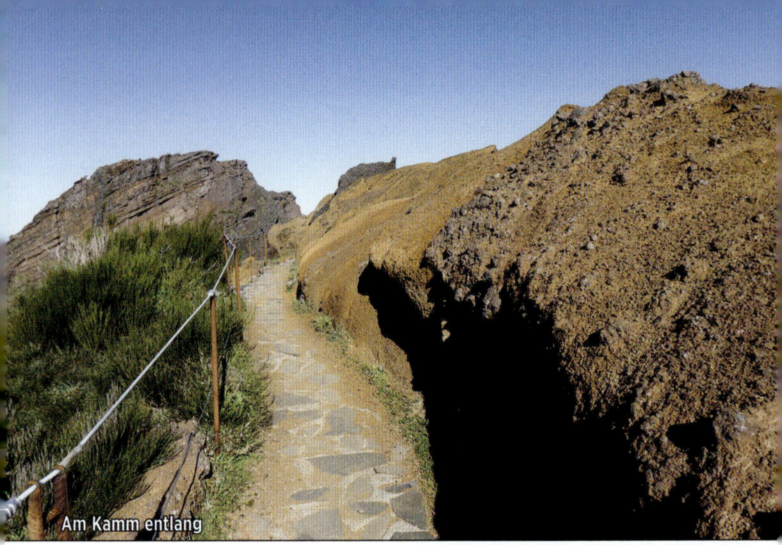

Am Kamm entlang

immer an der Westseite des **Pico das Torres**, vier Tunnel werden dabei durchwandert, es bieten sich immer wieder tolle Ausblicke ins **Nonnental** ⤳ nun müssen noch etliche Höhenmeter bergauf überwunden werden.

**3** 3,3 (1.595) Aus einem Tunnel kommt die gesperrte Ostroute, die neue Streckenführung bleibt auf der Westseite. Sie wandern zunächst abwärts ⤳ über mehrere Treppen und rutschige Abschnitte gelangen Sie zu einem Grat über den Sie wieder zur ehemaligen Hauptroute auf der Ostseite absteigen ⤳ hier standen noch vor wenigen Jahren uralte Baumheidebäume, die leider im Waldbrand vernichtet wurden ⤳ scharfe Linkskurve ⤳ kurz nach dem Wegekreuz kommt von Osten der PR 1.1 von der **Achada do Teixeira** ⤳ Sie halten sich links und stoßen bald zur **Pico Ruivo Hütte**.

## Pico Ruivo Hütte

**Pico Ruivo Hütte,** Getränke u. abgepackte Snacks, für das WC Papier mitnehmen!

Vor der Hütte auf Stufen aufwärts, weiter den Pfad entlang ⤳ beim Wegweiser im Zick-Zack bergauf bis zum Gipfel.

**4** 5,3 (1.861) Vom Pico Ruivo wandern Sie zurück auf bekanntem Weg.

## Pico Ruivo (1861 m)

Tour 30 12,8 km



# Kammwanderung zum Encumeadapass

*Start:* Achada do Teixeira (N 32,7649° W 16,9210°)
*Ziel:* Encumeadapass
*Aufstieg:* 709 m *Hartbelag:* 9 %
*Abstieg:* 1.284 m *Wanderwege:* 2 %
*Gehzeit:* 6 - 6,5 Std. *Wanderpfade:* 89 %

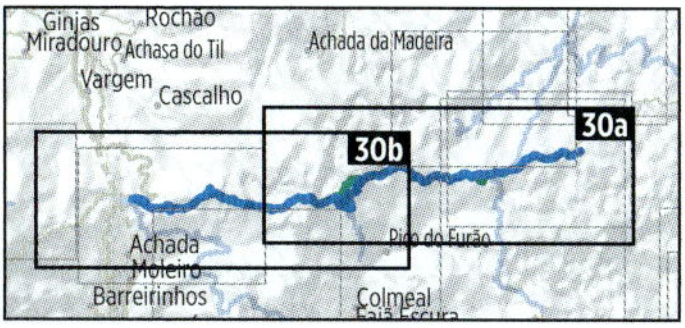


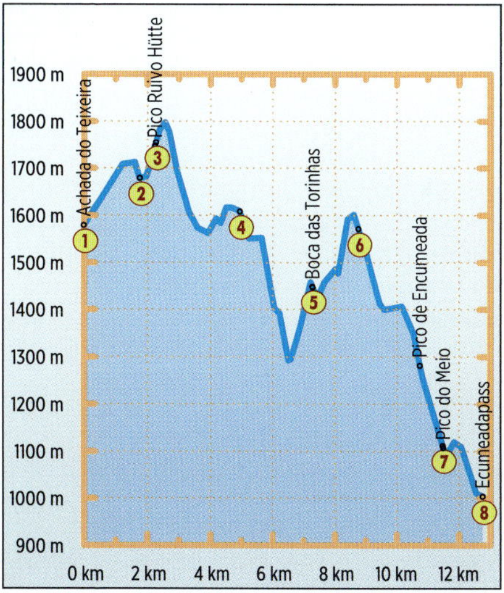


**Charakteristik:** Der Grat zwischen Pico Ruivo und dem Encumeadapass ist die Wasser- und Wetterscheide von Madeira. Gut beobachten lässt sich dies anhand der Passatwolken, die sich an der Nordseite türmen können. Diese anstrengende Tour folgt zunächst dem Spaziergang zum Pico Ruivo, dann wandern Sie aber an der Nordseite des Kammes weiter in westlicher Richtung. Auf dem Weg zum Encumeadapass gibt es zahlreiche anstrengende An- und Abstiege zu überwinden, Sie wechseln öfters die Kammseite. Ein letzter Anstieg vom Bergsattel Boca das Torinhas auf den Pico do Jorge, danach geht es tendenziell abwärts. An einer langen Felswand entlang, das Ziel bereits seit längerem vor Augen,

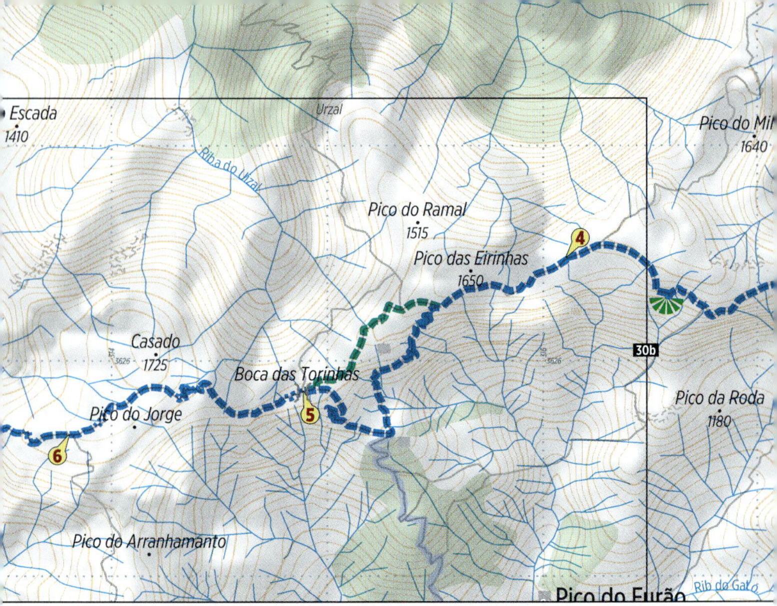


**beginnt dann endlich der ersehnte Abstieg zum Encumeadapass.**

Variante: **Bei der Halbzeit der Tour ist ein Abstieg nach Curral das Freiras möglich!**

Markierung: **PR 1.3**

An- und Abreise: **Anreise wie bei Tour 28. Das Ziel wird von manchen Bussen der Linie 6 und 139 (Rodoeste) angefahren. Eine individuelle Planung mit Taxis oder 2 Privatautos ist empfehlenswert!**

AUSFLUG: Die Basaltformation Homem em Pé (der steinerne Mensch) befindet sich in Parkplatznähe!

**1** 0,0 (1.579) Start am Parkplatz der **Achada do Teixeira** ⇝ Sie folgen der Wegmarkierung Richtung **Pico Ruivo**, stetig bergauf ⇝ an einem Unterstand aus Stein vorbei ⇝ Sie queren einen weiteren gemauerten Picknickplatz mit Trinkwasserquelle.

**2** 1,7 (1.679) Sie lassen die Abzweigung des Weges PR 1-1 nach Ilha rechts liegen und gehen geradeaus weiter ⇝ an einem weiteren Unterstand vorbei ⇝ Sie kommen schließlich an der Abzweigung zum **Pico do Arieiro** vorbei, rechts die Stufen hinauf zur Hütte.

## Pico Ruivo Hütte

**Pico Ruivo Hütte,** Getränke u. abgepackte Snacks, für das WC Papier mitnehmen!

**3** 2,3 (1.760) Von der Hütte gehen Sie die Steinstufen aufwärts ⇝ ein kleines Stück am Fuße des **Pico Ruivo** nach Westen.

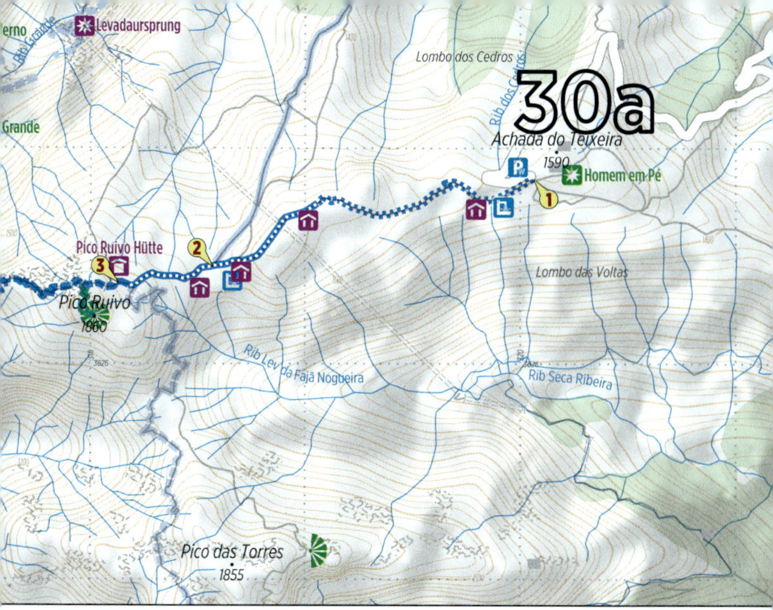


VARIANTE Bei der Abzweigung können Sie nun zum Gipfel des Pico-Ruivo aufsteigen!

Der Weg zum Encumeada Pass folgt der Markierung PR 1-3, zunächst weiter entlang des Fußes des **Pico Ruivo**, danach entlang des Passes ~ der Weg bleibt zunächst an der südlichen Seite des Passes und folgt auf Stufen bergab ~ auf abwechselnd schlechteren und besseren, kurz sogar natursteingepflasterten Pfaden verläuft der Weg im leichten Auf und Ab mit jedoch bedeutend mehr bergauf an der südlichen Bergseite.

**4** 5,0 (1.608) Sie gelangen auf den Bergrücken ~ der Weg wechselt zunächst an die Nordseite ~ ein Stück gehen Sie nun direkt am Bergkamm, genießen Sie die tolle Aussicht ~ an der südlichen Kammseite wieder leicht bergab, bis zu einer Weggabelung.

VARIANTE Der Weg, der an der Gabelung nach rechts führt und einen klaren Wegverlauf zum Wegpunkt **5** hat, ist zwar der direktere, aber ausgesetzt und häufig gesperrt.

Wenn Sie an der Weggabelung den linken Weg wählen, gehen Sie stetig bergab ~ Sie überqueren ein kleines Rinnsal, bewundern das rote Tuffgestein ~ in einem Seitenkessel neben einer Felswand abwärts, an einer Bergnase vorbei, gelangen Sie zu einer weiteren Abzweigung, hier gehen Sie nun rechts bergauf!

VARIANTE Der Weg links abwärts führt steil bergab Richtung Curral das Freiras, nach Fajâ dos Cardos, wo es eine Bushaltestelle gibt.

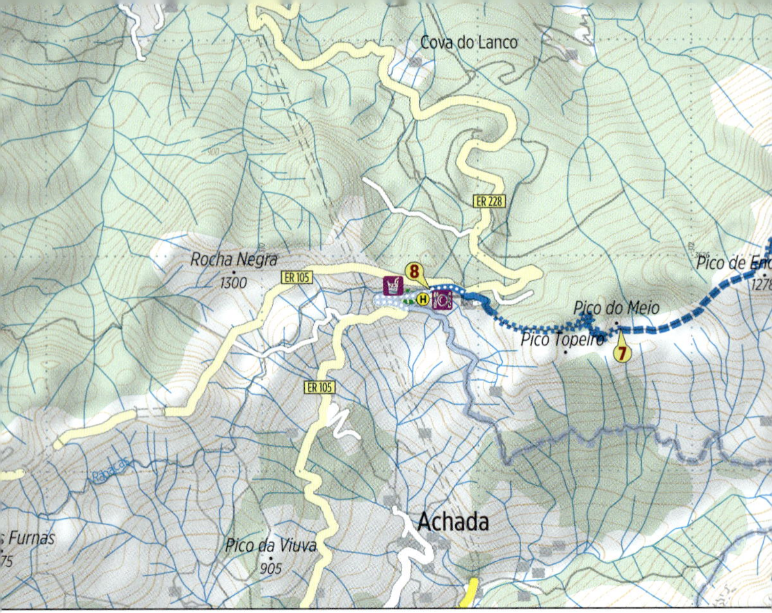


Der Hauptweg führt Sie im Zickzack steil und steinig bergauf.

## Boca das Torinhas

**5** 7,3 (1.450) Sie stehen nun am Bergsattel **Boca das Torinhas** mit einer Unzahl von Wegweisern ⤳ Sie folgen dem PR 1 zum Encumeadapass, zunächst auf Stufen aufwärts ⤳ wiederum am Kamm angelangt, wandern Sie durch enge Felsnadeln ⤳ der Aufstieg auf den Pico do Jorge ist ziemlich anstrengend ⤳ beim Unterstand im Fels rechts ⤳ beim Aufstieg am felsigen und steinigen Bergrücken müssen Sie vermutlich kurz die Hände benutzen, dann dem Verlauf des Bergrückens folgend bergauf ⤳ später weisen Ihnen kleine Steinmännchen den Weg.

**6** 8,8 (1.571) Auf der Kuppe nächst dem **Pico do Jorge** angelangt stetig bergab ⤳ an der südlichen Bergseite an einem Felsen mit Fenster in einer Kurve vorbei und unterhalb einer langen Felswand entlang ⤳ dieser Weg umläuft den **Pico da Encumeada** ⤳ zum vor Ihnen liegenden **Pico do Meio** wandern Sie auf unzähligen Stufen bergab.

**7** 11,5 (1.111) Knapp unterhalb dieser letzten Erhebung vor dem Encumeadapass vorbei ⤳ weiter auf unzähligen Stufen abwärts ⤳ an der Weg-Erklärungstafel vorbei, bis zur Passstraße

## Ecuemadapass

**8** 12,8 (1.000) Links haltend gelangen Sie zur **Bar Encumeada**, wo die Tour endet.

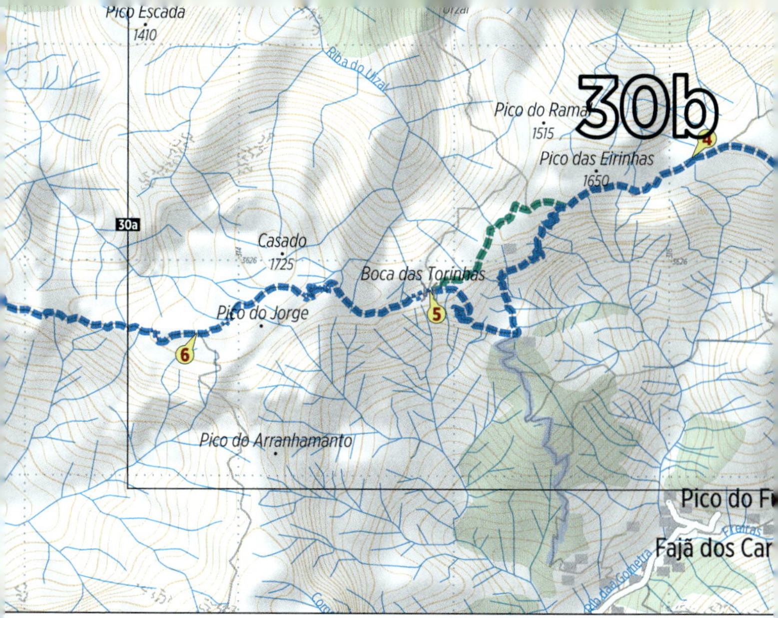


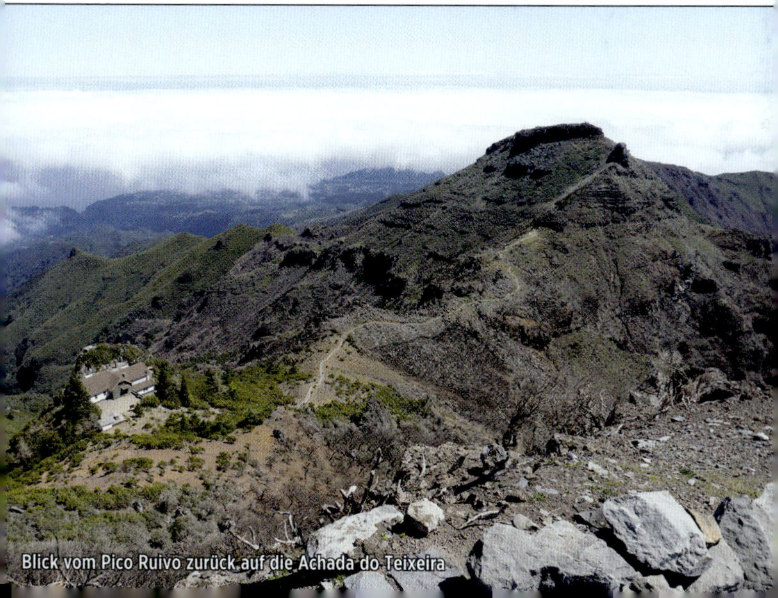

Blick vom Pico Ruivo zurück auf die Achada do Teixeira

Tour 31 12,3 km

# Boca da Corrida Pilgerweg



*Start:* Boca da Corrida (N 32,7111° W 16,9872°)
*Ziel:* Encumeadapass
*Aufstieg:* 590 m *Hartbelag:* 3 %
*Abstieg:* 822 m *Wanderwege:* 7 %
*Gehzeit:* 6 - 6,5 Std. *Wanderpfade:* 89 %

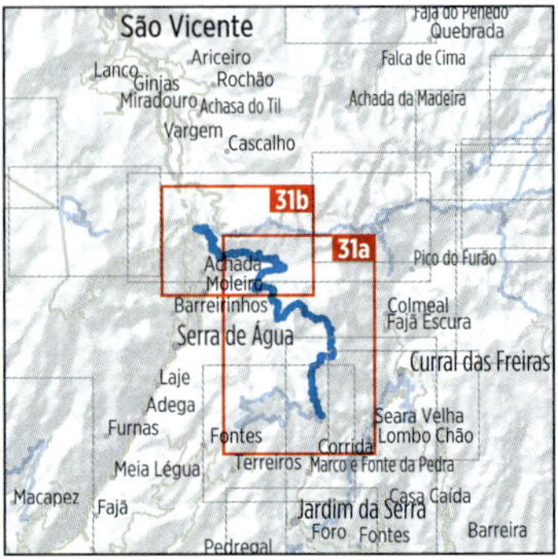


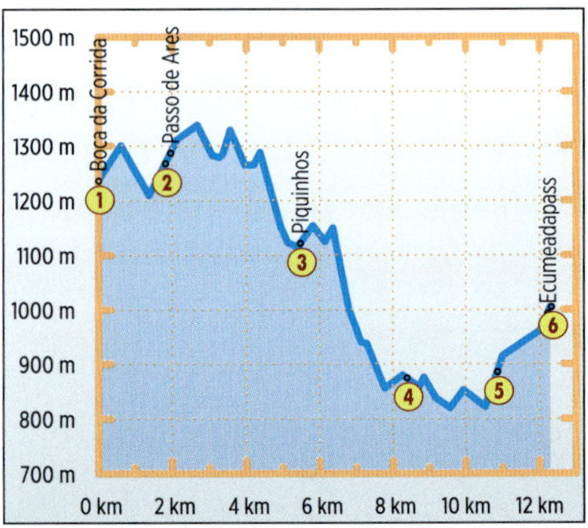


**Charakteristik:** Zum Durchqueren des Gebirges in Madeira wurden schon früh Handelswege angelegt. Auf dem auch als Caminho Real bekannten Weg wandern Sie vom Sattel Boca da Corrida zunächst aussichtsreich entlang eines Kamms und dann unterhalb des Gebirgsmassivs Pico da Cerro weiter und gelangen über einen Gebirgspfad steil bergab in das Tal der Ribeira do Poço. Zum Abschluss der Tour geht es schließlich sanft aufwärts bis kurz vor dem Encumeadapass. In den letzten Jahrhunderten war der Weg steingepflastert, eine Initiative der Inselregierung hat den Weg teilweise sanieren lassen.

**Markierung:** PR 12 - Caminho Real da Encumeada

**An- und Abreise:** Diese Tour ist nur mit 2 Autos oder mit geschickter Planung öffentlicher Verkehrsmittel zu machen. Die Station Cor-

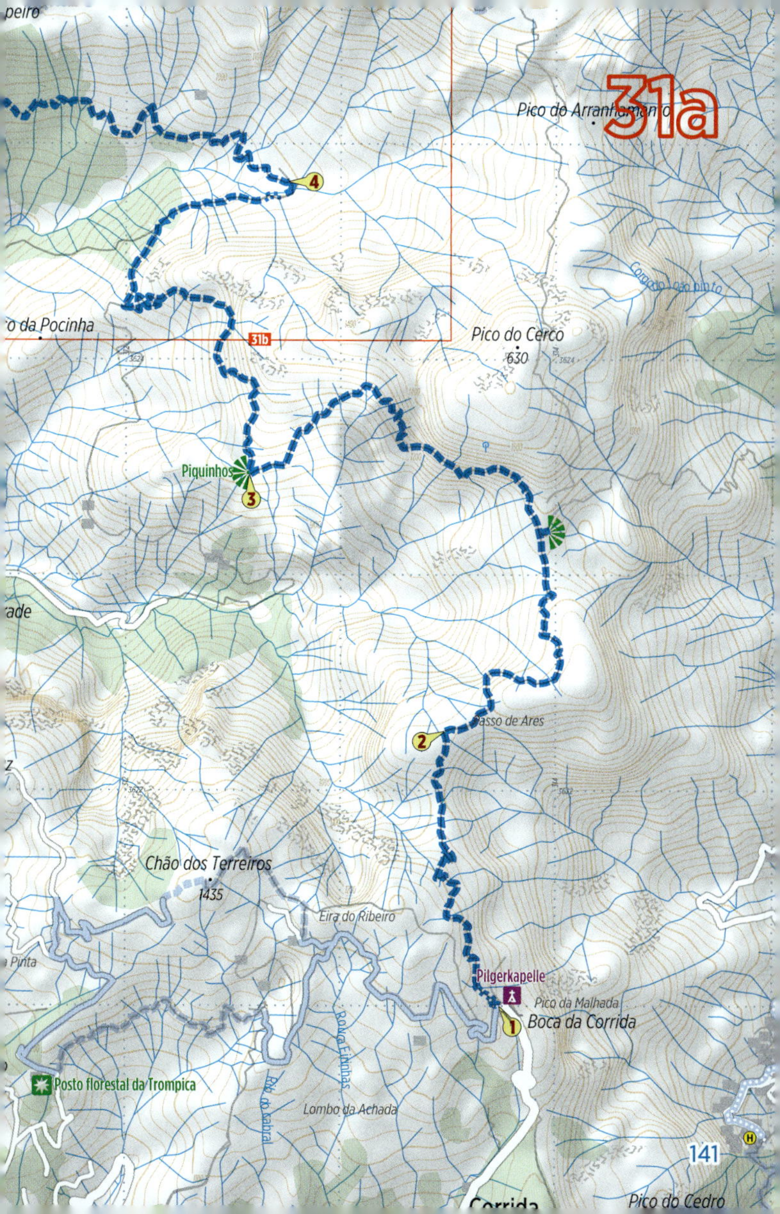
31a
Pico do Arranhamento
Pico da Pocinha
31b
Pico do Cerco
630
Piquinhos
Passo de Ares
Chão dos Terreiros
1435
Eira do Ribeiro
Pilgerkapelle
Pico da Malhada
Boca da Corrida
Posto florestal da Trompica
Lombo da Achada
Pico do Cedro

**rida der Buslinie 96 (Rodoeste) ist ca. 2 km zu Fuß entfernt. Alternativ fährt man nach Estreito de Camara de Lobos mit Linie 137 (Rodoeste) und nimmt von dort ein Taxi.**

**Vom Encumeadapass fahren die Busse der Linie 6 (Rodoeste), oder man lässt sich ein Taxi rufen.**

## Boca da Corrida

### Pilgerkapelle

**1** 0,0 (1.235) Sie starten an der Kapelle und gehen auf dem beschilderten Weg PR 12 die Stufen bergauf, ein erstes Stück auf restauriertem Kopfsteinpflaster, das jedoch sehr bald endet ⤳ vom ersten Sattel können Sie sehr schön zur Kapelle zurückblicken ⤳ auf dem guten Kammweg entlang, stückweise sind immer wieder Relikte des alten Weges zu sehen.

## Passo de Ares

**2** 1,8 (1.285) Vom **Passo de Ares** erblicken Sie den weiteren Weg, der zunächst als Kammwanderung verläuft und dann das Gebirgsmassiv rund um den **Pico Grande** umläuft ⤳ an einer faszinierenden Steinformation vorbei ⤳ am Weg entlang des Kamms an einer Stelle die sich **Boca do Cerro** nennt, gelangen Sie zu einer Abzweigung (bei einem Steinmännchen).

AUSSICHT: Vom rechts befindlichen Sattel lässt sich das Tal überblicken. Die sichtbaren Pfade führen zum Pico Grande und nach Curral das Freiras.

Sie gehen den Hauptweg entlang des Grates weiter ⤳ unterhalb der Felswand des Pico Grande Massivs treten einige Quellen hervor, der Weg ist hier rutschig, Sie können hier

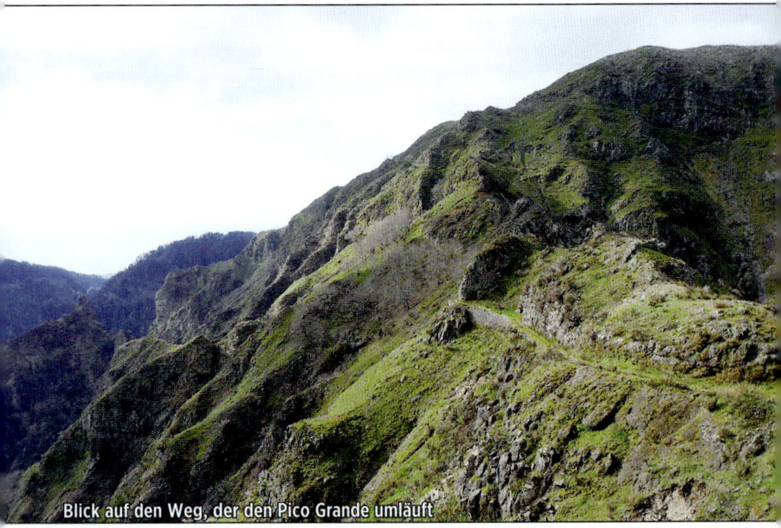

Blick auf den Weg, der den Pico Grande umläuft

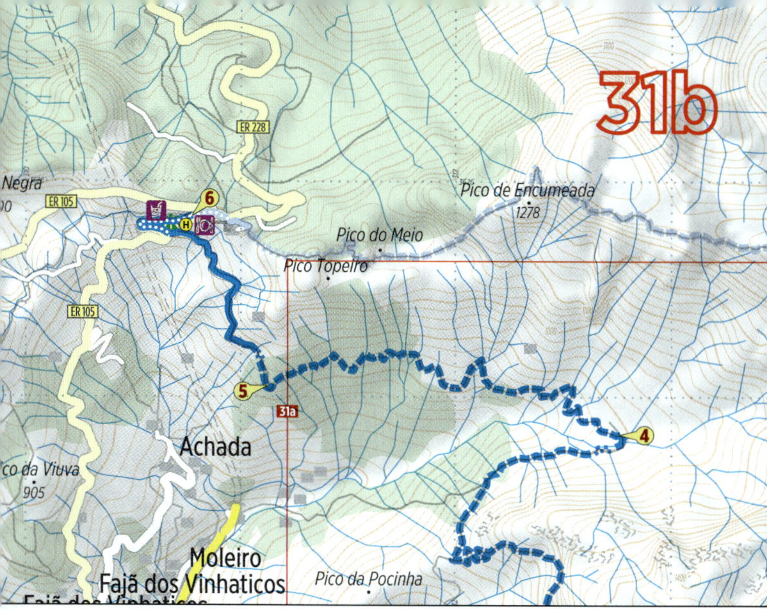


auch Ihre Trinkflaschen nachfüllen ~ kurz danach beginnt ein Abschnitt mit restauriertem Kopfsteinpflaster.

**3** 5,5 (1.120) Eine große Felsnase mit dem Namen **Fenda do Ferreiro** bietet eine Aussicht auf die Autostraße ER 105, wie sie sich auf den **Encumeadapass** schlängelt ~ der Weg verläuft nun durchgängig gepflastert um das Bergmassiv, verliert dabei ständig an Höhe ~ Sie gelangen dann in einen Waldabschnitt ~ den links abzweigenden Weg ignorieren Sie ~ der Hauptweg führt in ein Seitental, hier ist eine kurze Natursteinpassage und eine Geröllhalde zu überqueren.

**4** 8,4 (873) Im Seitental überqueren Sie zunächst eine Schlucht, dann gelangen Sie an einem Stallgebäude aus Stein vorbei, gleich danach über eine Betonbrücke ~ kurz danach wandern Sie über eine alte, historische Steinbrücke ~ der folgende Abschnitt verläuft großteils durch schattigen Wald ~ Sie überqueren dreimal Bäche auf kleinen Holzstegen und gelangen schließlich zu einer Rohrleitung.

**5** 10,8 (884) Bei der Rohrleitung gehen Sie die Stufen aufwärts und gelangen auf eine Forststraße, die Sie nach links gehen ~ auf geschottertem Weg zur Asphaltstraße ER 105 ~ die Straße rechts aufwärts.

**6** 12,3 (1.004) In weniger als 10 Minuten haben Sie das Tourende am Encumeadapass mit den Einkehrmöglichkeiten und der Bushaltestelle erreicht.

**Encumeadapass**

## Tour 32 — 9,3 km

# Chão dos Terreiros

*Start:* Boca da Corrida (N 32,7110° W 16,9872°)
*Ziel:* Boca da Corrida

| | | | |
|---|---|---|---|
| *Aufstieg:* | 375 m | *Hartbelag:* | 0 % |
| *Abstieg:* | 375 m | *Wanderwege:* | 73 % |
| *Gehzeit:* | 4 - 4,5 Std. | *Wanderpfade:* | 27 % |

**Charakteristik:** Die Rundtour startet am Sattel Boca da Corrida. Zunächst auf schöner Schotterstraße wandern Sie bald auf schmalen Hirtenpfaden einen Grat bergauf zur Chão dos Terreiros. Obwohl der Pfad mit einem roten Punkt markiert ist, kommt man häufig dem dornenreichen Gestrüpp zu nahe. An der aussichtsreichen Spitze angelangt, müssen Sie kletternd einen Zaun überwinden. Der weitere Weg führt zunächst über eine Kuhalm, dann auf schönen Forstwegen almabwärts. Ab dem Posto Florestal führt ein schmaler Pfad entlang eines Seitentales wieder zurück zur Forststraße und zum Start.

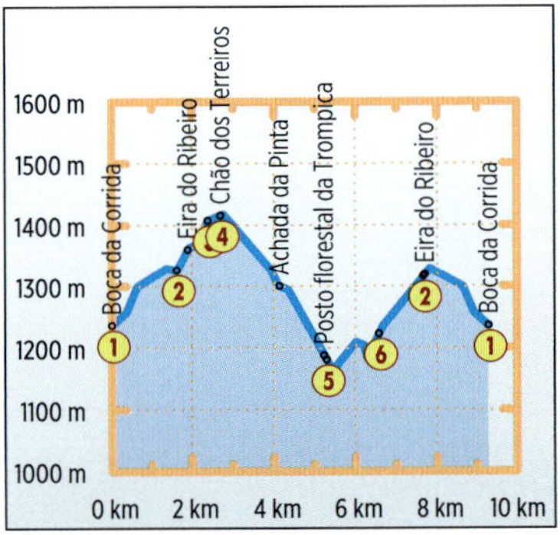


**An- und Abreise:** Mit dem Auto halten Sie sich immer an Jardim da Serra, dann an der Ausschilderung zur Boca da Corrida. Mit dem Bus zur Boca da Corrida am nähesten gelangt man mit Linie 96 nach Corrida (Rodoeste). Von dort sind es noch ca. 2 km zu Fuß zur Boca da Corrida.

**Parkplätze:** an der Boca da Corrida

### Boca da Corrida

**1** 0,0 (1.235) Sie starten an der Kapelle und gehen nicht auf den Stiegen bergauf, sondern links an der Schranke vorbei auf die Straße ⤳ bei der Weggabelung rechts.

**2** 1,6 (1.327) Sie gelangen zu einem weißen Gebäude ⤳ rechts daneben führt ein schmaler Fußpfad bergauf, auf Steinen ist eine Markierung „Terreiros" rot aufgemalt ⤳ der Weg zum Gipfel ist mit Steinen mit roten Punkten gekennzeichnet, der Pfad ist aber recht schwer zu finden: zuerst Direttissima Richtung Kamm ⤳ 50 m unterhalb des Kammes dazu parallel

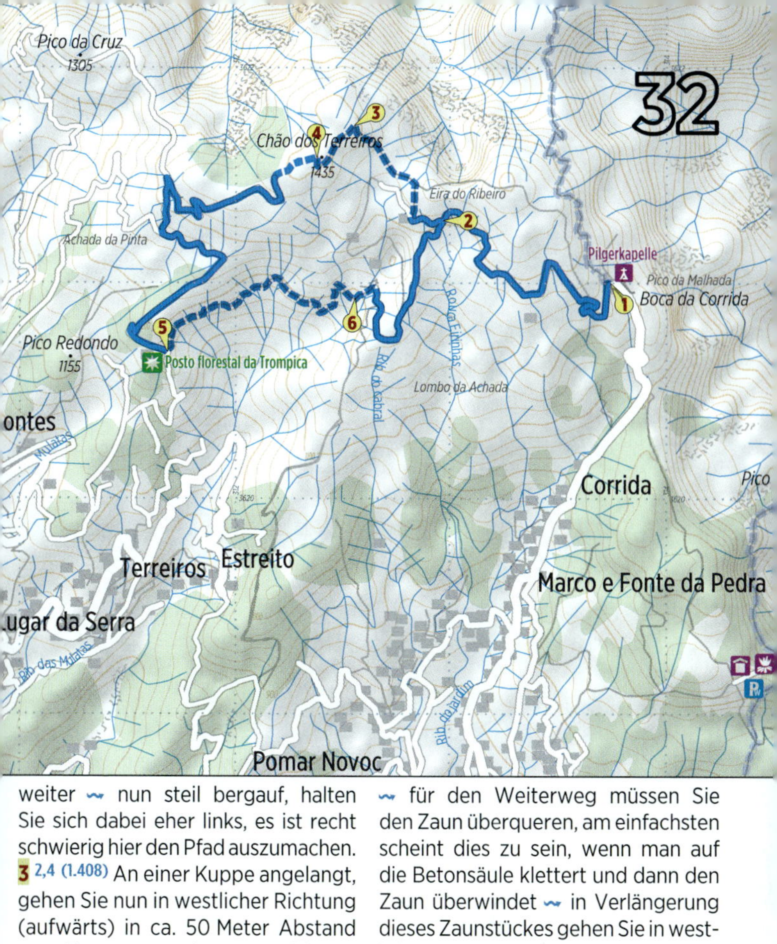


weiter ~ nun steil bergauf, halten Sie sich dabei eher links, es ist recht schwierig hier den Pfad auszumachen.

**3** 2,4 (1.408) An einer Kuppe angelangt, gehen Sie nun in westlicher Richtung (aufwärts) in ca. 50 Meter Abstand zum Zaun ~ an einer strauchfreien Stelle können Sie dann rechts oben den Gipfel ausmachen und gehen auf klar erkenntlichem Pfad aufwärts.

### Chão dos Terreiros (1436 m)

**4** 2,7 (1.436) Sie stehen bei der Betonsäule des Gipfels **Chão dos Terreiros** ~ für den Weiterweg müssen Sie den Zaun überqueren, am einfachsten scheint dies zu sein, wenn man auf die Betonsäule klettert und dann den Zaun überwindet ~ in Verlängerung dieses Zaunstückes gehen Sie in westlicher Richtung den Grat entlang ~ Sie gelangen auf einen Karrenweg, der zunächst als Wiesenweg in der Senke verläuft, und dann als Schotterstraße nach rechts in einem Bogen verläuft ~ diese Straße führt über einige Gatter und Weiden ~ bei einer Weggabelung

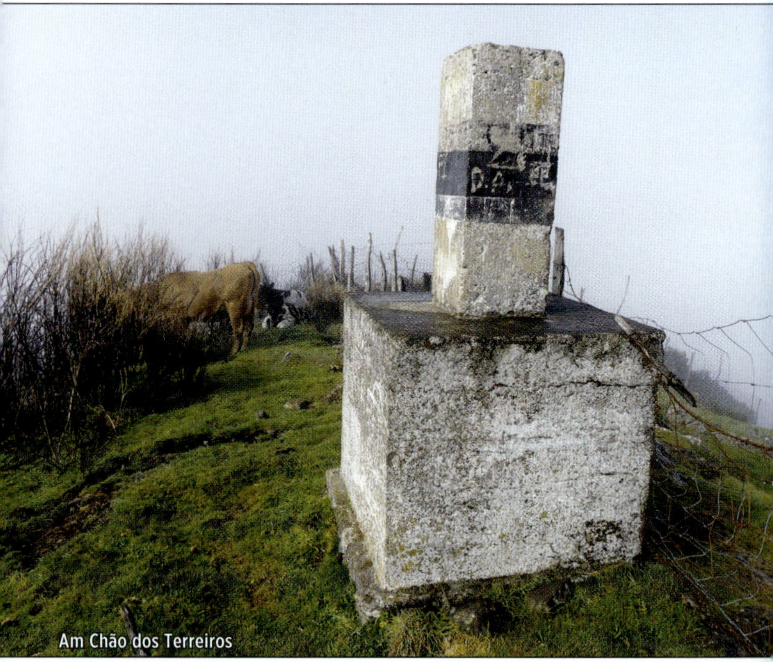

Am Chão dos Terreiros

scharf links, weiterhin bergab ⤳ bei der nächsten Abzweigung wählen Sie wieder den linken Weg.

**Posto Florestal Trompica**

**5** 5,3 (1.181) Wenige Meter nach dieser Abzweigung gelangen Sie zum Posto Florestal Trompica ⤳ Sie gehen an der Straße 30 m nach dem Eingang zum Forsthaus weiter, auf der gegenüberliegenden Straßenseite führt ein Pfad bergauf, durch ein Gatter hindurch ⤳ links haltend am Pfad entlang, Sie folgen auch hier weiterhin der Markierung mit dem roten Punkt ⤳ der Pfad umläuft das Seitental, dabei leicht ansteigend, Sie queren einige Bäche und schließlich ein tieferes Seitental.

**6** 6,6 (1.230) Sie gehen an den Hausruinen vorbei, die schon lange in Ihrem Sichtfeld waren ⤳ an der Schotterstraße angelangt, nehmen Sie bei der Gabelung den linken Weg, der leicht bergauf führt ⤳ die Schotterstraße führt Sie direkt zum Aussichtspunkt **Boca do Corrida** zurück.

**1** 9,3 (1.240) Am Parkplatz unterhalb des **Pico do Malhalda** endet die Rundtour.

**Boca da Corrida**

# Der Westen Madeiras

**Der Westen von Madeira ist ruhiger und dünner besiedelt. Neben der eindrucksvollen Hochfläche Paúl da Serra finden sich auch einige Küstenwanderungen.**



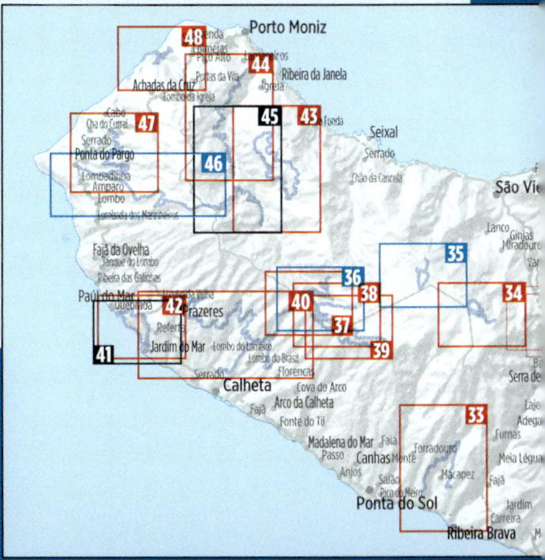

## Tour 33 11,5 km

# Levada Nova, Tabua Tal

*Start:* Corujeira (N 32,6862° W 17,0663°)

*Ziel:* Corujeira

*Aufstieg:* 20 m *Hartbelag:* 6 %

*Abstieg:* 20 m *Wanderwege:* 0 %

*Gehzeit:* 4 - 4,5 Std. *Wanderpfade:* 94 %

**Charakteristik:** Im fruchtbaren und sonnigen Tal von Tabua wird viel Landwirtschaft betrieben: Süßkartoffeln, Bananen und tief im Tal Zuckerrohr. Die Wanderung führt um das Tal von Tabua auf fast ebener Levadastrecke herum. Die andere Talseite nach dem kleinen Ort Sitio Tabua ist vom Pflanzenbewuchs abwechslungsreich. Der Weg entlang von Feldern, dann durch ein Wäldchen voller Eukalyptusbäume und danach ein Wäldchen mit Kiefern sorgt für unterschiedliche Düfte und Lichtspiele. An der Straße im Ort angelangt, drehen Sie entweder um, oder wandern die Straße abwärts zur Snack-Bar und zum Bus.

**Markierung:** Wegweiser

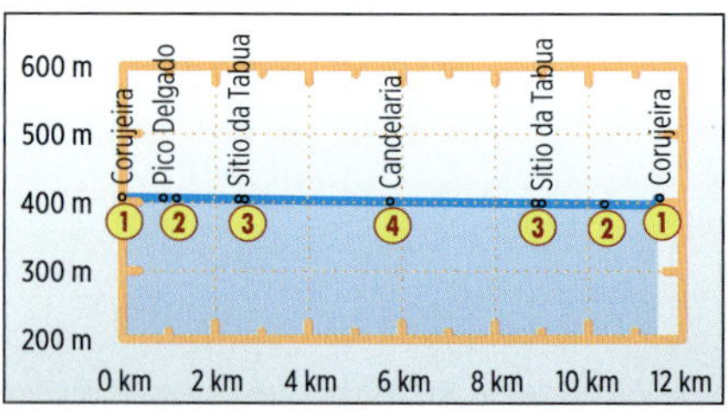


**An- und Abreise:** In Ribeira Brava zur ER 222 ist in Richtung Furnas ein Wegweiser aufgestellt. Mit dem Bus 7 (Rodoeste) sollten Sie nach Tabua und von dort mit Taxi nach Corujeira gelangen.

**Parkplätze:** Parkmöglichkeiten entlang der Straße.

### Corujeira

**1** 0,0 (406) Sie starten bei der Bushaltestelle beim Wegweiser zur Levada, gehen rechts die Stiegen hinunter ~ beim Wasserhaus rechts, die ersten 100 m können Sie den Weg unterhalb der Levada gehen ~ schon bald gelangen Sie zum ersten ausgesetzten Stück, das jedoch durch Geländer gesichert ist ~ die Straße queren, weiter der Levada folgen ~ hier geradeaus in den Tunnel.

**2** 1,2 (405) Nach dem 75 m langen Tunnel, bei dem man am Ende seinen Kopf einziehen muss, liegt vor Ihnen das weite Tabua Tal, das nun auf der Levada umlaufen wird ~ der Weg führt an einer Felsnadel vorbei ~ landwirtschaftlich

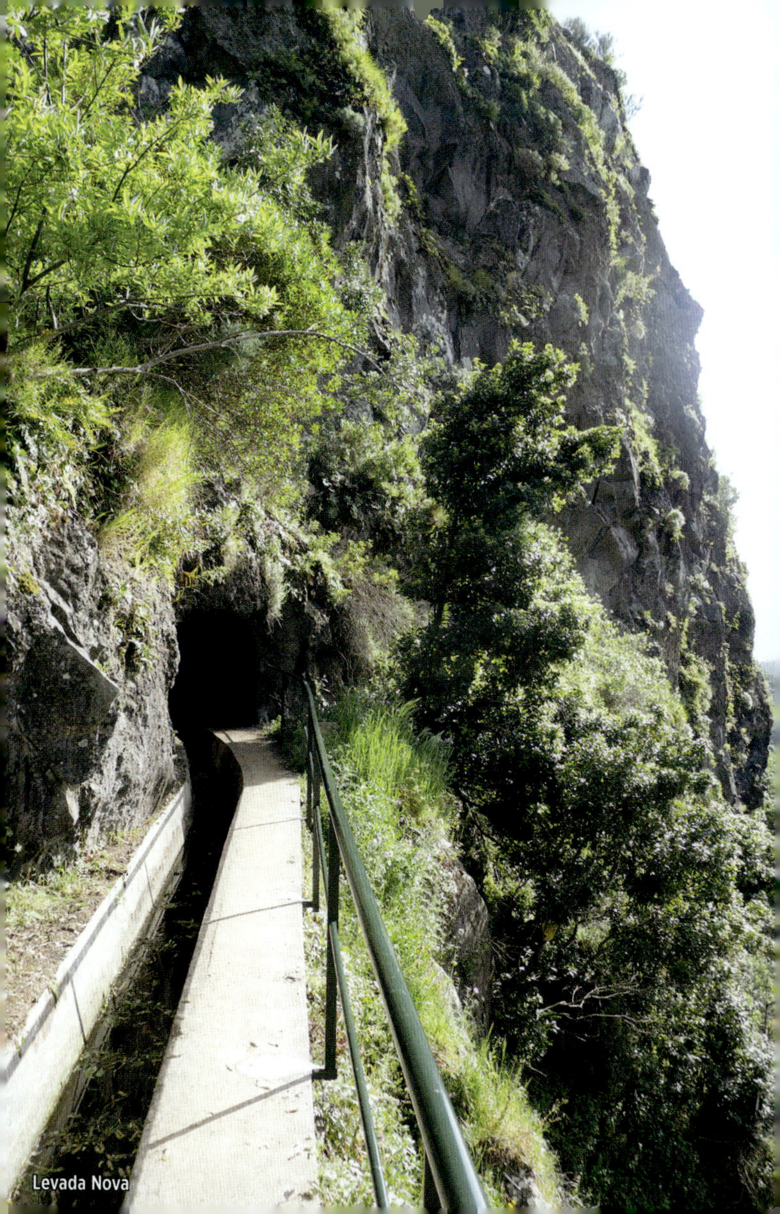

Levada Nova

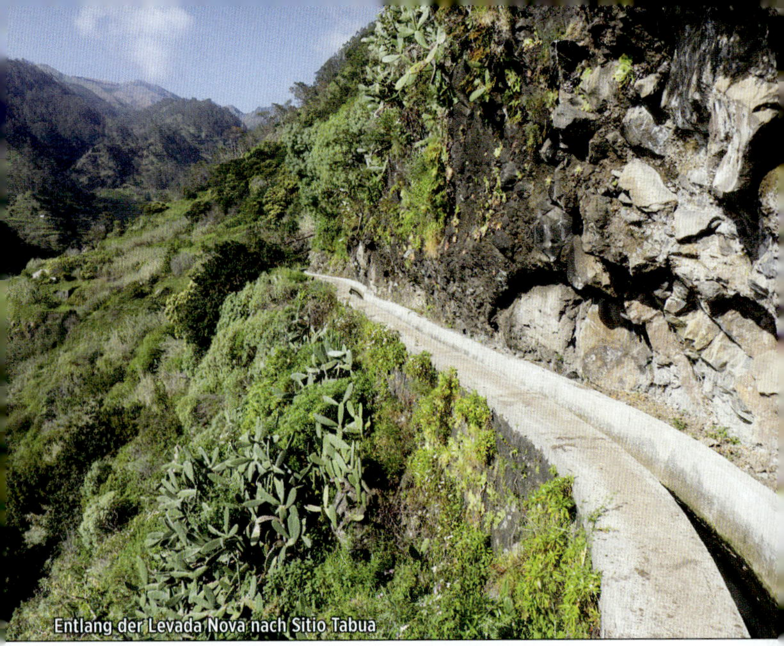
Entlang der Levada Nova nach Sitio Tabua

genutzte und nicht genutzte Flächen wechseln einander ab.

### Sitio da Tabua

Auf der Ortsstraße angelangt, gehen Sie auf der Straße unterhalb der Kirche vorbei.

TIPP: 5 Min. rechts aufwärts gelangen Sie zu einer Bar.

Queren Sie den Bachlauf ⤳ auf Stiegen wieder zur Levada abwärts.

**3** 2,7 (404) Auf einem kleinen Steg wird der nächste Bachlauf neben einem Steinhaus gequert ⤳ nun gehen Sie wieder talauswärts ⤳ der Levadaweg führt entlang von Feldern, später für kurze Zeit durch einen Eukalyptuswald ⤳ unvermittelt ist auf der Levada eine Beleuchtung angebracht, bis zum Ort ist es aber noch ein gutes Stück.

### Candelaria

**4** 5,8 (401) Am Ortsrand von **Candelaria** angelangt, können Sie für eine Pause die Straße 500 m und 100 Höhenmeter weit steil bergab zum Ortszentrum gehen, wo es eine Snack-Bar gibt.

TIPP: Von hier können Sie eventuell nach einem Taxi oder Bus fragen. Oder Sie wandern auf demselben Weg zurück.

**1** 11,5 (406) In Corujeira endet die Tour.

### Corujeira

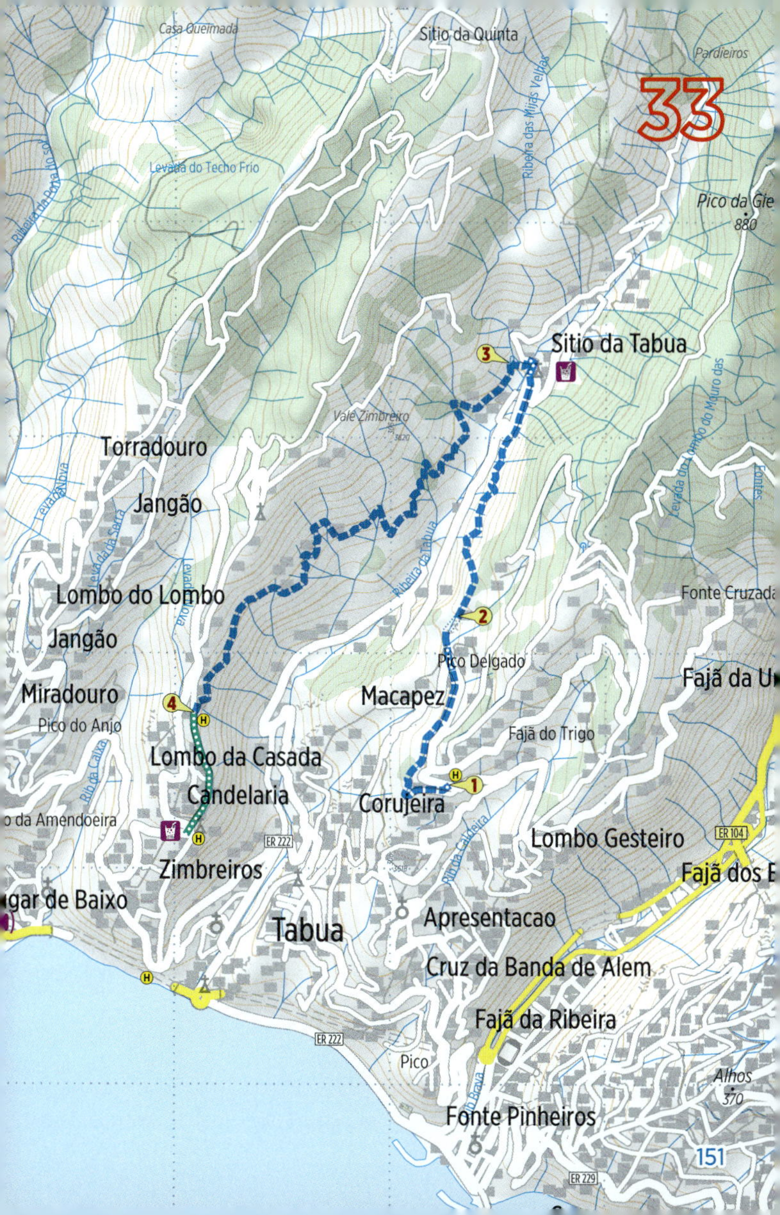
33
Casa Queimada
Sitio da Quinta
Pardieiros
Levada do Techo Frio
Ribeira das Mijas Velhas
Pico da Gie
880
Sitio da Tabua
3
Vale Zimbreiro
Torradouro
Jangão
Levada Nova
Levada da Serra
Lombo do Lombo
Jangão
Miradouro
Pico do Anjo
4
Ribeira da Tabua
Levada do Lombo do Mouro das
Fontes
Fonte Cruzada
2
Pico Delgado
Macapez
Fajã da U
Fajã do Trigo
1
Corujeira
Lombo da Casada
Candelaria
Rib. da Caixa
o da Amendoeira
ER 222
Zimbreiros
Lombo Gesteiro
ER 104
Fajã dos E
gar de Baixo
Tabua
Apresentacao
Cruz da Banda de Alem
Fajã da Ribeira
ER 222
Pico
Alhos
370
Fonte Pinheiros
ER 229

Tour 34 5,1 km

# Bica da Cana und Pinaculo

*Start:* Bica da Cana (N 32,7548° W 17,0588°)
*Ziel:* Bica da Cana
*Aufstieg:* 300 m
*Abstieg:* 300 m
*Gehzeit:* 2 - 2,5 Std.
*Hartbelag:* 17 %
*Wanderwege:* 8 %
*Wanderpfade:* 75 %

**Charakteristik: Am Rande der Paúl da Sierra befindet sich die kleine Erhebung Bica da Cana, von deren Aussichtsplatz sich ein Panorama über das Zentralmassiv bietet. Auf einem Pfad steigen Sie zur Levada da Serra ab. Schon nach wenigen Minuten haben Sie das nahe Ziel, einen Mini-Zuckerhut, vor Augen. Der Weg dorthin führt entlang der Levada, die eine Felswand quert. Gezählte sieben Wasserfälle müssen Sie queren, bei mancher Dusche ist leider kein Entrinnen möglich. Dass es bei dieser Strecke feucht und rutschig sein kann, sollte nicht extra erwähnt werden müssen. Der Weg hat leicht ausgesetzte Passagen, die großteils gesichert sind. Wer von Wasserfällen fasziniert und ein bisschen abenteuerlustig ist, zudem gerne Gebirgspanoramen genießt, für den ist diese Wanderung sicher eine der witzigsten Kurztouren auf Madeira.**

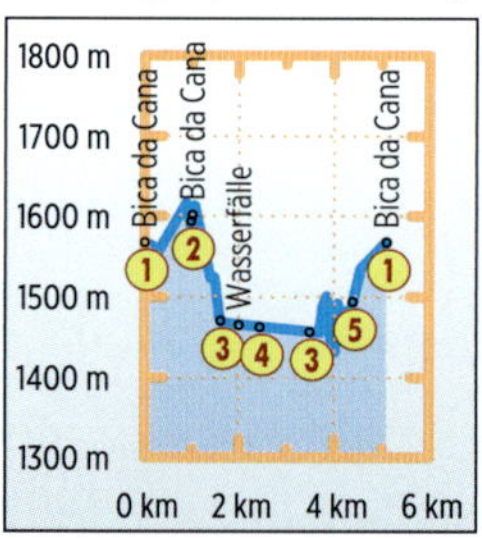


**Markierung: Keine**

**An- und Abreise: Auf der ER 105, die zur Paúl da Serra führt, bis zur Ortstafel Bica da Cana. Keine Busverbindungen.**

**Parkplätze: Direkt neben dem Forsthaus.**

## Bica da Cana

**1** 0,0 (1.566) Die Tour beginnt beim Parkplatz, Sie gehen auf einer Asphaltstraße beim Forsthaus vorbei ⤳ in der Kurve der Straße rechts ab ⤳ auf einem Pflasterweg, der mit einer Kette abgesperrt ist, aufwärts ⤳ entlang der Schotterstraße, die von Ginster umrahmt ist ⤳ eine Linkskurve führt schließlich zum Aussichtspunkt ⤳ Sie gehen dahinter rechts auf einem ausgetretenen Pfad aufwärts, um zum Gipfel zu gelangen.

**2** 1,0 (1.601) Am **Bica da Cana** angelangt, gehen Sie für den Abstieg links, an der Wetterstation vorbei und westwärts ⤳ bei der Weggabelung

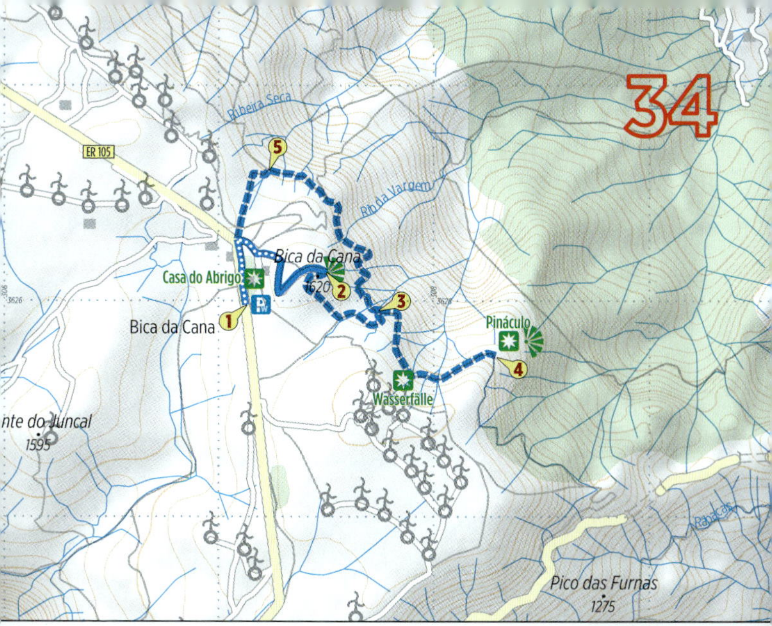


links und im Zick-Zack entlang der Pfähle und dann entlang des Zaunes bergab ⤳ an der verwitterten Tafel bei der Weggabelung angelangt, links ⤳ nun geht der Weg ziemlich steil und steinig abwärts.

**3** 1,6 (1.470) An der Levada angelangt, rechts ⤳ der weitere Weg folgt der Levada bis zu dem schon von weithin sichtbaren **Pináculo**, auf dem Weg dorthin sind jedoch mehrere Wasserfälle zu queren, bei manchen ist eine Dusche unabwendbar.

## Pináculo

**4** 2,4 (1.462) Sie gelangen zum **Pináculo**, einer auffälligen Felsformation ⤳ der Weiterweg führt wieder den bereits bekannten, feuchten Weg zurück.

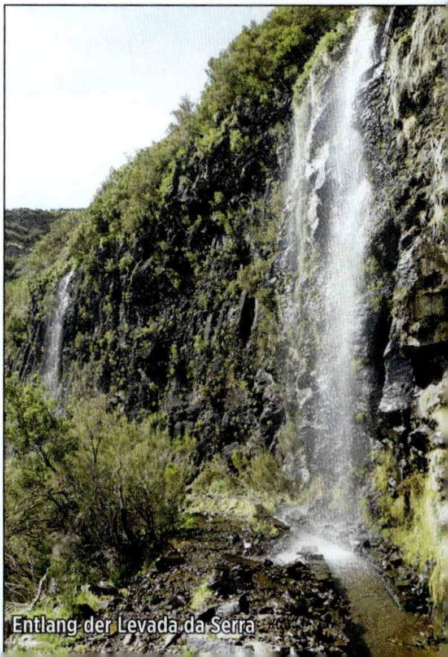
Entlang der Levada da Serra

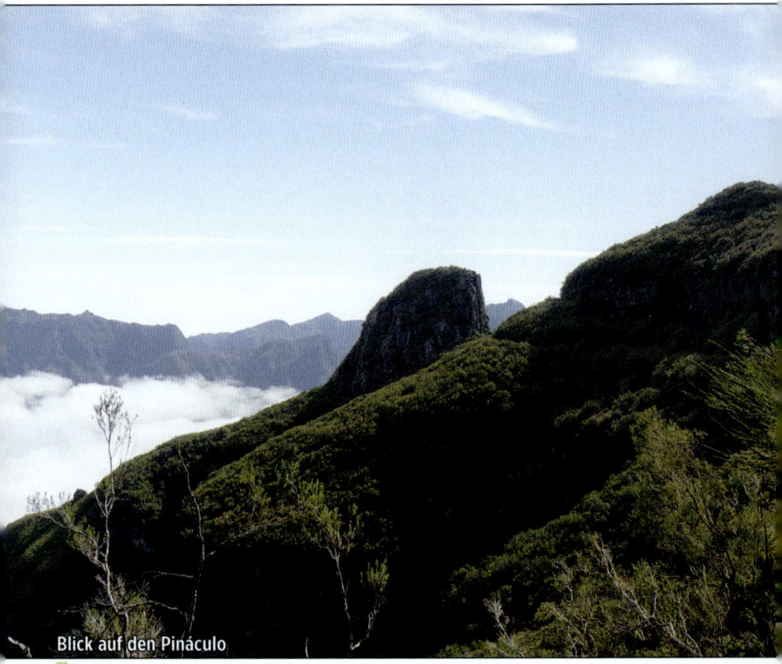

Blick auf den Pináculo

**3** 3,5 (1.470) Für die Rundtour bleiben Sie bei der Abzweigung (mit dem Steinmännchen) am Weg und folgen der Levada ⤳ an einem kleinen Wasserfall vorbei (Stufen führen dorthin) ⤳ kurz danach endet die Levada, Sie gehen durch eine Baumheidelandschaft.

**5** 4,4 (1.495) Bei der Weggabelung folgen Sie dem PR 17 links ⤳ auf einem Pfad im Zick-Zack steil aufwärts ⤳ an einem Zaun vorbei gelangen Sie bald auf die Hochfläche mit den unübersehbaren Windturbinen ⤳ folgen Sie dem Pfad entlang des Zaunes und durch Ginster ⤳ an der Asphaltstraße angelangt, links.

**1** 5,1 (1.567) Sie kommen nun zum Forsthaus und zum Parkplatz, wo die Rundtour endet.

## Bica da Cana

# Tour 35 6,1 km



# Pico Ruivo do Paúl da Serra

*Start:* Parkplatz an ER 105 (N 32,7648° W 17,0822°)
*Ziel:* Parkplatz an ER 105
*Aufstieg:* 192 m
*Abstieg:* 192 m
*Gehzeit:* 1,5 Std.
*Hartbelag:* 23 %
*Wanderwege:* 34 %
*Wanderpfade:* 43 %

**Charakteristik:** **Der Pico Ruivo do Paúl da Serra ist eine kleine Erhebung auf der Hochebene, aber hoch genug um als Aussichtspunkt zu dienen. Die recht kurze Tour ist auch ideal mit Kindern, da sie Abwechslung bietet und keine besonders heftigen Anstiege hat: eine kleine Levada inmitten der Heidelandschaft, Picknickplätze im Schatten, einen Gipfel und eine hervorragende Aussicht auf das Zentralmassiv. All dies macht aber nur Sinn bei Schönwetter und klarer Sicht, bei Nebel wie er gerade auf dieser Hochebene häufig auftritt, ist die Tour sinnlos, sogar ein Verirren möglich.**

**Markierung:** **Keine**

**An- und Abreise:** **Mit dem Auto entlang der ER 105, bei guter Sicht ist der Pico Ruivo da Paúl eindeutig auszumachen und auch der Parkplatz davor. Keine Busverbindungen.**

**Parkplätze:** **An der Kreuzung ER 105 mit der Zufahrt zum Posto Florestal Estanquinhos.**

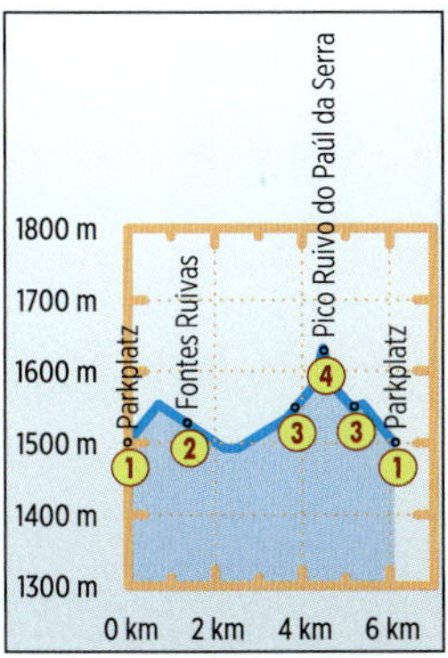


## Parkplatz

**1** 0,0 (1.500) Sie starten am Parkplatz, queren die Zufahrtsstraße ⤳ Sie gehen beim Wasserbecken vorbei auf die Levada und folgen ihr gegen die Flussrichtung ⤳ nach ca. 20 Gehminuten queren Sie ein Birkenwäldchen ⤳ später am Waldrand durch Ginster gelangen Sie zu einem Picknickplatz in einem Pinienwald.

## Fontes Ruivas

**2** 1,4 (1.527) Am Picknickplatz **Fontes Ruivas** verlassen Sie die Levada und gehen auf der Forststraße rechts Richtung **Posto Florestal Estanquinhos** und **Pico Ruivo da Paúl**.

**3** 3,8 (1.550) Nach ca. 400 m gelangen Sie zu einer T-Kreuzung, links Richtung **Pico Ruivo** und den Wiesenfahrweg aufwärts ⤳ bei der nächsten T- Kreuzung wieder links auf Pfad

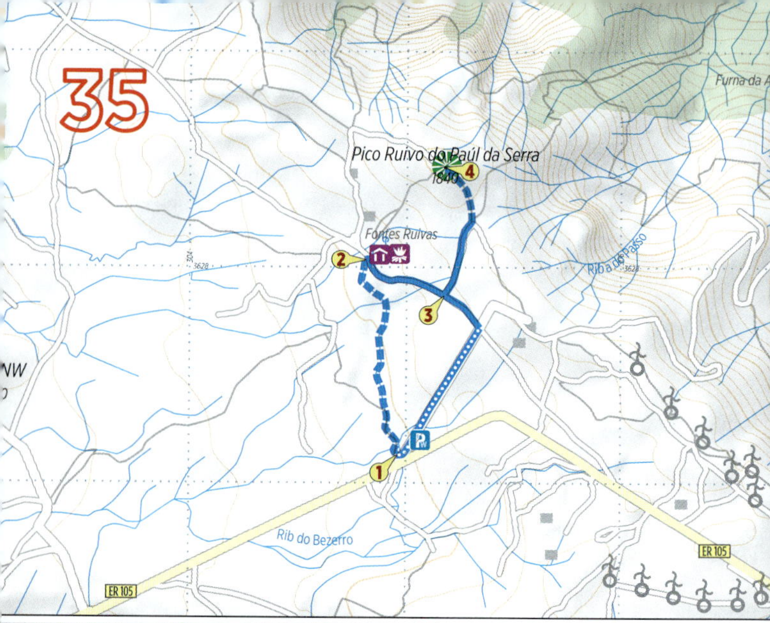


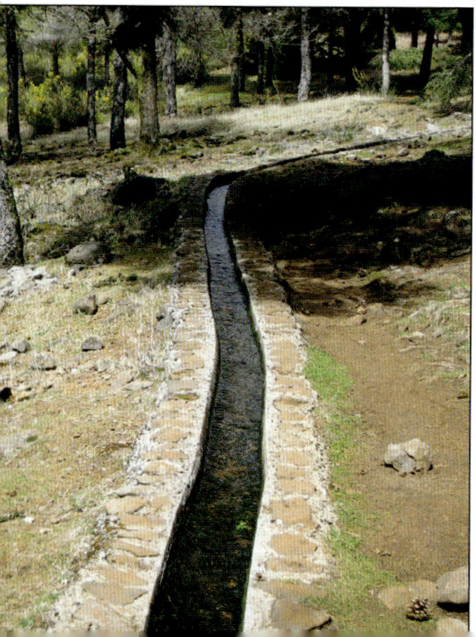

steil bergauf zum bereits sichtbaren Gipfel.

**Pico Ruivo (1.640 m)**

**4** 4,5 (1.640) Am Gipfel angelangt bietet sich eine Rundumsicht. Auf bekanntem Weg zurück.

**3** 5,2 (1.548) Bei der T-Kreuzung links Richtung **Posto Florestal Estanquinhos** ~ bei der querenden Asphaltstraße rechts Richtung Parkplatz.

**1** 6,2 (1.430) Ende der Runde am Parkplatz.

**Parkplatz**

Tour 36 6,1 km

# Familienwanderung Risco Wasserfall



*Start:* Parkplatz Rabaçal (N 32,7540° W 17,1329°)
*Ziel:* Parkplatz Rabaçal
*Aufstieg:* 393 m *Hartbelag:* 59 %
*Abstieg:* 393 m *Wanderwege:* 41 %
*Gehzeit:* 2 - 2,5 Std. *Wanderpfade:* 0 %

**Charakteristik: Durch das beliebte Wandergebiet rund um Rabaçal führen viele Touren. Als Spaziergang für die ganze Familie ist der Ausflug zum Risco Wasserfall bestens geeignet, der selbst mit Kinderwagen bewältigt werden kann. Eine windgeschützte, aber verkehrsfreie Asphaltstraße führt zum schattigen Rastplatz Posto Florestal Rabaçal. Alternativ kann man diese 1,9 km lange Strecke auch per Shuttlebus fahren. Vom Forsthaus führt ein breiter Weg Richtung Risco Wasserfall. Schon kurze Zeit später begleitet eine Levada Ihren Weg. Nur kurz vor dem Aussichtspunkt Wasserfall sollten Sie aufpassen, da ist der Weg rutschig!**

**Markierung: PR 6.1**

**An- und Abreise: Der große Parkplatz liegt an der ER 105 bei einer kleinen Senke. Keine Busverbindungen.**

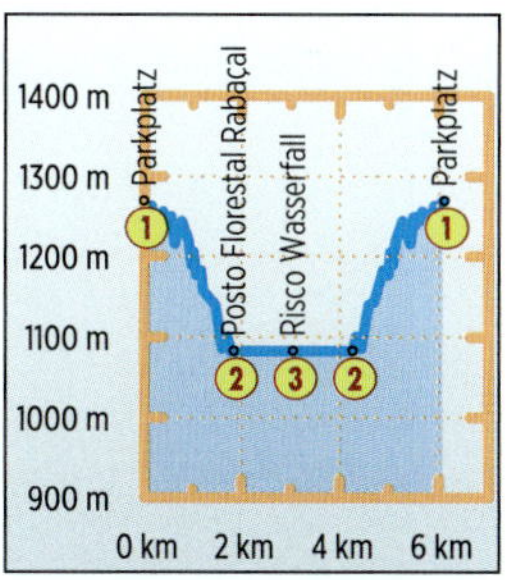


### Parkplatz

**1** 0,0 (1.290) Vom Parkplatz gehen Sie zunächst die Asphaltstraße abwärts.

TIPP: Die Straße ist für den allgemeinen Autoverkehr gesperrt, aber ein Bus-Shuttledienst fährt bis zum Forsthaus!

### Rabaçal

**2** 1,9 (1.296) Rund um das Forsthaus **Posto Florestal Rabaçal** gibt es zahlreiche Rastplätze. Für den Weg zum **Risco Wasserfall** müssen Sie wenige Meter bis zur Asphaltstraße zurück gehen, wo auch der Shuttlebus seine Station hat. Auf breitem Weg geradeaus und bergab. Der Weg zum **Risco Wasserfall** ist oftmalig gekennzeichnet, außerdem müssen Sie ab der nächsten Wegeverzweigung nur dem breiten Weg an der Levada folgen ~ bei der nächsten Gabelung rechts an der Levada halten, nach wenigen Minuten stehen Sie am Aussichtspunkt vor dem Wasserfall.

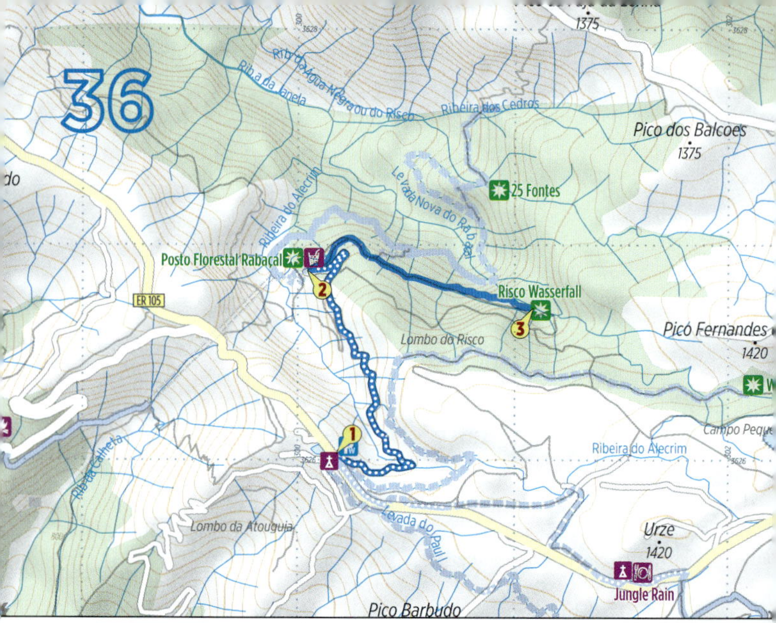


**ACHTUNG** Aufgrund des Sprühnebels vom Wasserfall Rutschgefahr! Kinder am besten an der Hand nehmen!

**Risco Wasserfall**

**3** 3,1 (1.083) Nach einer Pause wandern Sie auf bekanntem Weg wieder zurück bis zum Forsthaus und folgen der Asphaltstraße bis zum Parkplatz.

**1** 6,1 (1.270) Am Parkplatz endet die Tour.

**Parkplatz**

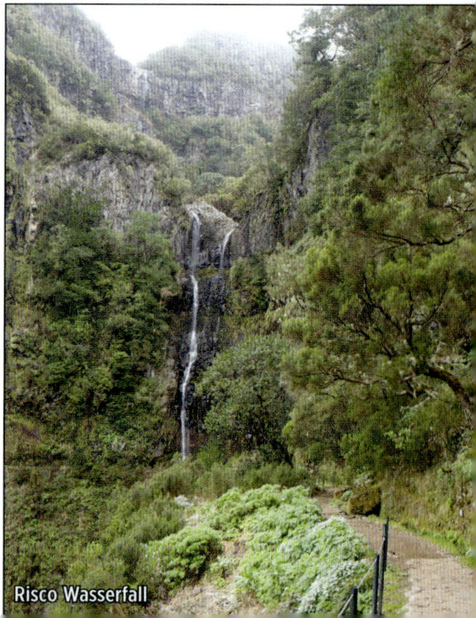

Risco Wasserfall

# Tour 37 8 km



# 25 Quellen Levada

*Start:* Parkplatz Rabaçal (N 32,7537° W 17,1492°)
*Ziel:* Parkplatz Rabaçal
*Aufstieg:* 355 m *Hartbelag:* 20 %
*Abstieg:* 355 m *Wanderwege:* 46 %
*Gehzeit:* 2,5 - 3 Std. *Wanderpfade:* 33 %

**Charakteristik:** Die Wanderung zum den berühmten 25 Quellen startet an ungewohnter Stelle, der entgegengesetzten Bergseite. Sie wandern durch einen 800 m langen Tunnel und sind damit bereits im Umfeld von Rabaçal und wandern entlang der Levada. Der bald sehr schmale Pfad führt durch einen knorrigen Buschwald. Abschüssige Stellen sind ausnahmslos gesichert.
Da zeitweise nur ein Weg zu den 25 Quellen führt, muss zeitweise mit höherem Wanderaufkommen gerechnet werden! Die 25 Quellen befinden sich in einen kleinem Kessel, aus dem von überall Wasser hineinrinnt. Danach wandern Sie entlang der Hauptroute zurück, zweigen aber zum Forsthaus ab. Dazwischen können Sie optional noch den Risco Wasserfall besuchen. Vom Forsthaus gelangen Sie auf einem schmalen Pfad zum Tunnel zurück, der Sie wieder zum Ausgangspunkt bringt.

**Tipp:** Taschenlampe mitnehmen!
Für Kinder ist diese Tour empfehlenswert, sobald Sie sich darauf verlassen können, dass sie alleine vernünftig gehen. Sollte dies noch nicht der Fall sein, ist die Tour 36, die nur zum Risco Wasserfall führt stressfreier.

**Markierung:** PR 6

**An- und Abfahrt:** Der Parkplatz befindet sich neben dem Grillplatz und dem Unterstand an der Straße zwischen Calheta und Rabaçal (ER 105), zwei Serpentinen unterhalb von Rabaçal. Keine Busverbindung.

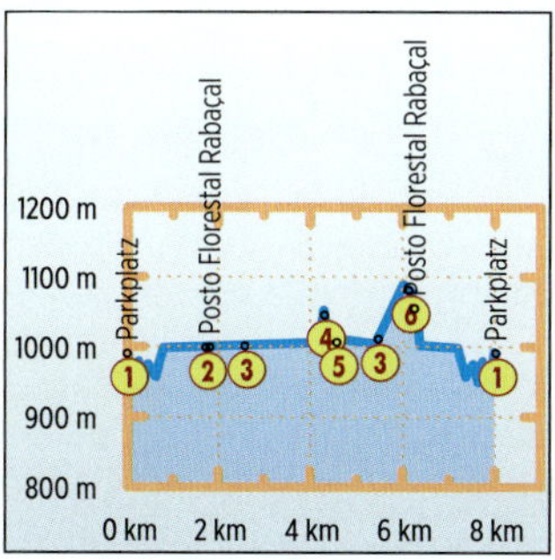


## Parkplatz

**1** 0,0 (991) Start am Parkplatz bei der Tafel mit der Wegbeschreibung ~ die ER 105 queren und auf einem Forstweg zunächst durch Eukalyptuswald ~ Sie kommen dann auf

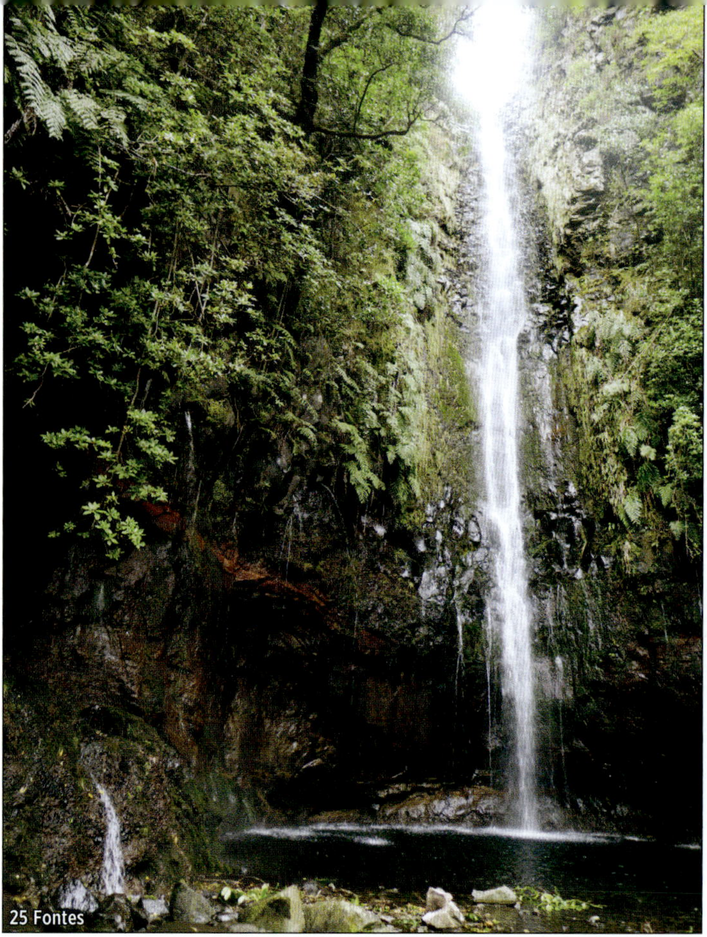

25 Fontes

eine große Rodungsfläche ⇝ vor dem Haus links und durch den breiten, anfangs sehr hohen Tunnel.

**2** 1,7 (1.000) Um zu den 25 Quellen zu gelangen, gehen Sie zunächst geradeaus entlang der Levada.

**3** 2,6 (1.002) Wegekreuzung, hier zweigt der Weg nach **Rabaçal** bergauf ab, den Sie nach Besuch der 25 Quellen gehen werden. Zunächst jedoch gehen Sie geradeaus, folgen weiter der Levada ⇝ über Steinstufen gehen Sie bergab und queren auf einer Brücke das Tal des Risco

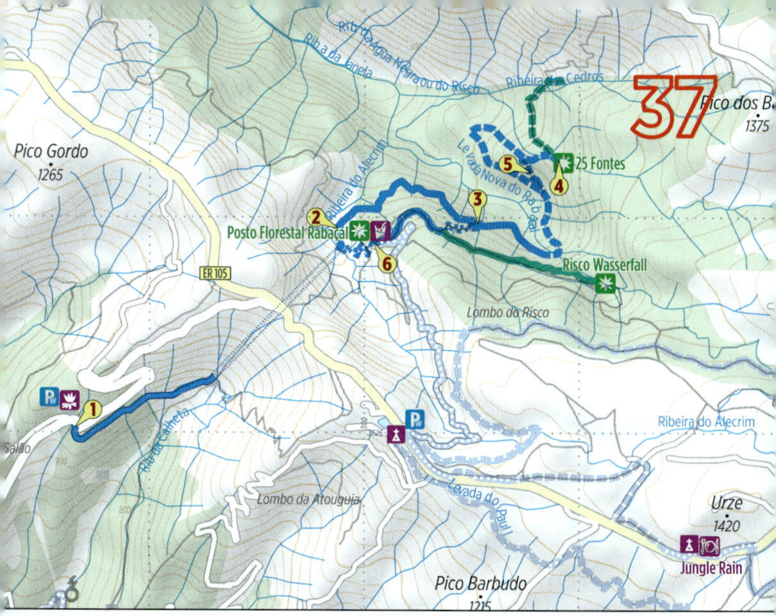


Wasserfalls, danach wieder auf Stiegen aufwärts und am Wasserhaus vorbei.

### 25 Fontes

**4** 4,3 (1.046) Vor der nächsten Brücke biegen sie nach rechts ab und gehen die wenigen Meter in den kleinen Talkessel mit den 25 Quellen.

VARIANTE Sie können noch der Levada bis ins Tal der Ribeira dos Cedros folgen, Rückweg auf derselben Strecke.

**5** 4,6 (1.007) Der Rückweg folgt entlang der Abkürzung über die markierte Einbahnführung.

**3** 5,4 (1.002) Bei der Weggabelung gehen Sie nun links den Stufenweg bergauf nach **Rabaçal** ⇝ nach anstrengendem Anstieg kommen Sie zu einer Weggabelung.

VARIANTE Der linke Wegast (P.R. 6.1) führt Sie in 15 Minuten zum eindrucksvollen Risco Wasserfall.

Für den Rundweg folgen Sie dem Weg Richtung **Posto Florestal Rabaçal**, bei der nächsten Abzweigung links ⇝ Sie gelangen zur Asphaltstraße, hier rechts.

### Rabaçal

**Rabaçal Nature Spot Cafe**, ✆ 963797356

**6** 6,2 (1.081) Der Weg zurück verläuft hinter dem Gebäude neben den Toiletten bergab ⇝ auf schlechtem Pfad abwärts, bis Sie schließlich zum Tunnelportal gelangen.

**2** 6,4 (1.000) Durch den Tunnel auf bekanntem Weg zurück.

**1** 8,0 (991) Tourende am Parkplatz.

### Parkplatz an ER 105

## Tour 38 — 6,7 km

# Levada do Alecrim

*Start:* Parkplatz Rabaçal (N 32,7540° W 17,1329°)
*Ziel:* Parkplatz Rabaçal
*Aufstieg:* 80 m
*Abstieg:* 80 m
*Gehzeit:* 2 - 2,5 Std.
*Hartbelag:* 0 %
*Wanderwege:* 0 %
*Wanderpfade:* 100 %

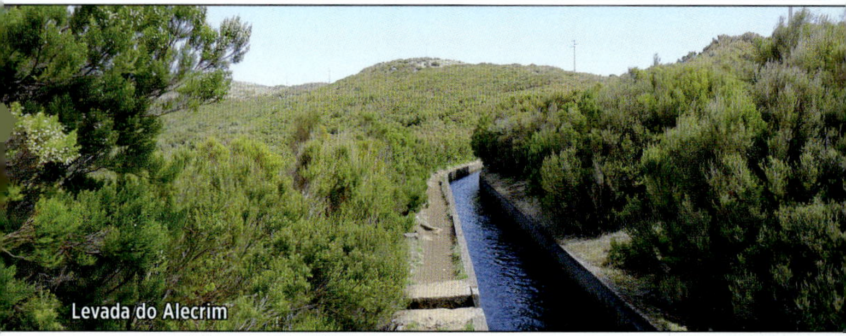
Levada do Alecrim

**Charakteristik:** Levadawanderung auf der Hochebene. Die Tour führt anfänglich oberhalb Rabaçal entlang und bietet schöne Ausblicke. Sie queren den Rosmarinbach (port. Alecrim), von dem die Levada ihren Namen bekommen hat. Nun wird der Weg ausgesetzt, der seitliche Bewuchs verdeckt dies aber zumeist. Neben einer Levadatreppe gelangen Sie auf die Hochebene. An zahlreichen Büschen der Madeira-Heidelbeere und weiteren Heidekrautgewächsen vorbei, gelangen Sie zu einem romantischen kleinen Wasserfall, dem Levadaursprung. Auf selbem Weg wandern Sie nach einer ausgiebigen Pause wieder zurück.

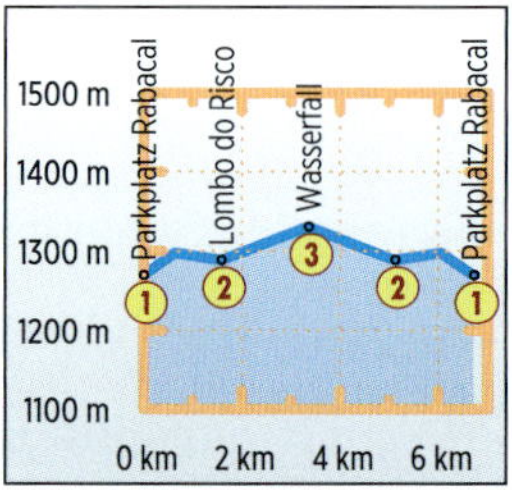


**Markierung:** PR 6.1

**Hinweis:** Aufgrund von Bau- und Aufforstungsarbeiten am Pico da Urze kann es zu Bauverkehr und sonstigen Störungen kommen.

**An- und Abreise:** Der große Parkplatz liegt an der ER 105 bei einer kleinen Senke. Keine Busverbindungen.

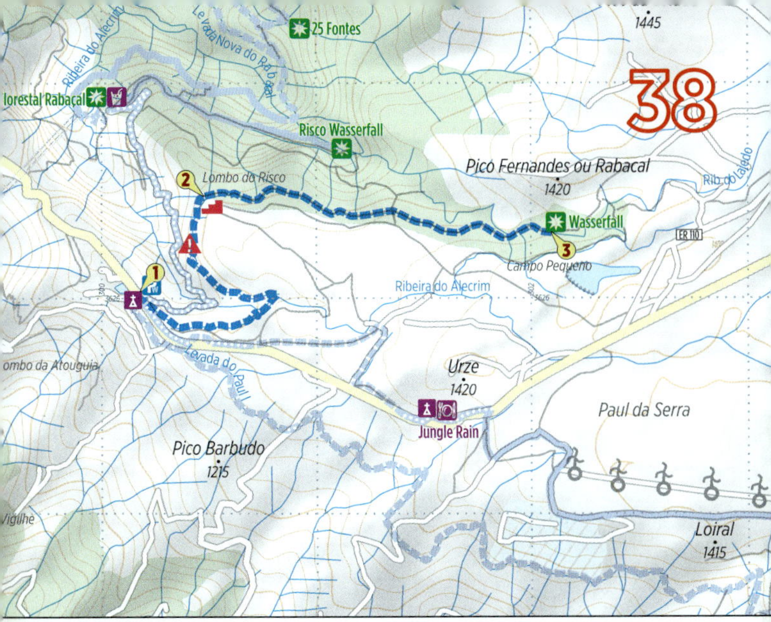


## Parkplatz Rabaçal

**1** 0,0 (1.270) Vom Parkplatz an der Schranke vorbei, nicht auf der Asphaltstraße bleiben, sondern rechts auf den Pfad in Richtung Hochspannungsmast ~ gleich danach wird die Levada sichtbar, der Sie nun folgen ~ die Levada quert den **Rosmarinbach**, der hier einmündet ~ ⚠ die folgende Strecke ist zwar grundsätzlich ausgesetzt, der Bewuchs am Rande täuscht Sicherheit vor. Deswegen wurde auch an einer Stelle Geländer montiert.

**2** 1,6 (1.290) Sie gelangen zu einer Wassertreppe, der Sie auf Stufen aufwärts folgen ~ die Levada auf der Hochebene ist nun ein wenig schmäler, der Weg problemlos zu meistern.

## Levadaursprung

**3** 3,4 (1.330) Sie erreichen den Ursprung der Levada, ein netter Pausenplatz mit kleinem Wasserfall ~ auf bekanntem Weg wieder zurück.

**1** 6,7 (1.270) Tourende am Parkplatz.

## Parkplatz Rabaçal

Tour 39 11,1 km

# Paul da Serra Rundwanderung

*Start:* Hotel Pico da Urze (N 32,7489° W 17,1171°)
*Ziel:* Hotel Pico da Urze
*Aufstieg:* 200 m *Hartbelag:* 20 %
*Abstieg:* 200 m *Wanderwege:* 24 %
*Gehzeit:* 4 - 4,5 Std. *Wanderpfade:* 57 %

**Charakteristik:** Auf dieser Rundtour wandern Sie zunächst zur Kapelle gegenüber des Parkplatzes von Rabaçal. Von hier folgen Sie der Levada do Paúl, am Rande der Hochfläche. Der Ginster ist hier die vorherrschende Pflanze. Zumeist weiden auch Kühe und halten sich gerne entlang der Levada auf. In einigen kleinen Seitentälern gibt es kürzere exponierte Stellen des Levadaweges. Bei der Statue Christo Rei gelangen Sie auf die Asphaltstraße, der Sie zunächst aufwärts zur Hochfläche folgen. An zahlreichen Windturbinen vorbei wandern Sie wieder zum Ausgangspunkt zurück. Diese Tour ist nur bei guter Sicht empfehlenswert, bei Nebel ist man auf der Hochfläche orientierungslos.

**Variante:** Wenn Sie nur die Levada genießen wollen, parken Sie besser am Parkplatz von Rabaçal und laufen nur entlang der Levada.

**Markierung:** keine

**Hinweis:** Aufgrund von Bau- und Aufforstungsarbeiten am Pico da Urze kann es zu Bauverkehr und sonstigen Störungen kommen.

**An- und Abreise:** Das Hotel Pico da Urze liegt an der ER 105. Keine Busverbindungen.

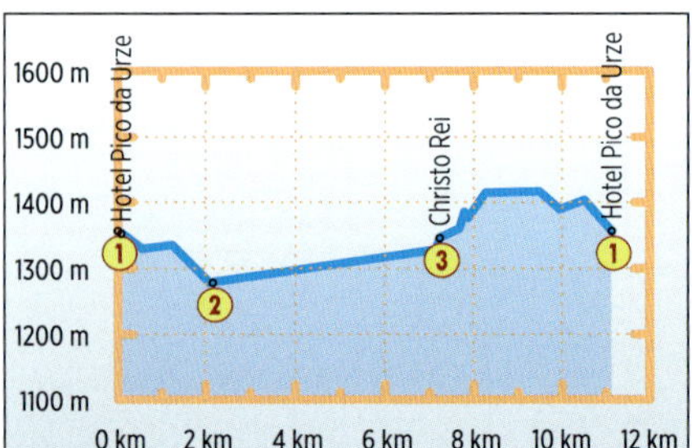


## Pico da Urze

**Kapelle.** Gleich neben dem Hotel zu finden.

**Hotel Pico da Urze**, Estreito da Calheta, ✆ 291820150. Auf 1418 Hm mitten in der Natur gelegenes Hotel. Es beherbergt das Jungle Rain Cafe, ein Grillrestaurant und eine daneben befindliche Pizzeria.

**1** 0,0 (1.356) Sie starten beim Hotel Pico da Urze ⤳ sofort nach

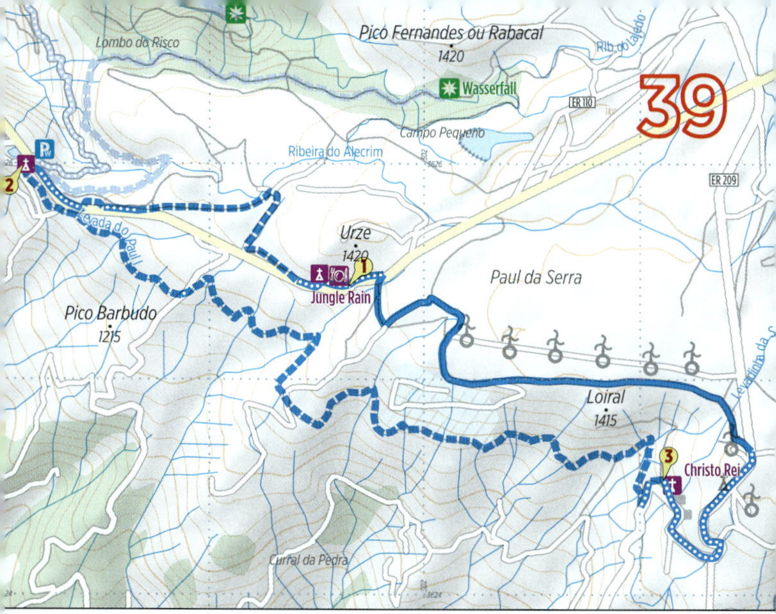


der Kapelle rechts von der Straße ab auf den kleinen Pfad, der zwischen Ginster verläuft ⁓ kurz bevor Sie zur Straße kommen, rechts auf den Karrenweg ⁓ der Karrenweg macht eine Kurve, Sie sehen das Tal von Rabaçal, hier links zur Straße zurück ⁓ ein kurzes Stück auf der Straße, links (gegenüber des Parkplatzes der 25 Quellen) auf Schotterweg zur Kapelle.

**2** 2,2 (1.278) Links von der Kapelle beginnt die Levada, der Sie nun folgen ⁓ diese verläuft größtenteils entlang der **Paúl da Serra** durch Weideland, es bieten sich schöne Blicke ins Tal ⁓ an den, in den Hang eingegrabenen Höhlen vorbei, hier ist der Weg etwas schmal ⁓ Sie wandern an einem Areal mit Solaranlagen vorbei ⁓ 15 Min.

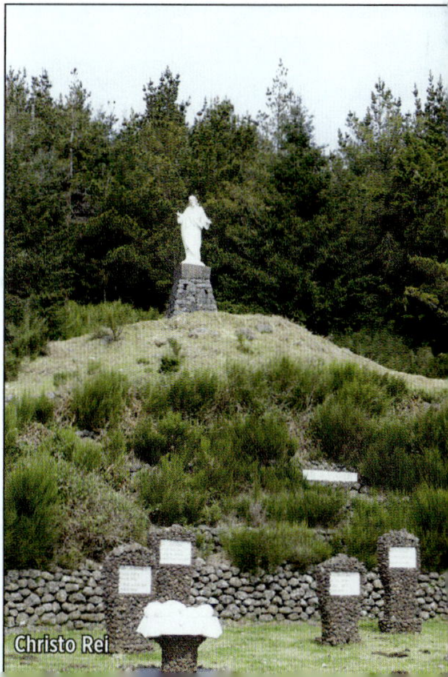

Christo Rei

später treffen Sie auf eine Asphaltstraße (ER 110), diese aufwärts.

**Christo Rei**

**3** 7,3 (1.346) Von der **Christo Rei** Statue gehen Sie die Asphaltstraße aufwärts ⤳ an einer Kapelle vorbei bis kurz nach der Sandgrube, dann bei der Wegkreuzung links ⤳ der Weg führt an den Windrädern vorbei, dann gehen Sie zur Straße, biegen links ab.

**1** 11,1 (1.357) In westlicher Richtung an der ER 105 erreichen Sie nach wenigen Gehminuten wieder das Hotel Pico da Urze

**Hotel Pico da Urze**

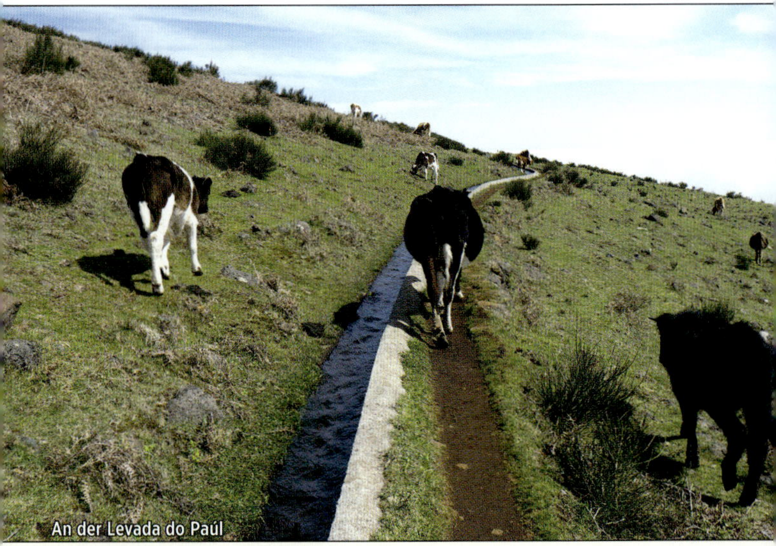

An der Levada do Paúl

## Die Hochfläche Paúl da Serra

*Die ersten Siedler auf Madeira lernten eine gänzlich bewaldete Insel kennen, daher der Name, der Holz bedeutet. So wuchs auf der Hochfläche von Paúl da Serra Zedern-Wacholder, der bereits im 16. Jahrhundert abgeholzt wurde und hauptsächlich zum Schiffbau verwendet wurde. In Folge dieser Abholzung wurde der Boden immer karger, sodass nun nur noch Gräser, Adlerfarn und der eingeführte Ginster hier wachsen. Bereits geographische Aufzeichnungen aus dem 19. Jahrhundert haben dieses Bild festgehalten. Heute weiden Kühe hier oben, die eigentliche wirtschaftliche Nutzung dieser Fläche erfolgt nun aber von den zahlreichen Windturbinen, die auf der Hochfläche erbaut wurden.*

Tour 40 15,8 km

# Von Prazeres nach Calheta

*Start:* Prazeres (N 32,7563° W 17,2015°)
*Ziel:* Calheta
*Aufstieg:* 70 m
*Abstieg:* 419 m
*Gehzeit:* 5 - 5,5 Std.
*Hartbelag:* 20 %
*Wanderwege:* 0 %
*Wanderpfade:* 80 %

**Charakteristik:** Levadawanderung, durch den oberhalb von Calheta typischen Kiefern- und Eukalyptuswald. Die Wanderung ist großteils wenig ausgesetzt und schattig. Entlang der Levada verändert sich auch langsam die umgebende Pflanzenwelt. Im Bereich des Tales der Ribeira do Achada merken Sie den Einfluss des Gebirges auf die Pflanzenwelt. An der ER 211 angelangt, wandern Sie nun auf Asphalt abwärts, bis Sie zur Bushaltestelle gelangen.

**Variante:** Sie können weiterhin der Levada bis zum Kraftwerk folgen, der Weg dorthin ist jedoch bedeutend ausgesetzter. Auf der kopfsteingepflasterten Zufahrtsstraße wandern Sie dann abwärts zur Haltestelle.

**Markierung:** keine

**An- und Abreise:** Die Buslinie 142 (Rodoeste) verbindet Funchal mit Prazeres.

**Parkplätze:** Westlich vom Start kleiner Parkplatz.

## Prazeres

**1** 0,0 (637) Start in **Prazeres** an der Straßenecke **Vereda da Carda**, bei der Telefonzelle / **Estrada das Eiras**, hier befindet sich ein kleiner Brunnen ~ links hinauf die **Estrada das Eiras** ~ am **Posto Florestal** vorbei ~ links

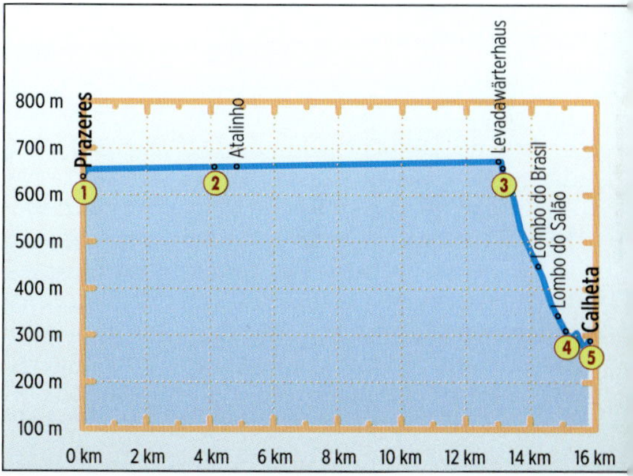

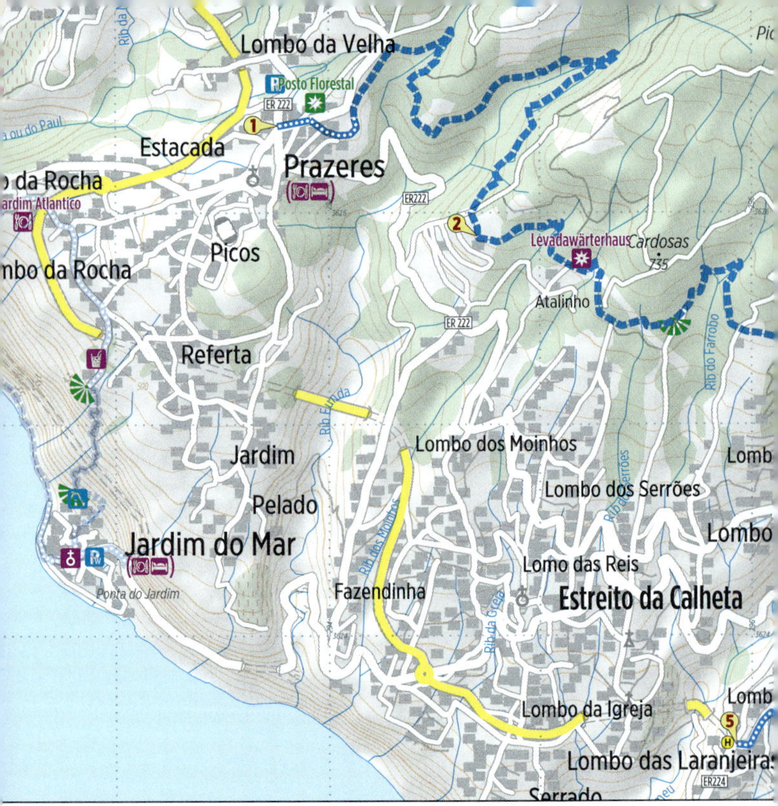


Rastbänke ⇝ Sie gehen nach rechts entlang der Levada, schon bald sind Sie an den letzten Häusern vorbei ⇝ der Weg an der Levada durchläuft zwei Seitentäler, langsam verändert sich dabei die Landschaft: in den anfangs reinen Kiefernwald mischt sich immer mehr Eukalyptus ⇝ nach dem Queren einer Forststraße passieren Sie einige große Glashäuser.

**2** 4,1 (658) Sie kommen bei einem Levadawärterhaus vorbei ⇝ eine gerodete Fläche gibt den Blick auf **Estreito da Calheta** und das Meer frei ⇝ die weitere Wanderung führt Sie nun durch zwei tiefe Täler, hier in der Übergangsregion zwischen Küste und Gebirge lässt sich der Wechsel der Pflanzengesellschaften gut beobachten ⇝ nach einem großen Wasserbecken und einem Levadawärterhaus gelangen Sie an die Straße ER 211.

**3** 13,1 (656) Die ER 211 wandern Sie nun bergab.

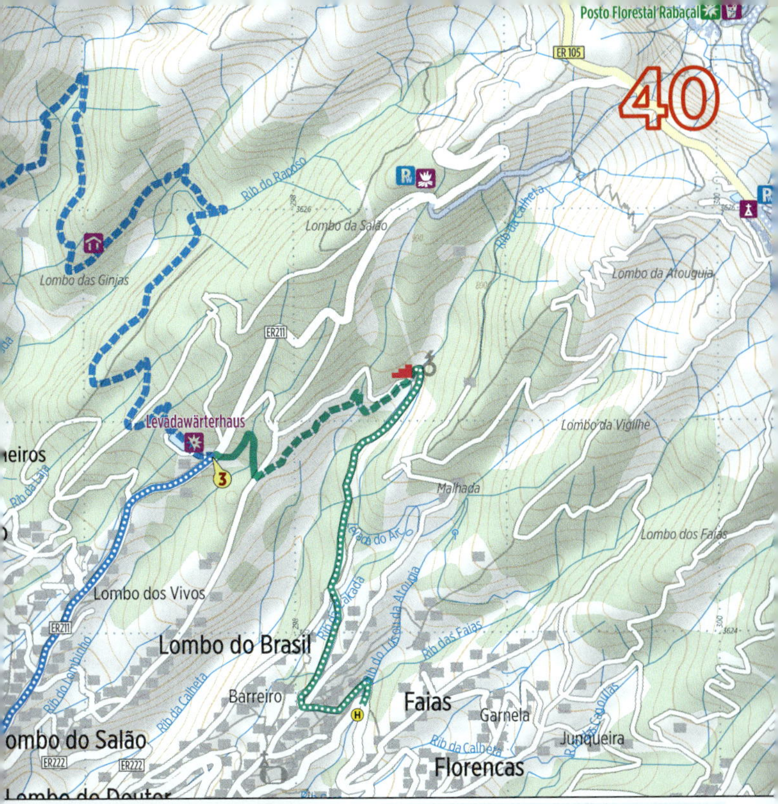


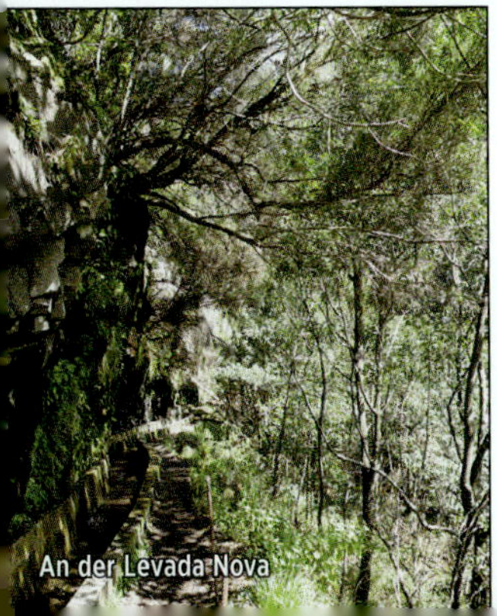
An der Levada Nova

VARIANTE Der nun folgende Wegabschnitt entlang der Levada bis zum Kraftwerk ist bedeutend schwerer und ausgesetzter. Vom Kraftwerk können Sie dann die Werksstraße abwärts laufen, bei der Weggabelung links, bis Sie zur Busstation gelangen.

### Lombo do Salão

**4** 15,1 (656) Im Ortsgebiet kommen Sie zur Kreuzung mit der ER 222, hier gehen Sie rechts, an der Bar Barbosa vorbei.

**5** 15,8 (288) Im Ortsteil Estrela endet die Tour bei der Bushaltestelle.

### Lombo da Estrela

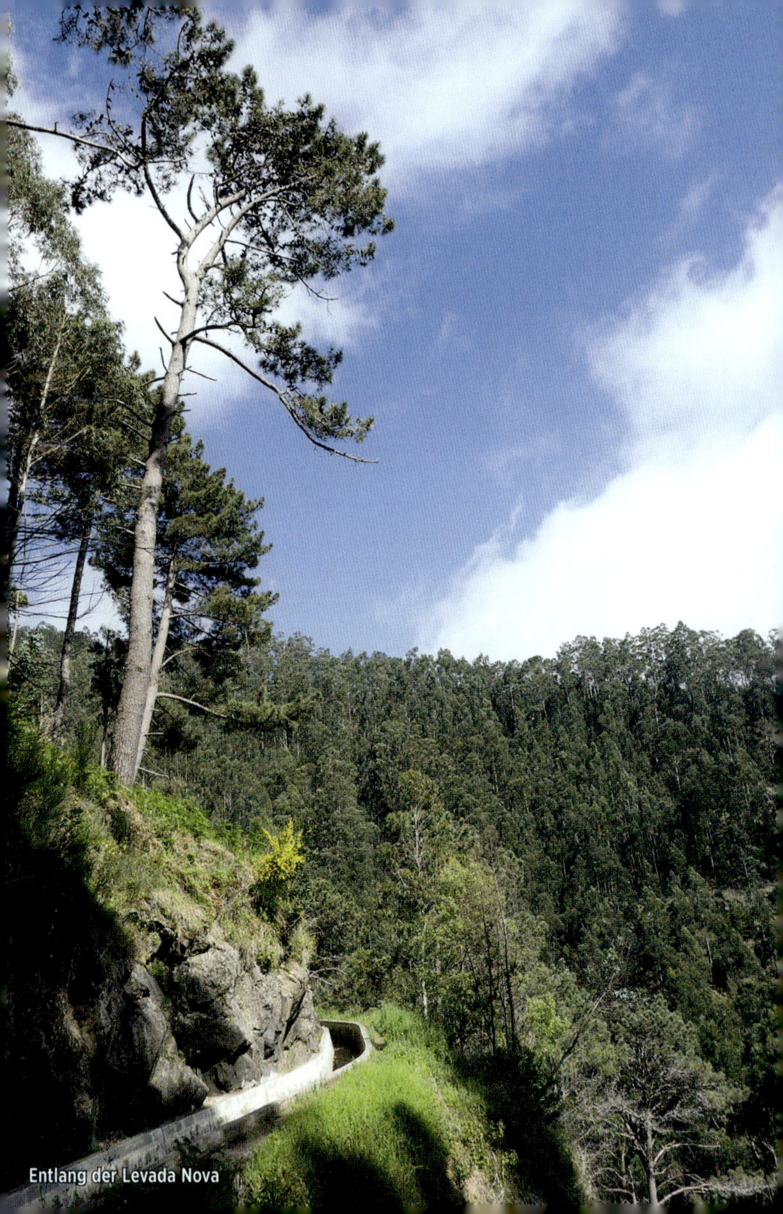

Entlang der Levada Nova

# Tour 41 — 2,5 km

# Von Paúl nach Jardim do Mar Strandwanderung

*Start:* Paúl do Mar (N 32,7526° W 17,2244°)
*Ziel:* Jardim do Mar
*Aufstieg:* 40 m — *Hartbelag:* 24 %
*Abstieg:* 10 m — *Wanderwege:* 0 %
*Gehzeit:* 2 - 2,5 Std. — *Wanderpfade:* 76 %

**Charakteristik:** Küstenwanderungen sind auf Madeira selten. Diese Tour verbindet die zwei Küstenorte Paul und Jardim do Mar miteinander. Erst seit dem Jahr 2000 verbindet ein Straßentunnel die beiden Orte, bis dahin mussten die Bewohner entweder diesen Weg wählen oder über die Berge steigen.

Der erste schwierige Teil beginnt bereits beim Hafen: Hier muss der in das Meer fließende Bach überquert werden, am besten, ohne sich zu nasse Füße zu holen. Die weitere Tour führt nun am Strand weglos entlang, Sie steigen von Stein zu Stein. Abschnittsweise, vor allem in Meeresnähe sind die Steine kleiner und leichter zu begehen. Ein Felsen bildet eine Engstelle des Strandes, speziell dieser Abschnitt ist bei Flut oder starkem Wellengang unpassierbar! Kurz danach ist ein Bereich mit Tuff-Felsen kletternder Weise zu queren. Nach diesem Abschnitt wird der Strand leichter begehbar, man hat wieder Zeit, einen Wasserfall zu bewundern, der sich von den Klippen stürzt. Bald schon gelangen Sie über ein Rampe zur Uferpromenade und in den Ort Jardim do Mar, wo die Tour endet.

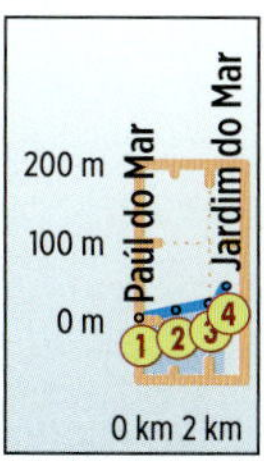


**Varianten:** Zurück gehen Sie entweder auf derselben Strecke oder über die Berge (siehe Tour 42) oder Sie laufen – wie viele Dorfbewohner – durch den 2 km langen Tunnel.

**Hinweis:** Diese Tour ist bei Flut (Hochwasser) oder bei hohem Wellengang lebensgefährlich und nicht begehbar! Fragen Sie entweder im Ort in einem der Lokale, in den lokalen Zeitungen oder im Internet unter http://www.hidrografico.pt/prev.mare.

Baixa-mar ist das Niedrigwasser, Preia-mar das Hochwasser.

An- und Abreise: Mit dem Auto bis Estreito da Calheta, dann nach Jardim do Mar und durch den Tunnel nach Paúl do Mar. Buslinie 115 (Rodoeste) verbindet diese Orte, hat jedoch unbrauchbare Fahrzeiten.

## Paúl do Mar

*Paúl do Mar ist einer der wichtigsten Fischerorte von Madeira. Der Ozean bietet eine ausgesprochen reichhaltige Vielfalt an Fischen und gilt aus diesem Grund als Geheimtipp der Gastronomie. Bis in die späten 60er Jahre konnte dieser Ort mit dem schönen alten Stadtkern nur über den Meeresweg oder eine gefährlich steile Bergstraße erreicht werden. Heutzutage gibt es eine gute Zufahrt in das romantische Ambiente.*

**1** 0,0 (5) Die Tour startet am Hafen beim Pier, Sie gehen am hinteren Ende der Bootsrampe über eine Treppe zum Steinstrand hinab ⇝ auf groben Steinen und Felsen klettern Sie entlang des Strandes ⇝ der Ort **Jardim do Mar** wird nach einem ersten Linksbogen ersichtlich.

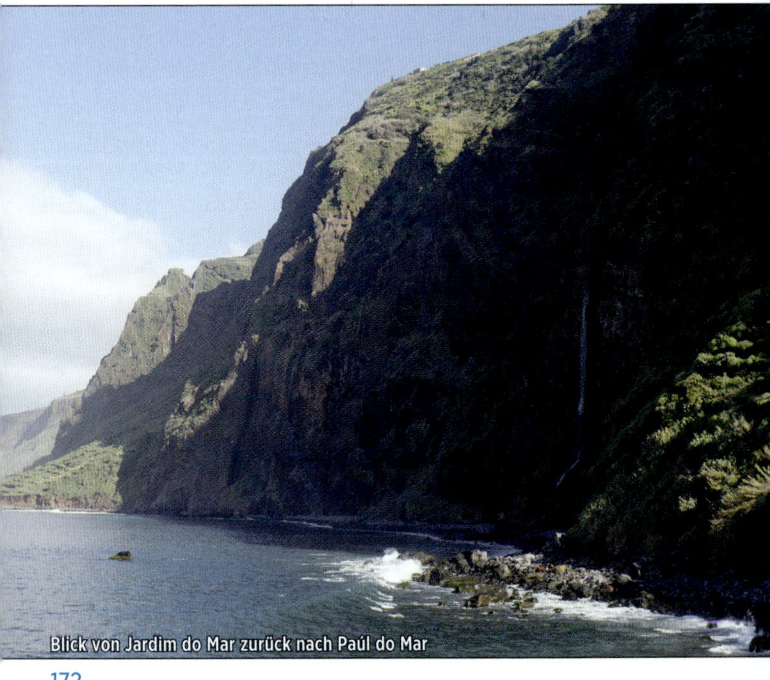

Blick von Jardim do Mar zurück nach Paúl do Mar

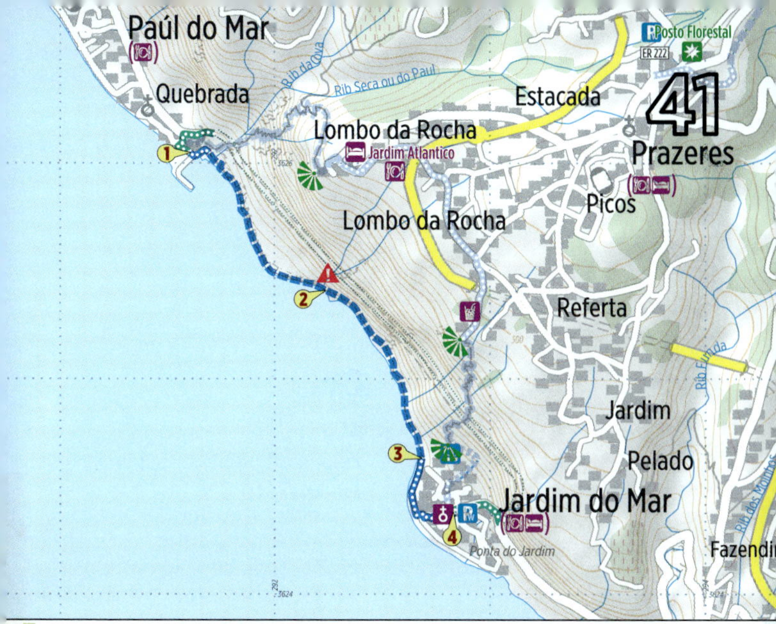


**2** 1,0 (12) ⚠ Ein besonders schmaler, durch einen Felsen begrenzter Strandabschnitt stellt die Schlüsselstelle dieser Wanderung dar, dieser Abschnitt dauert nur zirka eine Gehminute, ist aber nur bei geringem Wellengang und Ebbe gefahrlos zu bewältigen (wer sich unsicher fühlt, möge besser umdrehen) ~ es folgt ein Abschnitt, wo rote Tuff-Felsen zu überqueren sind, hier ist leichtes Klettern erforderlich ~ danach ist der Strand breiter ~ Sie queren nun einen Abschnitt sogenannter Schuttfächer ~ an einem schönen Wasserfall vorbei.

**3** 2,0 (20) Am Pier des Ortes **Jardim do Mar** angelangt, gehen Sie zunächst die Rampe hinauf ~ wandern an der neu errichteten Uferpromenade entlang ~ bei der zweiten Stiege aufwärts ~ rechts haltend, bis Sie zur Kirche gelangen ~ weiter rechts befindet sich der Hauptplatz.

**4** 2,5 (44) Am Hauptplatz endet die Tour.

**Jardim do Mar**

Tour 42 — 4,4 km

# Von Jardim nach Paúl do Mar über die gebirgige Küste

*Start:* Jardim do Mar (N 32,7378° W 17,2109°)
*Ziel:* Paúl do Mar
*Aufstieg:* 706 m — *Hartbelag:* 38 %
*Abstieg:* 748 m — *Wanderwege:* 3 %
*Gehzeit:* 2,5 - 3 Std. — *Wanderpfade:* 59 %

**Charakteristik:** Wer früher von Jardim do Mar in den restlichen Teil der Insel wollte, musste den steilen Pfad aufwärts schreiten. Nur die Reichen konnten es sich leisten, im Tragetuch getragen zu werden.

Auf diesem Weg mit 570 Meter Höhenanstieg lässt sich dieses Lebensgefühl vielleicht nachempfinden. Auf hohen Steinstufen, die immer wieder saniert werden, gewinnt man rasch an Höhe. Oben angelangt wandern Sie zunächst auf einer Asphaltstraße zum Hotel Jardim do Mar. Von dort führt ein restaurierter Königspfad wieder abwärts nach Paúl do Mar. Auf Steinpflaster mit abgerundeten Stufen, damit auch Maultiere die Strecke bewältigen, gelangen Sie durch eine traumhaft schöne Schlucht nach Paúl do Mar.

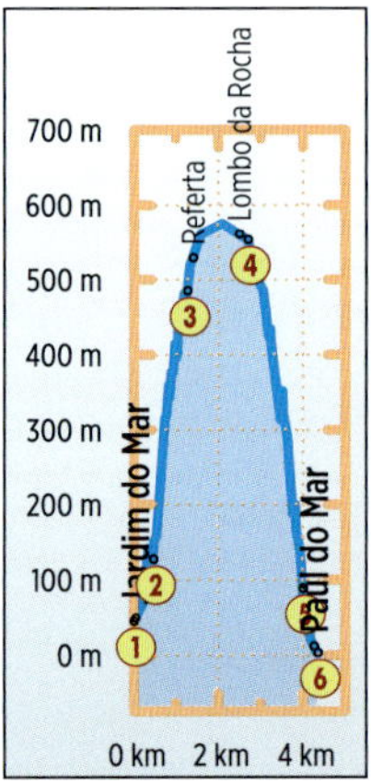


**Varianten:** Dieselbe Strecke zurück ist wegen des Abstiegs nach Jardim do Mar nicht zu empfehlen. Entweder Sie laufen – wie manche Dorfbewohner – durch den 2 km langen Tunnel, oder Sie wandern bei Ebbe und wenig Wellengang am Strand (Tour 41) zurück.

**Markierung:** Der Königspfad ist als PR 19 gekennzeichnet.

**An- und Abreise:** Mit dem Auto bis Estreito da Calheta, dann nach Jardim do Mar. Buslinie 115 verbindet diese Orte, hat jedoch unbrauchbare Fahrzeiten. Rufen Sie lieber ein Taxi!

## Jardim do Mar

**1** 0,0 (44) Sie starten am modern gestalteten Hauptplatz, der vor dem Park-

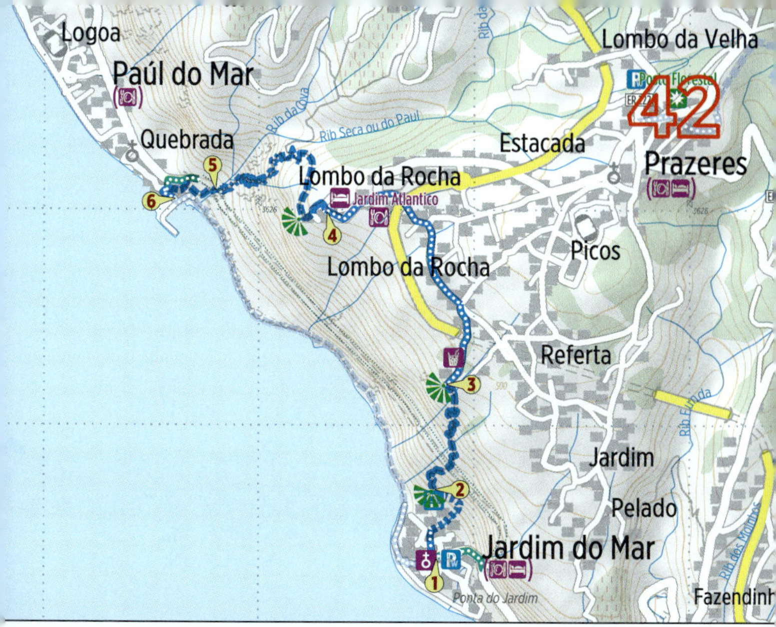


platz (Blick in Richtung Ortszentrum) liegt ⤳ Sie folgen der Beschilderung Joe's Bar in der **Vereda do Igreja** ⤳ an einem Schaukasten vorbei, hier rechts dem Schild nach **Prazeres** folgend ⤳ zunächst entlang einer Ortslevada aufwärts, der Weg biegt dann nach links ⤳ steile und rutschige Stellen erfordern ein konzentriertes Gehen, wer sich hier bereits unwohl fühlt sollte besser abbrechen!

**2** 0,5 (126) An einem Aussichtspunkt sehen Sie, wie hoch oberhalb der Ortschaft Sie sich bereits befinden ⤳ ein kleines Stück gehen Sie noch geradeaus, dann im steilen Zick-Zack aufwärts, zumeist auf Steinstufen ⤳ an einem kleinen Steinloch vorbei, das man als Unterstand nutzen könnte ⤳ im weiteren Verlauf, ab dem nächsten Geländeabsatz, ist der Weg nicht mehr so steil.

**3** 1,3 (485) Aussichtspunkt mit Rastbank vor den ersten Häusern ⤳ Sie folgen dem Pflasterweg aufwärts ⤳ obwohl hier bereits viele neue und moderne Häuser stehen, ist von der ursprünglichen landwirtschaftlichen Nutzung noch viel zu sehen.

### Prazeres

**Eco Prazeres**, Caminho do Miradouro, ✆ 965636495, @ dek742

An der querenden Asphaltstraße links ⤳ der Straße folgen und auf einer Brücke über die Schnellstraße ⤳ bei der nun folgenden Gabelung wieder links halten (Caminho Lombo de Rocha).

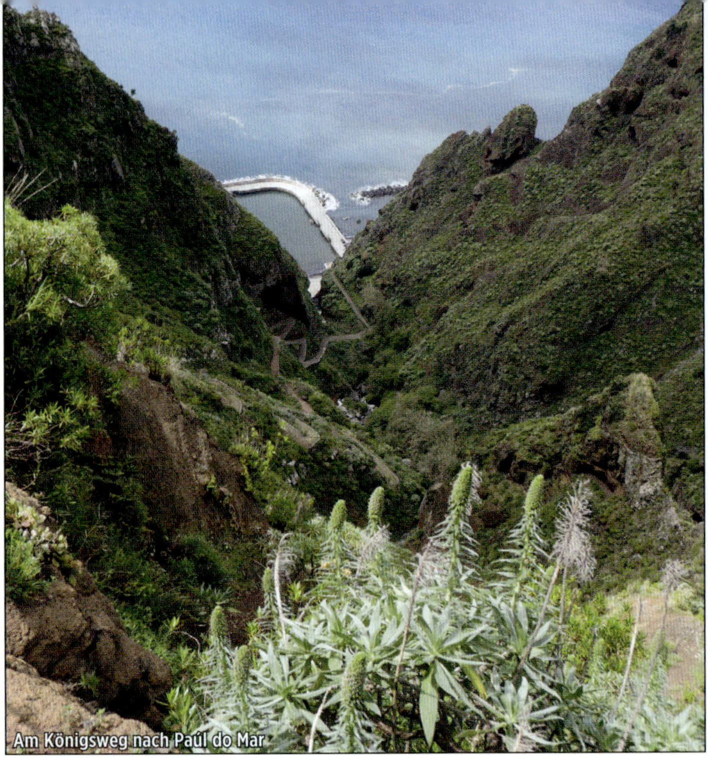

Am Königsweg nach Paúl do Mar

## Jardim do Atlantico

Hotel Jardim do Atlantico, Caminho Lombo da Rocha, ✆ 291820220

**4** 2,7 (552) Vom Hotel ausgehend, an der Straße abwärts, bis zum Hotelkomplex gehen ⤳ links neben der Barfußanlage des Hotels vorbei ⤳ rechts, zwischen den Appartementanlagen hindurch auf Stiegen abwärts ⤳ an einem Aussichtsplatz vorbei, hier endet gleichzeitig der Asphalt ⤳ Sie folgen dem restaurierten, historischen Steinpflasterweg in steilen und engen Serpentinen abwärts ⤳ über eine Brücke ⤳ bei sehenswerten Felshöhlen verläuft der Weg in den Talgrund.

**5** 4,0 (87) Über die historische Brücke ⤳ auf der rechten Seite befinden sich Überreste einer alten Levada ⤳ kurz bevor Sie in den Ort gelangen, gehen Sie bei der Weggabelung links ⤳ auf Stiegen abwärts.

**6** 4,4 (5) An der Hinterseite des Hafens ist sowohl das Ende des PR 19 als auch dieser Tour.

## Paúl do Mar

Tour 43 — 10,8 km

# Rundwanderung Levada do Cedros



*Start:* Posto Florestal Fanal (N 32,8097° W 17,1409°)
*Ziel:* Posto Florestal Fanal
*Aufstieg:* 330 m — *Hartbelag:* 28 %
*Abstieg:* 330 m — *Wanderwege:* 10 %
*Gehzeit:* 4 - 4,5 Std. — *Wanderpfade:* 62 %

**Charakteristik:** Diese Rundwanderung führt vom Forsthaus am Berg Fanal mit seinem uralten Bestand an Lorbeerbäumen und am letzten übrig geblieben Kratersee Madeiras vorbei. Sie folgen der Asphaltstraße ein längeres Stück abwärts, bis Sie die Levada dos Cedros queren. Auf dieser wandern Sie nun flussaufwärts, durch dichten, schattigen Lorbeerwald, der kaum Aussicht in das Janela Tal zuläßt. Erst nach der Querung einer Schlucht kommen Sie zu einem expliziten Aussichtspunkt. Der Weg entlang der Levada ist zumeist schmal, es gibt jedoch kaum ausgesetzte Passagen, die Querung der Schlucht ist mit einem Geländer gesichert. Vom Ursprung der Levada wandern Sie schließlich auf über 1000 Stufen aus dem Tal heraus, um wieder zum Ausgangspunkt zurück zu gelangen.

**Markierung:** PR 14

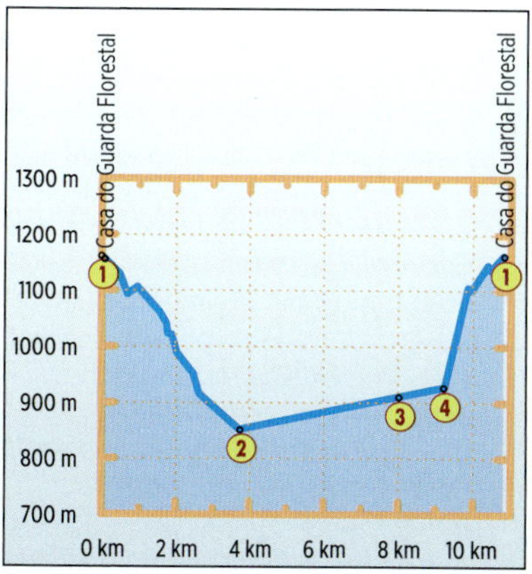


**Hinweis:** Der Levadaweg war im Sommer 2018 wegen Felssturzes gesperrt, da sehr schwer begehbar.

**An- und Abfahrt:** Der Posto Florestal Fanal liegt an der ER 209 am Rande der Paúl da Serra, keine Busverbindung.

## Posto Florestal Fanal

**1** 0,0 (1.161) Sie starten am **Posto Florestal Fanal**, gehen an der Forststraße links und lassen den Grillplatz rechts liegen ~ am Kratersee rechts vorbei ~ hinter dem Kratersee befindet sich eine Forststraße, auf der Sie steil abwärts

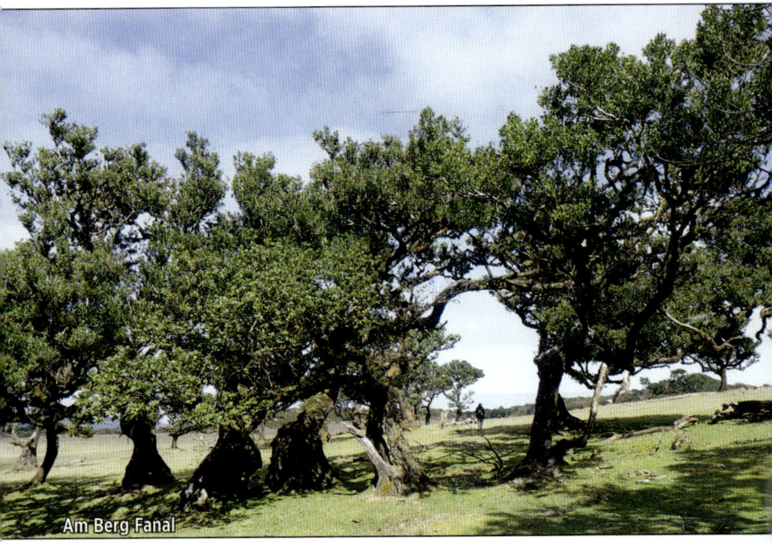

Am Berg Fanal

gehen ~ folgen Sie diesem breiten Weg bis zur Asphaltstraße ~ dieser rechts abwärts folgen, anfänglich an einem Aussichtspunkt vorbei.

### Levada dos Cedros

**2** 3,8 (852) Sie erreichen schließlich kurz vor einem Parkplatz die **Levada dos Cedros** und biegen links ein ~ der schattige Weg entlang der Levada führt durch dichten Lorbeerwald und lässt so wenig Ausblicke ins Janela Tal zu ~ Abwechslung bieten die Levadaschlingen in zwei hintereinander folgenden Seitentälern ~ der Weg wird spürbar enger.

**3** 8,0 (911) Einer der Höhepunkte ist die Überquerung einer tiefen Schlucht über eine Brücke ~ dann an einer mit Geländer gesicherten Felsenpassage vorbei ~ kurz danach gelangen Sie zu einem Aussichtspunkt, wenn Sie die Stiegen aufwärts gehen.

TIPP: Der nächste Streckenabschnitt kann recht feucht sein.

### Ursprung der Levada

**4** 9,2 (927) Ein romantischer Platz am Fluss ist der Ursprung der Levada ~ wenige Meter zuvor befindet sich mit Stiegen aufwärts der Ausstieg aus der Levada ~ der folgende Abschnitt besteht aus etwas mehr als 1.000 Stufen und führt an einer alten, aufgelassenen Levada vorbei ~ schließlich erreichen Sie wieder die Hochebene ~ an der Asphaltstraße links.

**1** 10,8 (1.162) An der Zufahrtsstraße zum **Posto Florestal** endet diese Tour.

### Posto Florestal Fanal

# 43 Ribeira Funda

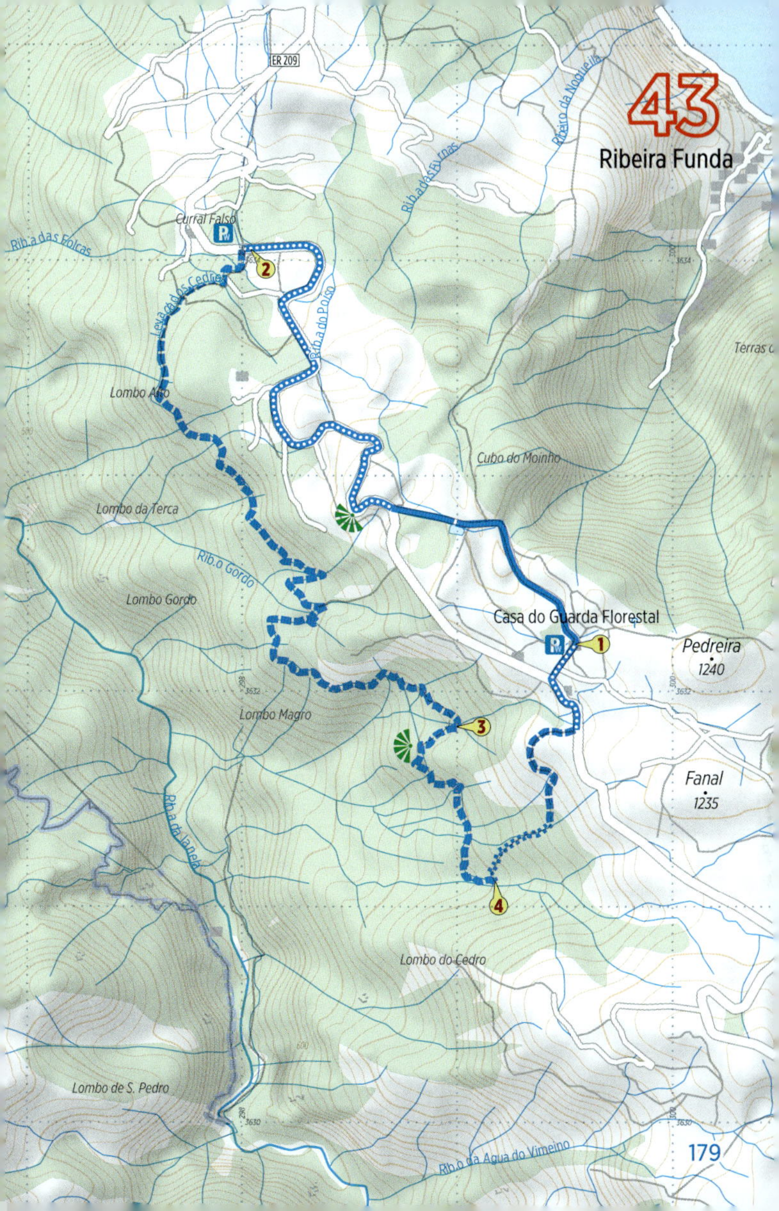

## Tour 44 11,2 km

# Levada Ribeira da Janela 1

*Start:* Lamaceiros (N 32,8512° W 17,1665°)
*Ziel:* Lamaceiros
*Aufstieg:* 55 m *Hartbelag:* 9 %
*Abstieg:* 55 m *Wanderwege:* 32 %
*Gehzeit:* 4 - 4,5 Std. *Wanderpfade:* 59 %

Charakteristik: Das Tal der Ribeira da Janela ist das längste der Insel. Durch dieses Tal wurde eine Levada geschaffen, die das in Ribeira da Janela befindliche Kraftwerk mit Wasser versorgt. In Lamaceiros sehen Sie das große Wasserbecken zur Versorgung des an der Küste befindlichen Kraftwerkes. Auf dieser Tour wandern Sie immer tiefer in das Tal der Ribeira da Janela hinein, anfänglich entlang eines sehr breiten Spazierweges mit Rastbänken. Die Wanderer kommen immer tiefer in die feuchten, tief grünen Regenwälder. Nach einem Tunnel queren Sie eine Klamm, ein Wasserfall stürzt auf den Levadaweg. Durch einen Tunnel mit Knick können Sie nachher dieses Szenario von der Ferne beobachten. Kurz danach gelangen Sie zu einem Levadawärterhaus. Hier endet die Tour, und Sie wandern zurück.

Tipp: Taschenlampe mitnehmen!

Variante: Die weitere Strecke entlang der Levada ist als schwere Tour 45 beschrieben.

Markierung: PR 15

Hinweis: Da manche Sicherungen zerstört sind, ist Trittsicherheit und Schwindelfreiheit angeraten!

An- und Abreise: An der ER 101 am Kreisverkehr, dem Wegweiser Levada Ribeira da Janela folgen. Buslinien 139 und 150 (Rodoeste) mit nur bedingt brauchbaren Intervallen.

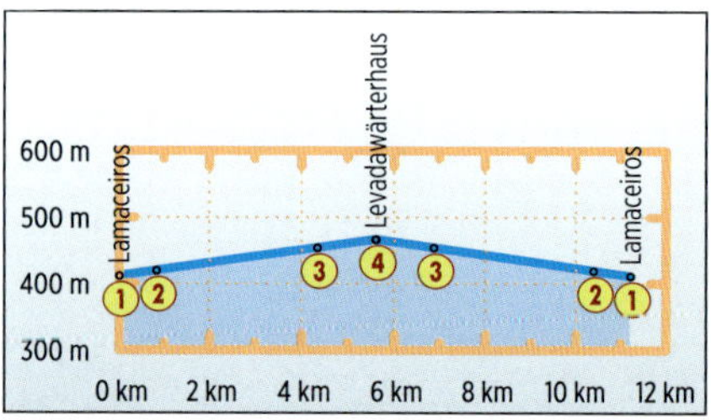


### Lamaceiros

**Restaurant Lagoa**, Caminho Da Fajã Das Barbusanos Nº 25 , ✆ 291853181

**1** 0,0 (411) Die Tour beginnt auf der anderen Straßenseite gegenüber den Parkplätzen ⤳

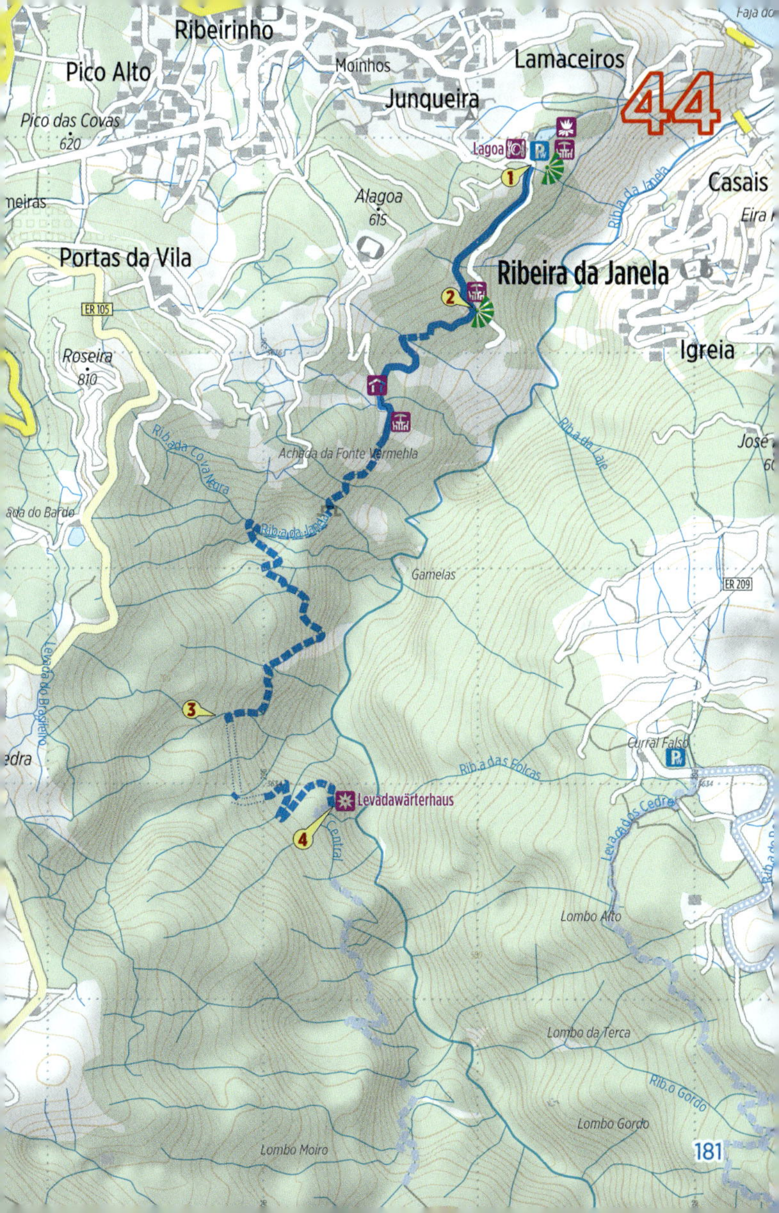

44
Ribeirinho
Pico Alto
Moinhos
Lamaceiros
Junqueira
Pico das Covas
620
Lagoa
Casais
Alagoa
615
Portas da Vila
Ribeira da Janela
Rib.a da Janela
ER 105
Roseira
810
Igreia
Rib.a da Cova Negra
Achada da Fonte Vermehla
Rib.a da Laje
Rib.a da Janela
Gamelas
ER 209
Levada do Brasileiro
Curral Falso
Rib.a das Folcas
Levadawärterhaus
Central
Levada dos Cedros
Lombo Alto
Lombo da Terca
Rib.o Gordo
Lombo Gordo
Lombo Moiro

auf sehr schönem und besonders breiten Weg entlang, der sich auch zum Spaziergang eignet ~ an einer ersten Rastbank vorbei ~ gleich danach eine Stelle, die der Reinigung der Levada dient.

**2** 0,8 (419) Ein Rastplatz mit einer schönen Aussicht auf die Terrassenfelder und den Atlantik lädt zu einer kurzen Pause ein ~ danach wird der Weg abschnittsweise schmäler ~ nach einer Unterstandsmöglichkeit und einem weiteren Rastplatz wird der Weg durchgängig enger ~ nun kommen Sie tiefer in den Regenwald, von einer völlig von Moos überwachsenen Felswand tropft es, Nebel ist häufig.

**3** 4,4 (453) Bei einem betonierten Fundament in einem Seitental verschwindet die Levada im Fels, der Eingang zum Tunnel befindet sich links neben der Betonmauer ~ nach dem ca. 10-minütigen Durchwandern dieses Tunnels gelangen Sie in eine spektakuläre Schlucht, ein Wasserfall ergießt sich von oben auf die Levada ~ ein Wellblechdach versucht, die Wanderer vor zu viel Nässe zu bewahren ~ Sie gelangen in den nächsten, engen Tunnel, der im Inneren einen Linksknick hat ~ der weitere Weg führt Sie durch den grünen Dschungel des **Janela Tales** ~ Sie laufen eine Levadaschlinge entlang.

**4** 5,6 (465) Beim Levadawärterhäuschen ist der beste Moment gekommen, Pause zu machen und danach umzukehren und nun der Flussrichtung der Levada zu folgen.

**1** 13,0 (420) Bei den großen Wasserbecken endet Ihre Tour.

## Lamaceiros

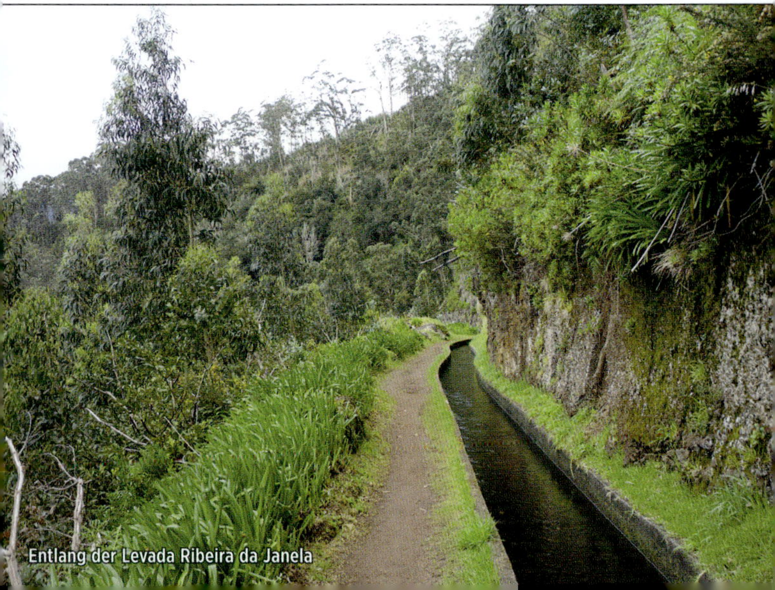

Entlang der Levada Ribeira da Janela

Tour 45 9,4 km



# Levada Ribeira da Janela 2

*Start:* Levadawärterhäuschen (N 32,8242° W 17,1758°)
*Ziel:* Fonte do Bispo
*Aufstieg:* 1.165 m *Hartbelag:* 22 %
*Abstieg:* 398 m *Wanderwege:* 46 %
*Gehzeit:* 4 - 4,5 Std. *Wanderpfade:* 33 %

**Charakteristik:** Anschlusstour an Tour 44. Sie wandern vom Levadahäuschen weiter auf einem Weg in ähnlicher Güte. Zahlreiche Tunnel müssen passiert werden, der vorletzte hat eine Länge von 2 km und ist extrem feucht, manchmal steht das Wasser knöchelhoch. Kurz danach wird die Levada verlassen und der 813 Höhenmeter lange Anstieg auf die Paúl da Serra beginnt, zunächst auf schmalem Pfad und später auf schlechtem Fahrweg.

**Tipp:** Taschenlampe mitnehmen!

**Variante:** Wer nach den Tunnels noch Energie hat, kann der Levada noch ca. 3 km bis zum Levadaursprung folgen.

**An- und Abreise:** Ist schwer zu organisieren, bzw. nur mit zwei Autos oder innerfamiliär zu lösen. Am Ende der Tour 44 läuft der Sportlichere weiter, während die anderen umdrehen und den Abholservice machen. Keine Busverbindungen, alternativ können geübte Weitwanderer auch Tour 46 anhängen, um in Ponta da Pargo einen Bus zu erreichen.

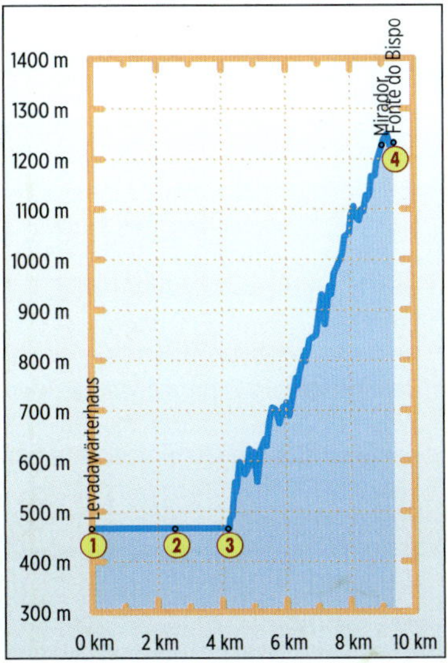


## Levadawärterhaus

**1** 0,0 (466) Sie verlassen das Levadawärterhaus in südlicher Richtung ~ der nun folgende Abschnitt führt Sie immer tiefer in das Tal der **Ribeira da**

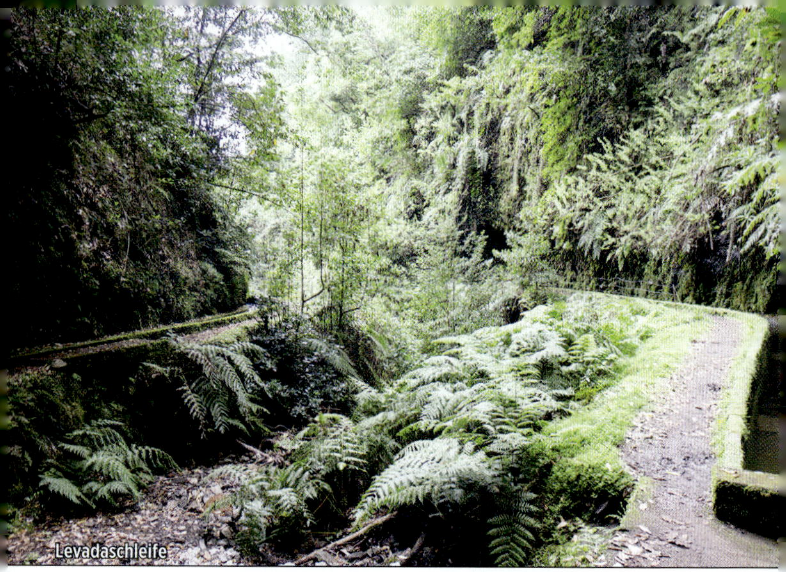

Levadaschleife

**Janela** hinein, 3 Tunnels sind dabei zu passieren, die Wegbeschaffenheit variiert häufig ⇝ in einem wilden Seitental folgen noch 2 ganz kurze Tunnel.

**2** 2,5 (466) Für das Durchwandern des 2 km langen Tunnels sollten Sie mindestens mit einer halben Stunde rechnen und sich vorbereitet haben: neben der obligatorischen Stirnlampe (mit Ersatzbatterie!) ist Regenkleidung empfohlen, da es im Tunnel mehrere Wasserfontänen gibt ⇝ nach diesem Tunnel folgt ein weiterer, aber bedeutend kürzerer und trockener Tunnel ⇝ kurz danach gelangen Sie zu einer Wegkreuzung.

VARIANTE: Von hier besteht die Möglichkeit noch weiter entlang der Levada bis zu ihrem Ursprung zu laufen. Die von uns nicht bis zum Schluss geprüfte Wanderung führt Sie an einem weiteren Levadawärterhaus vorbei.

**3** 4,2 (466) Um auf die Hochebene von **Paúl da Serra** zu gelangen, müssen Sie bei der Wegkreuzung die Stiegen rechts aufwärts gehen (kein Wegweiser) ⇝ der Pfad führt Sie über eine kleine Brücke weiter steil aufwärts ⇝ Sie gelangen dann auf die Forststraße, bis hierher müssen selbst die Levadawärter zu Fuß laufen ⇝ die weitere Strecke wandern Sie nun auf dem breiten und stetig ansteigenden Weg dahin ⇝ auf der Hochfläche passieren Sie ein Viehgatter, ehe der Weg zur ER 105 führt.

## Fonte do Bispo

**4** 9,4 (1.233) An der Kreuzung **Fonte do Bispo** nach **Prazeres, Paúl da Serra** und **Porto Moniz** endet die Tour.

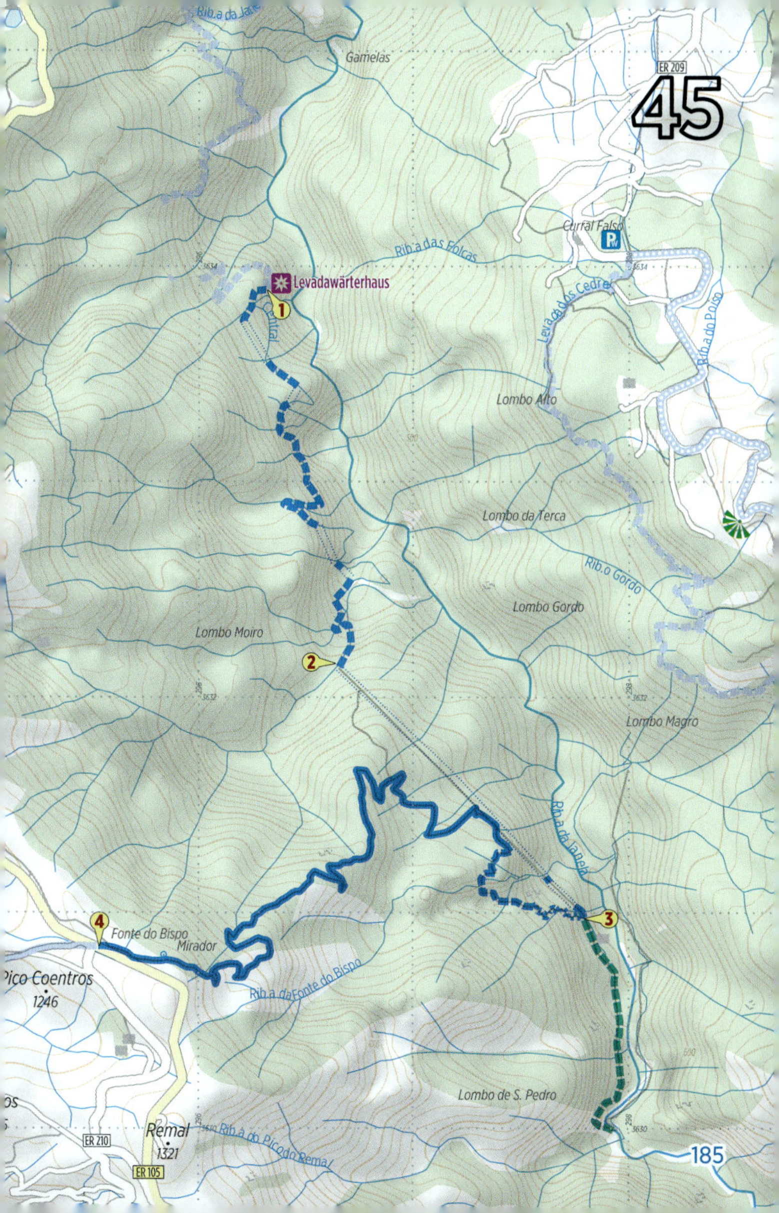

45
Gamelas
Rib.a da Janela
ER 209
Curral Falso
Rib.a das Folcas
Levadawärterhaus
Levada dos Cedros
Rib.a do Poiso
Lombo Alto
Lombo da Terca
Rib.o Gordo
Lombo Gordo
Lombo Moiro
Lombo Magro
Rib.a da Janela
Fonte do Bispo
Mirador
Pico Coentros
1246
Rib.a da Fonte do Bispo
Lombo de S. Pedro
Remal
1321
Rib.a do Pico do Remal
ER 210
ER 105

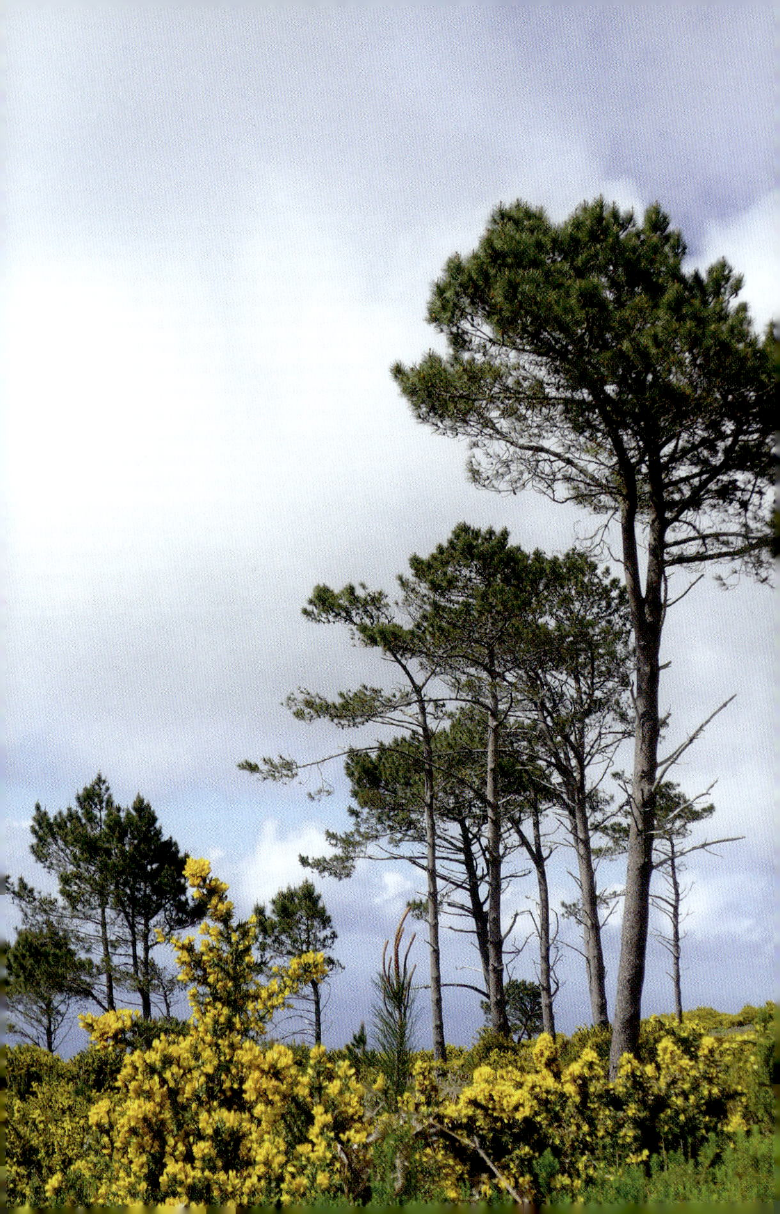

## Tour 46 8,1 km

# Pico Alto

*Start:* Fonte do Bispo (N 32,7965° W 17,1836°)
*Ziel:* Ponta do Pargo

| | | | |
|---|---|---|---|
| *Aufstieg:* | 41 m | *Hartbelag:* | 14 % |
| *Abstieg:* | 775 m | *Wanderwege:* | 86 % |
| *Gehzeit:* | 2,5 - 3 Std. | *Wanderpfade:* | 0 % |

**Charakteristik:** Die Wanderung über den Pico Alto ist eine der sanftesten Wege, um von der Hochebene an die Küste zu gelangen. Während der Blüte des Ginsters wandert man auf geschotterten Fahrwegen fast durchgehend leicht bergab und durch ein gelbes Meer. Sie erreichen den Pinienwald, mit dem Meer im Hintergrund, ein besonders schönes Fotomotiv. In der Höhe der Levada Nova gelangen Sie auf die Asphaltstraße, die Sie in den Ort Ponta do Pargo bringt.

**An- und Abreise:** Keine Busverbindung nach Fonte do Bispo. Von Ponta da Pargo fährt der Bus 142 (Rodoeste). Diese Tour lässt sich daher nur mit 2 Autos organisieren, oder ein Taxi bringt Sie zum Fonte do Bispo. In Ponta do Pargo nehmen Sie den Bus oder wandern noch Tour 47.

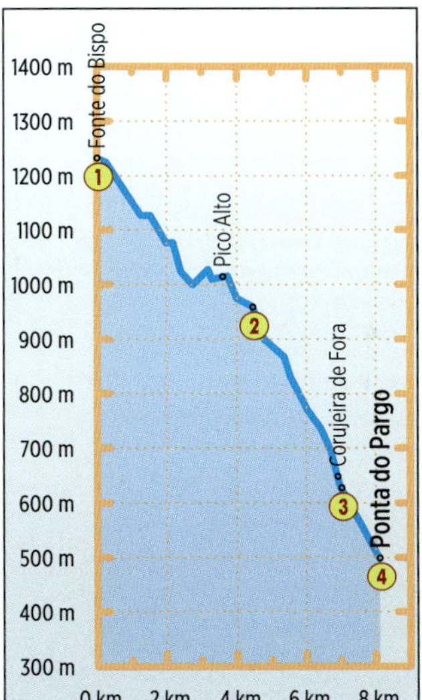


### Fonte do Bispo

**1** 0,0 (1.231) Der Weg beginnt an der Straßenkreuzung und führt Richtung Westen, links am Mobilfunkmast vorbei, weiter abwärts ⁓ am Hauptweg bleiben, der Weg schlängelt sich um die einzelnen Hügelkuppen herum ⁓ bei der Weggabelung rechts ⁓ kurz danach eine weitere Weggabelung, hier wieder rechts, da Sie das Seitental umlaufen müssen ⁓ knapp unterhalb des **Pico Alto** vorbei, dabei links halten ⁓ am

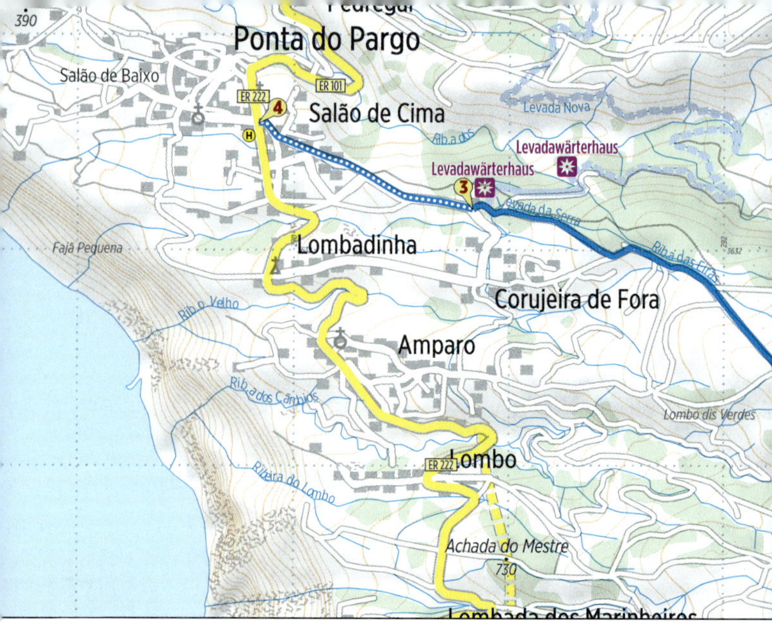


Ende des Seitentales gehen Sie eine Kurve und nun wieder westwärts abwärts.

**2** 4,5 (960) Sie erreichen auf der Schotterstraße den Pinienwald ↝ kurz danach erreichen Sie eine Art Forststraßen-Kreisverkehr, hier nehmen Sie die erste Straße rechts ↝ bei der nächsten Weggabelung wieder rechts ↝ nachdem Sie ein Viehgatter gequert haben, begleitet Sie eine kleine Levada auf rechter Seite, die Sie jedoch bald wieder nach rechts verlässt ↝ bei der nächsten Straßengabelung wieder rechts ↝ an der querenden Straße links bis zur Asphaltstraße.

**3** 7,0 (626) Diesem Hartbelag folgen Sie nun rechts abwärts ↝ dem Straßenverlauf immer geradeaus folgen ↝ an der Gabelung rechts in den Ort ↝ an der Straßenecke bei der Bar befindet sich links gegenüber die Busstation.

**4** 8,1 (498) An der Busstation im Ort endet die Tour.

**Ponta do Pargo**

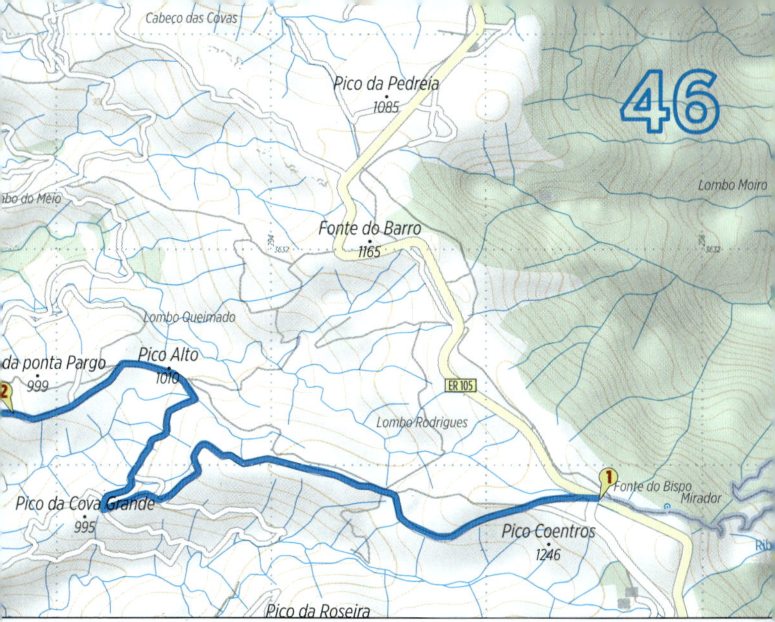


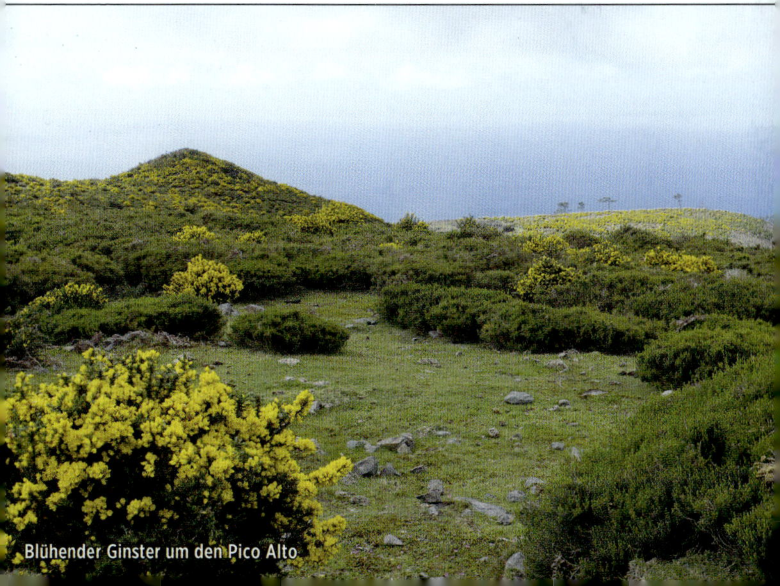

Blühender Ginster um den Pico Alto

Tour 47 14,3 km

# An der Levada Nova im Westen

*Start:* Ponta do Pargo (N 32,8079° W 17,2333°)
*Ziel:* Ponta do Pargo
*Aufstieg:* 50 m *Hartbelag:* 0 %
*Abstieg:* 50 m *Wanderwege:* 11 %
*Gehzeit:* 4,5 - 5 Std. *Wanderpfade:* 89 %

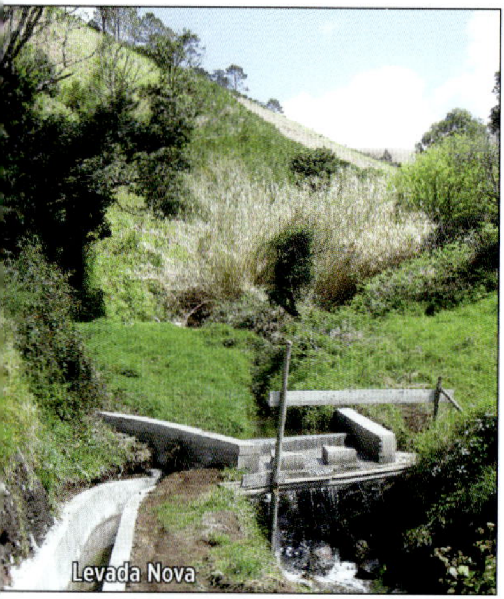

Levada Nova

**Charakteristik:** Klassische Levadatour, diesmal im Westen Madeiras: Sie wandern entlang der Levada Nova. Diese zieht sich im Föhrenwald U-förmig. An Terrassenfeldern vorbei wandern Sie bis zum Restaurant A Carreta, wo Sie umkehren.
**Markierung:** Keine
**Anfahrt:** Mit dem Auto bis Ponta do Pargo, im Ort, wo der Wegweiser zum Leuchtturm Ponta Pargo nach links zeigt, fahren Sie rechts aufwärts. Mit dem Bus 142, sowie 80 (nur am Wochenende) nach Ponta do Pargo oder sie lassen ein Taxi rufen.

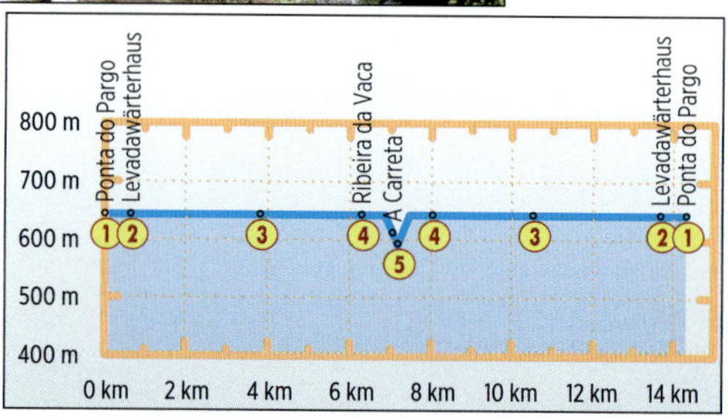


### Ponta do Pargo

**1** 0,0 (643) Start beim Parkplatz an der Straße in **Corujeira da Fora** ⁓ ein Wegweiser zeigt den Weg zur **Levada Nova** zwischen Wasserbehälter und Wasseraufbereitungsbecken zu einem Levadawärterhaus ⁓ an

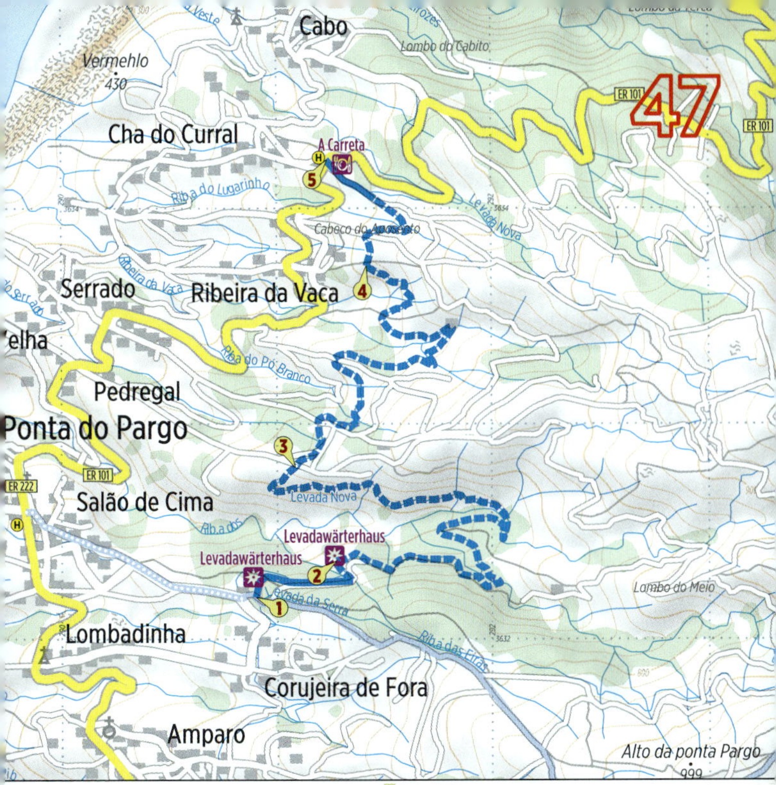


der Levada entlang, über eine Stegbrücke ~ an einem kleinen Wasserfall vorbei.

**2** 0,7 (643) Sie kommen an einem neuen Levadawärterhaus vorbei ~ danach bietet sich ein schöner Ausblick auf **Ponta do Pargo** ~ Sie wandern durch das Seitental auf schmalem Levadapfad, überschreiten dabei zwei Brücken ~ zirka 45 Gehminuten später sehen Sie das erwähnte Levadawärterhaus am gegenüberliegenden Talhang.

**3** 3,8 (643) Sie queren eine Forststraße und gehen auf markiertem Weg, entlang von Farnginster in den Föhrenwald an der Levada ~ an einem weiteren Hochbehälter vorbei ~ Sie queren eine Forststraße ~ in einem Wieseneinschnitt mit kleinem Wasserfall laufen Sie wieder über eine Betonstegbrücke, durch sehr hügeliges Gelände.

**4** 6,3 (643) An einem Häuschen mit einer Quellfassung und einem darunter befindlichen Hochbehälter vorbei ~ an der zweiten querenden

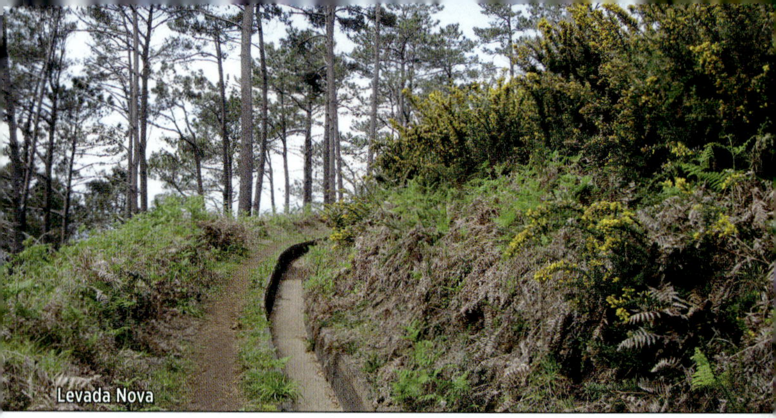


Forststraße verlassen Sie die Levada nach links hinunter, folgen dem Schild **„Restaurante"**

**5** 7,2 (593) Nach wenigen Minuten durch den stark eingeschnittenen Hohlweg erreichen Sie die ER 222.

**A Carreta**

**Restaurante a Carreta**, Caminho Lombada Velha, ✆ 291882163

Zurück auf demselben Weg.

**1** 14,3 (640) Ende beim Parkplatz

**Ponta do Pargo**

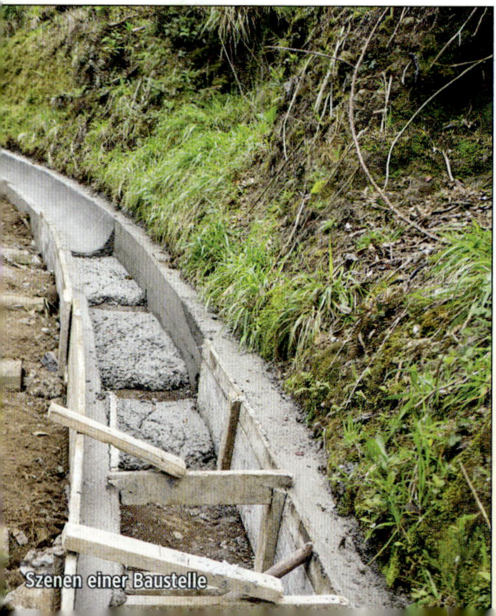


## Levada-Bau

*Viele alte Levadas werden regelmäßig gewartet und saniert. Steinerne Einfassungen werden neu betoniert. Zunächst wird ein Holzgerüst als Schalung errichtet, ein Basisguss gibt die Stabilität und als dritter Schritt wird die runde Form gegossen und geformt. Die Anlieferung von Beton erfolgt in kleinen Waggons, die in der (noch trockenen) Levada fahren. So wird der bereits fertige Teil der Levada schon zweckmäßig eingesetzt.*

# Tour 48 — 3,5 km



## Quebrada Nova

*Start:* Miradouro Pombais (N 32,8578° W 17,2014°)
*Ziel:* Bergstation Quebrada Nova
*Aufstieg:* 460 m — *Hartbelag:* 5 %
*Abstieg:* 468 m — *Wanderwege:* 0 %
*Gehzeit:* 1,5 Std. — *Wanderpfade:* 95 %

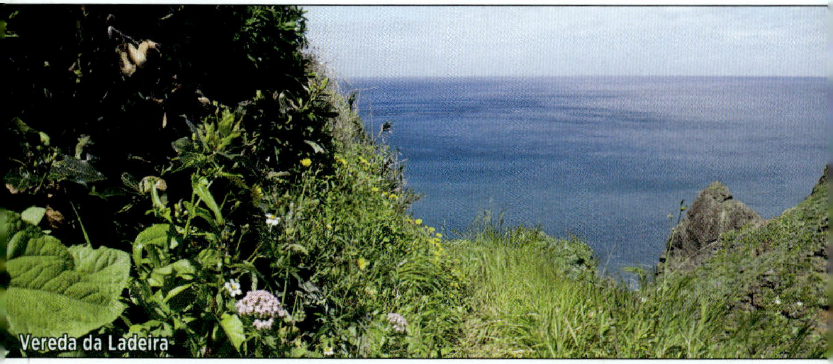
Vereda da Ladeira

**Charakteristik:** Eigentlich sehen Sie vom Miradouro Pombais bereits die gesamte Strecke, die Sie auf dieser Tour bewandern möchten. Das erste Ziel sind die Felder der Fajã Quebrada Nova. Dazu wandern Sie zunächst zum unteren Aussichtspunkt, von dort auf einem steilen Pfad bergab, an Feldern vorbei. Sie gelangen schließlich tief in das hintere Seitental, wo Sie den Bach auf Steinen queren. Danach treffen

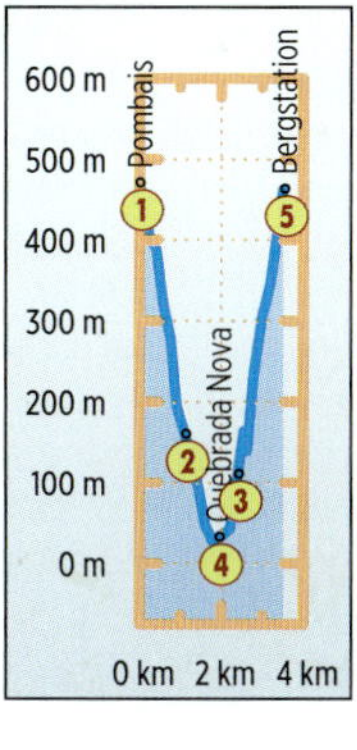


Sie auf den Hauptpfad, der die Tal- mit der Bergstation verbindet und gehen zunächst in das Tal. Über eine alte Steintreppe betreten Sie den groben Kieselstrand. Ein sichtbarer Weg führt Sie an der Talstation der Seilbahn vorbei in das landwirtschaftliche Gebiet. Auf einem Kopfsteinpflasterweg wandern Sie parallel zum Strand. Zurück auf selbem Wege, an der Seilbahn vorbei, die Treppe hinauf, dann aber weiter

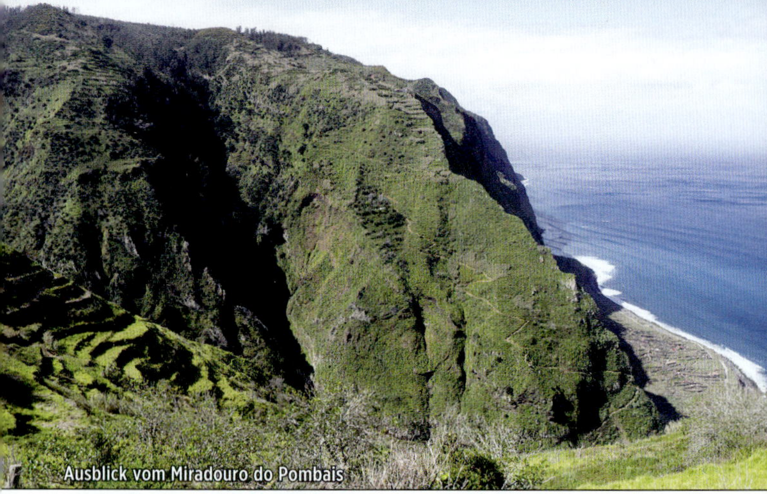

Ausblick vom Miradouro do Pombais

**aufwärts bis zur Bergstation, wo es auch eine kleine Snack-Bar gibt.**

Markierung: **Weg von Miradouro Pombais zum Strand ist als Vereda da Ladeira gekennzeichnet, der Weg vom Strand zur Bergstation heißt Vereda do Calhau.**

Anfahrt: **Mit dem Auto auf der ER 101 bis Santa Maria Magdalena, hinter der Kirche entlang zum oberen Aussichtspunkt. Es gibt leider keinen Busverkehr zwischen Bergstation und Santa Maria Magdalena, hier ist ein Taxi zielführender, das man aus Porto Moniz rufen kann.**

## Miradouro do Pombais

**1** 0,0 (470) Sie starten am oberen Parkplatz ⤳ **Vereda da Ladeira** abwärts ⤳ Steinmauer vorbei ⤳ wieder rechts gelangen Sie erneut zur Asphaltstraße und einem Parkplatz mit Aussicht ⤳ Sie biegen von der Asphaltstraße wieder links abwärts ein, wiederum der Beschriftung **Vereda da Ladeira** folgend ⤳ der steile Weg gelangt nun an einer Hausruine vorbei ⤳ zunächst an den Terrassenfeldern vorbei ⤳ der weitere Weg führt nun durch felsigeres Gelände ⤳ von einem Aussichtspunkt auf den gegenüberliegenden Wasserfall wandern Sie von hier nun tief in das Seitental hinein ⤳ auf rutschigen Stiegen gelangen Sie in die Schlucht.

**2** 1,4 (160) Sie queren den Fluss ohne Brücke, in dem Sie über die Steine balancieren ⤳ ein kleines Stück auf verwachsenem Weg.

**3** 1,7 (32) An der Weggabelung folgen Sie zunächst dem Weg rechts abwärts ⤳ über Steinstufen gelangen Sie zum Strand ⤳ links, gleich nach dem Felsen, gehen Sie auf einem Pfad wieder aufwärts und gelangen in der Nähe der Seilbahnstation auf Hartbelag.

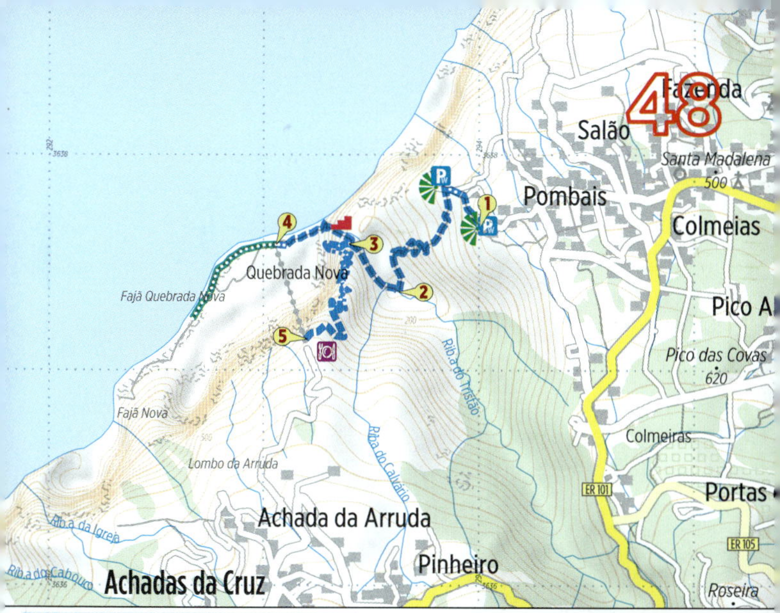


## Fajã Quebrada Nova

AUSFLUG

Ausgehend von der Seilbahnstation wurde entlang des gesamten Areals der Fajã Quebrada Nova ein Hartbelag-Weg angelegt, der entlang der Weingärten führt.

**4** 2,0 (32) Sie stehen bei der Seilbahnstation, nach dem Ende des Ausflugs gehen Sie wieder zurück zum Strand und wandern die Stiegen aufwärts.

**3** 2,5 (111) Wenn Sie von der Weggabelung zur Bergstation der Seilbahn möchten, gehen Sie nun rechts, weiter bergauf ~ nach schweißtreibendem Anstieg erreichen Sie die Bergstation.

## Bergstation Quebrada Nova

**5** 3,5 (464) Bei der Bergstation, bei der kleinen Bar endet die Tour.

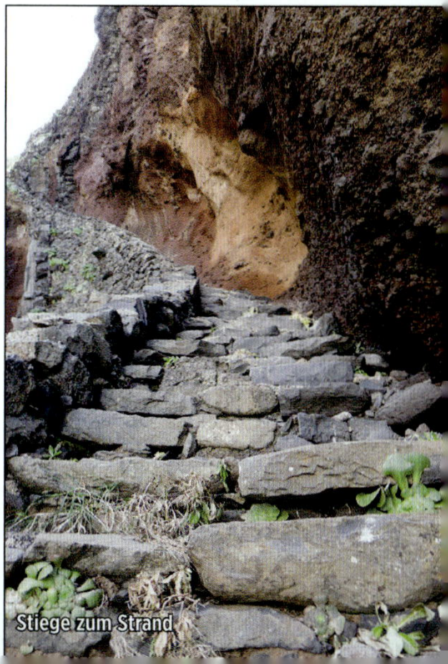

Stiege zum Strand

# Ortsindex